重构学生主体课堂的思考

——高中化学新课程教学设计

李发顺 著

图书在版编目(CIP)数据

重构学生主体课堂的思考：高中化学新课程教学设计 / 李发顺著. —宁波：宁波出版社，2014.11
ISBN 978-7-5526-1852-5

Ⅰ. ①重… Ⅱ. ①李… Ⅲ. ①中学化学课－课堂教学－教学设计－高中 Ⅳ. ①G633.82

中国版本图书馆 CIP 数据核字(2014)第 259150 号

重构学生主体课堂的思考：高中化学新课程教学设计
李发顺　著

出版发行	宁波出版社
地址邮编	宁波市甬江大道 1 号宁波书城 8 号楼 6 楼　315040
网　　址	http://www.nbcbs.com
责任编辑	王晓君　黄彬
印　　刷	浙江新华数码印务有限公司
开　　本	710 毫米×1000 毫米　1/16
印　　张	21.25
字　　数	400 千
版　　次	2014 年 11 月第 1 版
印　　次	2014 年 11 月第 1 次印刷
标准书号	ISBN 978-7-5526-1852-5
定　　价	36.00 元

如发现缺页或倒装，影响阅读，请与我社发行部联系调换　电话：0574-87286804

序：发掘知识这一伟大事物的内在魅力

最近,中国化学会组织评选"化学基础教育奖",奖励长期在化学基础教育教学第一线的中学化学教师。有意思的是评选标准的与众不同:将"对化学人才的成长起到启蒙、引路作用,培养出优秀的化学教育、科技及管理人才"作为重要条件之一,即以"青"的出类拔萃来衡量"蓝"的优秀卓越。由此,我想到了一个问题,是什么力量让学生将化学作为自己的专业志向?是启蒙教师?是学生的优势潜能?是化学知识自身的魅力?……

知识是什么?哲学认为知识是指人类在实践中认识客观世界(包括人类自身)的成果。教育心理学认为知识是个体通过与环境相互作用后获得的信息,分为陈述性知识和程序性知识两类。世界经合组织(OECD)对知识又细分为四类:知道是什么的知识(Know—what),知道为什么的知识(Know—why),知道怎么做的知识(Know—how),知道是谁的知识(Know—who)。一言以蔽之:在不同的研究或认知领域,知识的立场各有差异。

朱永新先生在《新教育》中有这样两段有关知识的叙述。"课堂的中心,应该是一个问题的提出、理解及解决的过程,是一个知识作为问题解决的工具被探索、被发现的过程。优秀的课堂教学,要重视这一神奇的创造过程。""这里所讲的'知识',不能理解为静态的写在书本上的可以朗读出来的知识,而要视为一个动词,一个有待重新发现的事物奥秘,以及发现这种奥秘的方法和过程。"前一段话中的知识,我理解为是作为结果、结论、人类文明产物的静态的知识;后一段话中的知识,我理解为是"重新发现的事物奥秘"、"神奇的创造过程"的动态的、活的、有生命力的知识。

然而可悲的,我们看到太多的是:教学的任务只是教师把静态的知识塞给学生,考试选拔的方式只是要求学生把静态的知识复述出来。知识被作为货物,进行转移和堆积;而忘记了知识学习的意义在于唤醒学习者的认知,提供建构、创新知识的各种可能性。

我听过一节化学优质课,教学内容是"人类对原子结构的认识"。这节课共有三个知识点:1.原子由原子核和核外电子组成,原子核由质子和中子组成;2.原子电荷分析:核电荷数=质子数=核外电子数,原子质量分析:质量数=质子数+中子数;3.原子核外电子是分层排布的,是有排布规律的。教师的教学从撕一张纸开始,问学生能不能无穷无尽撕下去。在学生的讨论中引出了中西方古代哲学家的两大命题——物质存在最小的微粒,这个微粒是原子;物质可以无穷无尽分下去。然后,教师讲解了原子结构模型的演变历史、科学家艰苦探索故事,补充了两个供学生探究的问题:1.如果你是卢瑟福,根据α粒子散射实验的现象,可以作出怎样合理的推理? 2.根据氮原子、镁原子的电离能实验数据(电离能概念信息给予),你能得出原子核外电子排布的规律吗?探究既是自由的知识"探险",又是个体经验的分享,很自然地,由学生自己得出了知识点中相关的结论。最后,教师用"古代哲学家的命题是否已经有结论"、"古代哲学家中的原子是不是现代化学中的原子"两个问题结束课堂教学,进而激励学生像科学家一样投身科学研究,探索宇宙奥秘。

这堂优质化学课,让我们深感化学知识魅力无穷。从教学内容的向度观察,至少有以下5种魅力:1.知识是有来源的,知识发现的背后是有生动故事的;2.科学家假说、推理不一定都是正确的,要有批判精神;3.知识的结果要有实证(有些人认为化学课只要记记、背背、默默就可以了的说法是对化学学科的亵渎);4.像科学家一样,"实验—推理—假说—再实验⋯⋯,科学研究是很有趣、有意义的事;5."人类对原子结构的认识"还涉及哲学命题,科学与哲学是紧密相连。再从教学结构的向度观察,至少有以下3种魅力:1.从哪里开始教学?这是知识学习的定点与路向。"撕纸"这个教学行为无疑是学习者学习知识的积极动因。2.在哪里点燃教学?这是知识学习的意义爆炸点。两个探究问题的研讨无疑是学习走向纵深的开始。3. 在哪里结束教学？这是知识学习的新起点。课末的问题设置无疑会有激荡"千层浪"的功效，发掘知识魅力的过程自然地从课堂延伸到课外。

由此看来，教学设计的关键是如何发掘知识这一伟大事物的内在魅力。过去，我们很重视知识教学的技巧、方法，但往往忽视了研究知识本身，缺少对知识的本源是什么、知识的价值是什么等问题的考问，忽视了知识、生活与师生生命的高度融合与深刻共鸣。如果我们的教学真正做到了"发知识的本原，还知识的实真，掘知识的价值，现知识的魅力"，那么，我们的课堂一定会走出更多热爱化学的学生，我们甚至能培养更多将化学学科进行潜心研究的人才，这也许就是中国化学会组织评选"化学基础教育奖"的初衷吧！

李发顺老师专志于课堂教学，尤其对化学教学设计这一领域有自己独到的理解。细读他的《重构学生主体课堂的思考》，其中有很多发掘化学知识魅力的案例，相信一定会给中学化学教师特别是青年教师带来启迪。

是为序。

周千红

2014年6月于效实中学

前　言

　　教学的两个目的：促进保持和促进迁移。怎样解决好这两个问题，是教育专家一直以来努力研究的方向，作为一线的教师，如何实现这两点更是实际教学意义所在。平时我们总在抱怨学生基础不好，学生"笨"，学生不理解教学内容，甚至常说，这个知识点我讲过多次，这道题考前刚讲过，怎么还是错？而且正确率比考前没有明显改进。这到底是什么原因呢？试着从知识本身、提供的教学载体、学生认知水平及教师怎样搭建知识结构，怎样与学生一起研究问题的角度研究我们的教学。笔者多年来一直耕耘在教学一线，一直在研究这一问题，直到2011年下半年在上海教科院王洁博士指导下完成的"促进高认知思维的教学设计"课例研究实践中，慢慢体会到教学中的未能有效解决问题之所在。

　　回忆多年来教学经验和来自各级的教科研培训与学习，发现问题出在老师身上。第一，现行的一标多本模式的教材特色，虽然与原来单一的教材相比，编写格式、知识体系、教材内容有了明显的变化，但在使用中还是同样内容单薄，泛陈可指，所举实例廖廖无几，明显缺少阅读性，虽然没有明显的专业化倾向，也没有引起学生兴趣的科学故事嵌入其中，无法助学生因喜欢教材内容和故事而成为学习主体。第二，教师对教材的使用，教材中简短的文句隐含了深刻的知识，甚至是教学方法。老师看教材觉得内容非常浅显，所以没有认真钻研，殊不知仅按教材（教案式）进行教学会让学生找不着北，而老师却感觉简单至极，一节课下来，老师教得很辛苦，学生还不知道学了什么，显然教师忽略了学生认知能力的起点，把自己当成了课堂主体。第三,受现行的教学安排与"唯分数论"思想的左右,36课时学会苏教版《化学1》的安排,令人实难相信。学完是可以的,但学完不等于学会,更何况绝大部分师生关注的是考了多少分;高中化学课程,所有人都要学习。化学在众多学科夹缝中求发展,何其之难,往往是用最少的时间要取得最高的分数;教辅用书充斥书市,稍不留神,就会遇到一步登天之题。很难找到一本真正符合教材与适合学生需要的教辅用书,在这样的背景之下,相当多的教师课堂讲究快、课后落实练、考前训练记,照样得高分,正如我们常说的黑板实验与电脑实验比动手实验更加适应高考的需要,教师成为教材的主体,记、练成了认知思维的主体,课堂成了分数的主体,哪里会有知识建构成为课堂核心,学生成为课堂主体之教学。

教学设计一直以来都是课堂教学有效实施的保证,所有的课堂教学都需要进行设计,不可能随堂发挥,当然课堂的临场发挥也是教学设计的内容,那是生成性的知识。但一直以来我们使用的教学设计还基本依赖凯洛夫的五步教学法和教学参考书,而且相关的教学资料也基本相同,不可否认的是这一做法仍然适用,只是在新课程改革浪潮中有时不能很好体现学习主体,学生主动性发挥不够,教师有时不再思考或者成了"复印机",如果能将学生主体与五步教学法结合,或许能取得更好的效果。笔者参阅了施良方、崔允漷主编《教学理论:课堂教学的原理、策略与研究》,裴新宁著《面向学习者的教学设计》,王祖浩主编《化学课堂教学行为研究及案例》、《高中化学新教材教学情境设计(化学1)》、《高中化学新教材教学情境设计(化学2)》,王洁、顾泠沅著《行动教育:教师在职学习的范式革新》,王洁著《透过课堂观察的教师专业学习》,赵国忠、林安凡主编《课堂教学的亮点在哪里》等著作,从中感受与理解其意义,既描述设计中怎样促进学生发展,又有教师与学生共同进步的实证与方法。本书从教学设计与课程理论、教学设计与认知思维以及教学设计与实验创新三个部分展开。

第一部分在自己实践中不断研究教育理论与新课程理念在教学设计中怎样实践,三维目标怎样书写,怎样为学生构建知识的阶梯,叙述教师进行教学设计需要有一定的教育理论指导,并结合课程理念要求有序展开。

第二部分作者以课例"促进高认知思维发展的教学设计"的研究为载体,叙述教学设计中找到学生认知起点,找到教学内容认知思维教学起点,在实践中逐步发展学生的思维能力,引导学生步步提升,做课堂主体。

第三部分作者以教学中教材实验创新及设计实验为难以理解和掌握的内容进行服务，促进学生概念学习，帮助拓展的活跃思维，为知识建构找到具像的支撑，引导学生积极参加实践和创新。

作者近三年来一直关注教学设计和教学实施问题，先后在《化学教育》、《化学教学》、《中学化学教学参考》、《教学月刊·中学版（教学参考）》、《化学教与学》和《教育研究与评论》等期刊发表文章阐述教育理论、课程理念、认知思维、教材研读、实验创新等在学生主体课堂中的运用与实践，书中阐述思想是作者独自发表的文章见解。一直以来还有一个难题困扰作者，但感觉缺少自我解决该问题的能力和实力，还希望教材编写专家和读者能编著含更多实例和实验的教材（故事体），让学生可以自主阅读，自主学习，自主实践。如若实现，学生学习化学必当如向火吹氧，自主增势，越燃越旺，正如星星之火，可以燎原也。

从学生认知出发，以问题为教学载体，形成教学设计范式，在实践中促进思维提升，这是重构学生主体课堂的实践。课程理念不只要求教给学生科学事实和理论，更关注这些内容的获取过程，尤其关注获取过程中学生发现了什么、思考了什么、是怎样去解决问题的。重构学生主体课堂最为关键的是教师观念和角色的转变，对教师进行培训，让教师意识到学习主体是学生，无论怎样设计，如果不能引发学生的主动参与和思考，教师设计的课堂和问题再精美、再连贯也只是无花空折枝，教师空满意。

促进学习者的学习与发展是教学设计者和学科教师的共同追求。如何让一线的学科教师在教学实践中的教学设计能够让学习者接受知识体系，发展认知思维；如何实现课堂教学中教师主体向学生主体角色的转变，在实践中形成教学设计的范式，从理论层面的思考到实践层面的操作，重构学生主体课堂，是所追求的重中之重。

重构学生主体的课堂最为核心的是学生中心课程，作者主张应该以学生的兴趣和爱好、动机和需要、能力和态度等为基础来编制课程，其中需注意的是，要做到一是学生有发展；二是课堂设计随着教学过程中学生的变化而变化，而不是完全预设的电影。

李发顺

2014年3月于宁波北仑

目 录

序：发掘知识这一伟大事物的内在魅力 ······················ 1
前言 ··· 4

引言 ··· 1

第一部分 教学设计与课程理论

教学设计的理念：感受化学与理解化学 ····················· 9
"强电解质与弱电解质"的教学与反思 ······················ 16
教学：为学生找思考的梯子 ······························· 22
从苯酚软膏说起 ··· 28
从宏观到微观 从现象到本质 ······························ 39
从生活走向化学：氧化还原反应原理在教学中的实践 ········ 45
打开学生期望和求知的世界 ······························· 54
基于物质"俗称"的化学原理学习 ·························· 59
苏教版"金属钠的性质和应用"教学思考 ··················· 66
轻松课堂：做学习的主人 ································· 71
水与物质的分类与转化 ··································· 77
为学生能提问而设计：促进学生思考的教学 ················ 81
问题引领，探究提升，提高教学的有效性 ·················· 86
基于学科逻辑的中心问题设计 ····························· 94
学生的共鸣才是有效的课堂 ······························· 102
教材，让我再看你一眼 ··································· 106
学什么知识更有价值 ····································· 111

让学生思维生成成为课堂亮点 ·· 119

第二部分　教学设计与认知思维

基于问题的教学设计与课堂实证 ·· 129
促进高认知思维发展的问题设计 ·· 137
问题：让课堂留有余香 ·· 144
实验与推理互助　感性与理性融合 ··· 152
尊重认识：让课堂灵动自主 ·· 158
基于课堂实证的问题设计 ··· 165
高层次思维：教学设计的视角 ··· 174
化学课堂教学中问题设计的若干思考 ·· 183
发展学生高认知思维问题设计的研究与实践 ······························· 191
"做中学"思想在高中化学课中的运用 ·· 212
从实际出发，促认知发展 ··· 217
基于学生认知发展的"化学平衡"分层实施的教学研究 ··················· 222
课堂：学生动起来才会美丽 ·· 242

第三部分　教学设计与实验创新

实验对化学概念学习的促进作用 ·· 249
探究 AgSCN 沉淀溶解平衡的实验设计 ······································ 256
"溶液的配制与分析"教学与思考 ··· 260
"物质的分离与提纯"教学与思考 ··· 266
苏教版"元素化合物"教学与思考 ··· 273
搭建化学有效教学平台，实现有效学习与能力培养同步到位 ········· 279
解析试题　透视思想　探寻实验复习策略 ·································· 286
让实验拓展活跃思维 ·· 294
生活情境是问题的起点 ··· 300
探究铜—锌原电池灯泡发光实验设计 ·· 308
重构学生主体课堂的实践 ··· 313

参阅书目 ·· 324
后记：我在故我思 ·· 326

引 言

一、新课程标准有什么意义

1. 课程标准的理解

标准,意思即为一种规范准则,课程标准则是教学的基本规范准则,学习后需要达到的目标,类似于考试大纲和学业水平合格标准,但又有差别,考试大纲侧重于学生高中毕业要参加高校选拔的考试要求。学业水平合格标准则是高中学生合格的基本要求。而课程标准,则是围绕着一定学段需要达成的规范准则,即在最低标准指导下的有选择提高,与之配套的是学业水平考试,检测所有学生(侧文或侧理)是否达到国家课程的基本要求,针对指定区域(国家)内统一要求,有一定的强制性和规范性。对高中教学又有一定的指导与建议标准。

2. 我们的标准

因为国家课程标准有一定的规范性和强制性,所以各省市自主权不是修订课程标准,而是在课程标准指导下选编教材,实施课程计划。基于这样的要求,浙江省在2006年初进行了《普通高中浙江省学科指导意见(试行)》制定,至今已经是第三版(2012)。细读三个版本的学科指导意见,不难发现,浙江省完全遵守了课程标准的要求,并提出了发展目标,对学有余力的学生有方向的指导提升,并改革原来的会考为学业水平考试,所有学生必须参加,并且规定了高中学生学业水平标准。上述的做法,不仅让本省区域内的学生能达到国家课程标准,也能发挥学有余力的同学学习特长,不增加全体同学学业负担。

3.新课程标准的作用

新课程标准制定与实施可以起到下述五个作用：第一，指导指定区域（国家）的课程实施，体现国家意思，实施课程为国家发展服务；第二，统一的课程标准，有利于国民科学素养培养，达成社会发展的基本要求；第三，体现各省市、地区自主权，出现一标多本，目前已有三个版本教材，将来或许会出现更多版本，甚至是学校自编教材，有利于发挥教学自主权；第四，达成教学的终极目标，发展学生认知思维，学校、教师教给学生的是获取知识的能力和方法，而不是指定教材所描述的内容，实现教学的真正目的；第五，指导各校依据地区与学校特色开展校本课程教研活动，培养学生在国家标准基础上适应各地特色发展的能力。

二、教材的认识与评析

一标多本，目前已经正式出版的教材有三个版本，分别是人教版、鲁科版和苏教版，但都以课程标准为指导。下面以浙江省所选用的苏教版教材为例，谈谈新课程标准实施以来，教材编制特点和使用中出现的问题。

1.苏教版教材编制特点

课程改革在形式上发生了明显变化，不仅出现不同版本教材，而且内容也模块化编排。笔者根据自己的认识从五个角度谈谈苏教版教材的编写特点。

(1)从形式上看，苏教版教材就出现了两本必修《化学1》和《化学2》）和六本选修（《化学与生活》、《化学与技术》、《物质结构与性质》、《化学反应原理》、《有机化学基础》和《实验化学》，与以往的三本教材的体系相比，发生了巨大变化。

(2)从容量分析，每本教材各2个学分，36个学时，看似均匀，使用中发现差异较大，如《化学1》36学时无法完成，而《选修1》一半的学时就能完成等，教学时数与设计内容不相吻合。

(3)从要求来说，两本是必修，涵盖了高中课程标准所有教学内容，要求参差不齐，元素化合物知识是中学最高要求，化学原理则是浅显见底，有机化学只是知道与生活相关的最常见有机物性质与使用，侧重于生活化的化学。六本选修教材各地有选择权，内容重叠交错，也有所侧重。

(4)内容模块化，教学内容编排如以往教材一般，较明显地模块化，如

《化学1》专题1是研究化学的方法与工具,专题2、专题3、专题4是从来源与存在进行整合的元素化合物知识,分别来源或存在于海洋、矿物和大气之中。而《化学2》编排则侧重于化学原理运用。选修教材则是更加明显的模块体现。

(5)紧跟时代与生活,教材编排中突出现代科技特色。如实验仪器使用中不再只介绍多年来使用的常规仪器,也包括现在推广使用的电子天平(生活中电子秤)、三颈瓶、三叉管等,如实验中加入了"镀锌铁皮锌镀层厚度测定""工业盐与食盐鉴别""空气中污染物测定"和"阿司匹林合成制备"等案例,与生活密切相关。

2. 苏教版教材使用

从2006到2014年,过去的八年时间,笔者参与了第一轮课改的所有省级培训并承担了市、县级培训的讲课工作,也分别任教过苏教版各模块教材,2006和2012学年、2013学年任教高一、2007和2011学年任教高二,2008、2009和2010学年任教高三,特别之处是高一的任教间隔了六年,也正好是一轮课改和二轮课改的开始年份,两次课改对教材的使用要求有较明显的变动,笔者根据自己的教学实践浅谈对教材的使用观点。

(1)教材还是那本教材

2006年是第一版,2012年用的是第二版,内容上改动非常小,只是一轮使用中认为不妥的描述内容,编者进行了调整。如果教学工作按教材展开,会感觉好像内容太少,无话可讲,特别是新教师不知道讲什么,在教师招聘时很多一课时的内容,大部分教师十几分钟后就无事可做或习题练习,当然主要原因是教师自己知识不够丰富,不会举例展开。但有一点值得思考,我们教材中为什么没有更多生活实例、浅显易懂的描述、即使学生自学也能理解的内容,而仅是干瘪的概念。要知道概念与原理教学的核心是概念、观点和原理的建立过程,习题巩固只是检测手段。虽然我不太了解外国的教材是怎样的,也不觉得"外国的月亮比中国圆",但我能亲身感受到教材内容乏味、干瘪。

(2)教学内容编排需要调整吗

《化学1》教学内容36课时能完成吗?权且不说各地教学水平差异,浙江省各高中学校高一每周基本都开3～4课时化学,而且大部分地市第一学期期末检测都只考查《化学1》专题1、专题2和专题3,而将专题4移入第二学期,这说明36课时根本不可能完成《化学1》的教学。《化学1》专题2、专题3和专题4将中学无机元素化合物知识集中学习,模块内容相对集中,方法相近,有一定的规律性,之后在《化学2》中安排学习物质结构与元素周期律内容,是归纳法运用,但演绎方法的实践机会就没有了,学生能很好地掌握科学方法吗?

(3)"减负"背景下教材怎样使用

《实验化学》一直是浙江省选修的一个模块,也取得了良好的效果,尤其是高考指挥棒作用体现了浙江对实验的重视,如若不选择《实验化学》这一模块的省份综合实验能力怎样加强?随着浙江省二轮课改的推进,《实验化学》将不再选择,而是将实验化学一分为四,分别将综合实验编入《化学1》、《化学2》和《化学反应原理》,个别实验删去,这样做固然没有减去《实验化学》内容,但其他模块的教学内容是否又增加,学时是否够用?这里我还想举一个例子,就是在一次教师招聘面试中,我问应聘大学生,你读高中时还记得"胶体"的内容吗,应聘老师说没有什么印象了,但记得丁达尔实验现象,这充分说明教学中实验的重要性。"减负"和新课程推进的今天,学生的课业负担真的好重,我是高中一线教师,深有体会。难道真的没有更好的办法了吗?很多时候我们怪罪高考制度,但在教学中更要思考怎样处理教材。2013学年任教高一时,作者对《化学1》教材进行了研究,写了十五篇相关的教学设计与教学反思,希望从教材使用中提出一点自己的见解。

(4)实验的科学性与真实性

记得2007年4月在无锡召开的教材征询意见会上,大家提了很多的建议及使用中出现的问题,教材主编王祖浩教授也回答了很多问题,并在2009年第二版中进行了修改,如反应限度内容,原来用$AgNO_3$溶液与KI溶液反应的检验问题、硫酸亚铁铵晶体制备是否能在一课时完成、阿司匹林在中学实验室制备是否合适等等。笔者在2012年上半年也曾对苏教版《化学反应原理》专题3第四单元中"难溶物的沉淀溶解平衡"教材实验提出质疑,并提出替代实验,并在第十一届全国化学实验创新研讨会上获得一等奖。

(5)教材的生活化

模块化的教材生活化痕迹明显,有专家对三本教材的评价是:人教版是理解化学,鲁科版是研究化学,苏教版是感受化学。我个人觉得如果真的如评价这样,从高中学生的学习情况及国家课程标准的要求来看,感受化学更符合社会、生活和公民科学素养提升。

三、教与学的意义

1. 高中学生需要学什么

化学是研究物质的组成、结构与性质的学科,其作用有二:一是合成新物质,二是通过化学变化获得能量。作为当今社会时期的高中生需要掌握哪些化学知识?更应该获得什么?一成不变的知识是真理,是科学方法,高中阶段在人生中只有三年,所获得的知识是很有限的,而且随着时间的推移会慢慢被遗忘,数十年后,事实性知识已很难想起,而留给学生的,能够终身受用的是学会学习,即研究物质的高认知思维、程序性知识和反省认知知识。因此,在我们课堂中,在教材运用中,都要遵守课标,发展学生高认知思维,培养学生研究的兴趣,使之更好地掌握方法。

2. 教学中要做些什么

"钱学森之问"固然与我们现行的高考制度有关,但不可否认的是教师的教学行为影响了一代代学生成才。细细回忆,深感下述方面我做得还很不够。第一,实验预设,虽然我尽量做到课前准备好的实验能做一遍,但在课堂中仍然会出现很多预想不到的现象,或许是用量、操作顺序、试剂变质等原因的影响,但出现不同现象后虽然也会做一些研究,但深入的研究还很少。第二,特别重视试题对学生成绩的影响,所以课堂教学中高考的影子很明显,在意更多的是分数而非学生的高认知思维发展。第三,公民科学素养是新课程以来提到最多的字眼,但真正的教学实践中我们又做到了什么?因材施教和分层教学做得不足。第四,一些所谓的公开课、评比课、展示课、观摩课中还是不能根据学生的现状促进学生提高,而仅关注了课堂的完整性、预设性。

基于自己的实践,我觉得教学中需要做到下述几点:第一,因材施教,真正从学生需要出发,促进每一位学生发展,提高他们的科学素养。第二,精心设计教学,尽可能多地预设,给学生发挥的空间,不过分追求课堂完整。第三,丰富自己的知识面和提升教学能力,既为教学提供保障又为自己发展服务。第四,积极开发校本课程,遵循课程标准,又发展学生能力,从学生实际需要出发。

第一部分
教学设计与课程理论

"教学科学"所关心的往往是相对静态的结果或结构,针对教师在做出决策前的形成过程,或者说为教师的决策提供实证依据;而"教学艺术"所关心的却是作为整体的教学的实际运作,针对教师在面对教学情景中不确定性做出决策时的自主性与创造性。

——施良方、崔允漷《教学理论:课堂教学的原理、策略与研究》

◇化学教学应该达到哪些目标?
◇提供哪些知识基础和学习经验才能实现这些目标?
◇怎样才能有效地组织这些知识基础和学习经验?
◇我们怎样才能确定这些目标正在得到实现?

教学设计的理念:感受化学与理解化学

——以苏教版《化学 2》"乙酸"教学为例*

摘　要　文章以两节青年教师优质课评比中"乙酸"为教学内容的同课异构为标本,从教学设计、问题设计和课堂小结设计三个方面对两位教师不同设计理念进行比较,提出化学教学的两种教学理念:感受化学与理解化学。最后提出"教学设计的理念促进思维发展"和"和谐的课堂氛围促进学生进步"两个角度在实践中的思考。

关键词　教学设计　理念　感受化学　理解化学

上月县里组织了青年教师优质课评比,选取苏教版《化学 2》"乙酸"为教学内容进行同课异构,我有幸听取了六节课的教学全程。给我的感受是喜忧参半,忧的是两位老师被所谓的"导学案"牵绊,教学形式中规中矩,知识内容平淡无奇,纯为"导学案"而教;喜的是有两位老师(四年教龄)的课设计非常有化学味道,而且整个过程行云流水,一气呵成,颇有名师风范。我把两节课的教学设计和课堂实证进行了分析总结,正是两种化学教学思想的体现:感受化学与理解化学。

---

* 发表于《化学教与学》2013 年 5 月。

1 比较两节优质课的教学设计

环节	第一节课	第二节课
引课	以高考体检中嗅觉检查中如何确定哪一瓶是食醋——生活化学。	从食品中有机物乙醇学习过程引出学习乙酸时关注哪些方面——科学方法。
乙酸学习	1.观察色态、闻气味——感知物理性质。 2.模型展示、写结构式、认识官能团——体会分子结构。 3.检验乙酸酸性——科学探究化学性质。 4.合作实验、闻产物的气味——体验酯化反应。 5.乙酸的用途抢答——衔接生活。	1.引导学生观察色态、闻气味——培养观察视角和方法。 2.乙酸和乙醇的酯化反应原理——科学探究思维模式培养。 3.酯化反应中饱和Na_2CO_3溶液可以吸收蒸出来的CH_3COOH，说明CH_3COOH有酸性，还有什么方法证明有酸性——科学证实或证伪。 4.乙酸酸性强弱预测与证明——科学探究。
课堂小结	"生活中黄酒长期放置为什么会变酸"和"酒是陈的香"——解决生活问题。	练习乙酸与甲醇、甲酸与乙醇酯化反应书写——巩固酯化反应原理。

第一节课的教学设计，从引课到乙酸学习始终都从生活中的化学为起点，易激发学生的学习兴趣，更能体会到化学能解决生活中的问题，到课堂小结还是以解决生活中的问题为讨论点，整个过程都体现感受化学与生活的密切融合，我将此学习过程定义为感受化学。第二节课的设计则从学习化学的方法(有机物学习)，以严密的推理建构化学的原理，让学生在学习中真正理解化学是什么，参悟化学思想，发展学生的理性思维，我把它定义为理解化学。

这一节课的学习目标是：①通过观察色态、闻气味的过程知道乙酸的物理性质，体会观察方法；②通过结构特点(—COOH)与羟基(—OH)推测并实验探究可能的化学性质，并在实验操作中体验要点；③酯化反应原理的学习过程中让学生获取科学探究的方法和模式；④CH_3COOH酸性及强弱的学习，让学生建构用比较的方法学习物质性质的原理。教学对象是高一到高二过渡的学生，既要感性地认识化学，又需要理解化学，随着年龄增长，思维能力的提高,学生要更多地以感性的生活为基础,理解化学原理,获取化学科学的研究方法。

2 比较两节课的问题设计

两节课上虽然教学内容和目标是相同的,但因为设计理念的不同,对同一知识点突出显示也有一定的差异,第一节课的问题设计侧重于生活实践操作的感知,第二节课的问题设计更加侧重于化学原理的理解与建构。下面选取两节课相同的教学内容进行比较分析。

2.1 乙酸有酸性且是一种弱酸的问题设计

	第一节课	第二节课
问题与课堂实录	(1)如何检验乙酸的酸性?可供选用的药品:镁条、碳酸钠溶液、盐酸、pH试纸、氢氧化钠溶液、酚酞试液、紫色石蕊试液、氧化钙粉末。 讨论一下,你能找出几种检验乙酸酸性的方法? (2)想一想,乙酸是强酸还是弱酸?如何证明?小实验:比较物质的量浓度均为 1mol·L^{-1} 的盐酸和乙酸的 pH 大小。	(1)乙醇与钠反应时 O—H 发生断裂,乙酸中的 O—H 会发生断裂吗?小实验,向盛有饱和 Na_2CO_3 溶液(滴有酚酞)的试管中加乙酸和乙醇,振荡,观察现象。 若乙酸中的 O—H 比乙醇中的更加容易断裂,会产生什么阳离子?具有什么化学性质? (2)你能用什么实验证明 CH_3COOH 具有酸性?CH_3COOH 是弱酸还是强酸,怎样证明?
设计理念	这两个问题有层进关系,且第二个问题必须在解决第一个问题的基础上才能回答。第一个问题设计中给定了多种可用来确定乙酸显酸性的试剂,学生通过实验来检验、感知。第二个问题设计有两个思考方向,强酸或弱酸,紧接着的小实验,学生只需要按教师设计测定 pH,通过比较 pH 大小便知道乙酸酸性比盐酸弱,得出结论。这个设计来源于教师预设,学生更多的是参与实践,感知化学。	这里两个问题之间有因果关系,逐步从定性判断到定量分析。第一个问题解决联系前一课时 CH_3CH_2OH 中 O—H 键在与金属钠反应中的变化,引导学生类推,这一目的达成后,做了一个饱和碳酸钠溶液(滴有酚酞)中分别滴加乙醇和乙酸的实验,观察气泡与红色变化,引导学生联系酸的电离角度来认识乙酸有酸性,从本质上理解。第二个问题是要求学生思考怎样定量分析 CH_3COOH 酸性弱强,可以结合曾经在第一学期学习过的弱电解质电离能力进行定量分析,解决化学问题的方法和思想更加浓厚,理解化学。

2.2 乙酸与乙醇发生酯化反应实验与原理学习的问题设计

	第一节课	第二节课
问题与课堂实录	(1)装药品的顺序如何？试管倾斜加热的目的是什么？ (2)浓 H_2SO_4 的作用是什么？ (3)得到的反应产物是否纯净？主要杂质有哪些？ (4)Na_2CO_3 饱和溶液有什么作用？ (5)为什么导管不插入 Na_2CO_3 饱和溶液中？	(1)碳酸钠饱和溶液有什么作用？ (2)怎样从碳酸钠饱和溶液中分离出乙酸乙酯？ (3)实验中为什么开始时要小心加热且加沸石，后期大火加热？ (4)实验中要注意哪些事项？ (5)CH_3COOH 与 CH_3CH_2OH 在酯化反应中怎样断键？
设计理念	这五个问题设计都围绕实验操作展开，且是这个实验过程需要知道的问题，教学中逐一地提出，学生有条不紊地回答，实验中出现过暴沸、倒吸，老师与学生一起讨论了怎样防暴沸和倒吸，学生对实验过程有较好的感知。老师通过书写方程式时同位素^{18}O 存在的物质获知酯化反应断键方式。	问题(1)教师在装碳酸钠饱和溶液的试管中滴加了酚酞，在油状层下面的溶液中出现红色，振荡后红色褪去，说明确实有乙酸挥发出来，而乙醇沸点比乙酸低，更加容易挥发，所以就回答了问题(3)；实验中油状物与碳酸钠饱和溶液分层，且在上层，从原理上解决了问题(2)；后期大火加热目的使酯变成蒸汽，而在碳酸钠饱和溶液中得到的是液态酯，自然理解长导管作用。问题(5)的提出引发了科学探究的思绪，可能会出现两种断键方式，提出标记一种原子的方法——同位素示踪法。这五个问题都是在帮助我们获取研究化学的方法和建构化学原理。

3 比较两节课的小结都以习题解决方式来感受化学和理解化学

两位老师的课堂小结中都用到了下面的习题1，目的都是为了检验酯化反应的断键方式，实施中也确实起到了检验与巩固的作用。

习题1：(1)写出乙醇(CH_3CH_2OH)与标记乙酸($CH_3CO^{18}OH$)在浓硫酸存在下反应的方程式：

_____，并求出生成的酯的分子量_____。

写出标记乙醇($CH_3CH_2^{18}OH$)与乙酸(CH_3COOH)在浓硫酸存在下反应的方程式：

_____,并求出生成的酯的分子量_____。

第一节课习题2：实验室用乙酸、乙醇、浓硫酸制取乙酸乙酯，加热蒸馏后，在Na_2CO_3饱和溶液上面得到无色油状液体，当振荡混合时，有气泡产生，原因是（ ）

A. 生成物中有被蒸馏出的硫酸

B. 有部分未反应的乙醇被蒸馏出来

C. 有部分未反应的乙酸被蒸馏出来

D. 有部分乙醇跟浓硫酸作用生成乙烯

第二节课习题2：常压下，乙醇的沸点是78℃，乙酸的沸点是118℃。下列四种分离乙醇、乙酸的方案中最佳的一组是（ ）

乙酸、乙醇的混合液（含少量的水） ①加入足量a ②蒸馏 → 乙醇 / 物质b ③c的浓溶液 ④d操作 → 乙酸

	a	b	c	d
A	Na_2CO_3饱和溶液	乙酸钠	硫酸	蒸馏
B	Na_2CO_3固体	乙酸钠	盐酸	过滤
C	CaO固体	乙酸钙	盐酸	过滤
D	CaO固体	乙酸钙	硫酸	蒸馏

两位老师选择的习题2有明显差异，第一节课的习题2是直接的实验现象的观察与记忆，因为加热时有少量乙酸蒸出，但没有与Na_2CO_3溶液充分混合，振荡时会发生化学反应，这个问题在实验过程中已经有了直观的认识。而第二节课的习题2则明显是对物质性质的理解和化学分离方法的运用，题设目标是分离乙酸与乙醇，由于互溶，无法分液；沸点差异不大，直接蒸馏分离效果也不好，就需要化学转化思想，当然最后也要将转化后的物质复原提取，既有试剂的选择，更有方法的运用。

最后的课堂结尾，第一节课采用了衔接生活模式，回答了为什么"酒是陈的香"的道理，再次让学生感受生活中的化学；第二节课则以乙酸的结构特点回应了为什么会有这样的化学性质，理解化学学科本质即"结构决定性质"。

4 教学思考

一堂好课应该可以同时做到下面三点：为全体学生成为具有一般科学素养的公民提供机会；为部分学生未来的专门化学教育打下基础；为少数对化学有极大兴趣并在化学上有强烈发展愿望的学生提供较大的研究空间。从这两节课中都能感受得到，既有生活中的知识，又有化学原理的建构，还有科学方法发展。想让学生通过一定的教学内容达成三维目标，需要教学思想和教学智慧，只有确定了教学思想，才可以选择课型结构和教学方法。单从一节课的角度来说都是优质课，但体现的思想完全不同，生活化的化学以亲身感受的方式学习，化学本质的理解要运用科学原理进行建构，这两种都是我们高中化学课堂所需要的，这节课的同课异构真正体现了"教有法而无定法"。

4.1 教学设计的理念促进思维发展

高层次的思维包括理解、分析、评价、归属与创造，感受化学与理解化学需要这些思维能力做保障，同样也能促进这种思维能力发展，感受化学与理解化学没有孰优孰劣，只是两种不同的研究化学的理念。我个人一直认为，对于生活中常见物质学习，需要更多地创造现实情景让学生感受，培养其兴趣，在玩中学，做中学，获取亲身的体验。而对于物质结构、性质及科学原理的学习，需要有严密的逻辑思维，层层推理，逐步提升，让学生思维在原理建构过程中发展，这也正是理解化学的思想。如果对于低年级同学或初学者更多的适用感受化学，而对于高年级或侧重理科的同学，科学思维培养，更多的适用理解化学，二者相辅相成，相互支持与促进。

4.2 和谐的课堂氛围促进学生进步

另一个让我感觉非常满意之处就是课堂上学生的表现，有操作、有分析、有讨论、更有一种和谐的课堂氛围，在外校上课能达到这么轻松的课堂正说明教师驾驭课堂能力的水平。第一节课上课前老师将高考体检的三瓶无色液体放在讲台上，学生就已经开始在闻气味了，当老师让学生上台选择试剂实验说明乙酸有酸性时，学生争相上台表演，几个实验顺利完成，而且旁边同学还及时指出同学在演示中不规范的操作。当从图片中看到西湖醋鱼时,很想知道为什么如此香醋可口,帮助引入乙酸的酯化反应,感情带着学习内容自然过渡,最后的衔接生活介绍了醋在生活中的作用回答了"酒是陈的香"的原因,这样的课堂充分联系生活,亲身体验生活,会有人不参与吗?第二节课情景引入乙酸课题后,问了学生一个学习角度的问题"学习一种有机物通常要学习哪些内容",学生很快就进入了思考和回答,而当出现酯化反应实验时,教师没有逐步讲解实验,而是让学生根据课本要求上台演示实验,并观察实验中的现象和出现的问题,此时的观察是有意注意。从饱和碳酸钠溶液的作用,到反应中注意事项,再到酯化反应原理,层进提问,在问题解决中理解化学,乙酸是否有酸性和酸性强弱的教学中和学生一起设计乙酸酸性检验方案,并进行实验;酸性强弱比较,不仅通过定量分析从电离(导电性)角度理解乙酸是弱酸,而且还用了两个实验(HCl与乙酸钠反应蒸出乙酸和乙酸与碳酸钠反应产生二氧化碳)得出乙酸的酸性比盐酸弱、碳酸强。这样的教学知识由浅入深,分析有理有据,原理层层建构,学生一不会因为缺少梯度无法参与,二不会因为理论枯燥不愿参与,只会在实验和问题解决中自然理解,你一定能想象出这种和谐、科学、愉悦的课堂氛围。

重构学生主体课堂的思考

"强电解质与弱电解质"的教学与反思*

摘 要 文章以实验为基础进行化学概念的学习,从科学概念建构概念、方案设计理解概念、问题讨论辨析概念和拓展练习延伸概念四个方面学习强电解质与弱电解质概念,培养学生在实验操作与设计中学会合理控制变量进行探究活动的能力。

关键词 概念 实验 理解 变量控制

1 设计思想

教学的核心就是让学生参与到富有成效的概念学习活动之中,设计适合学生做而又值得去做的实验,并在实验过程中给学生体验和思考。设计实验中思考的问题是教师需要仔细思忖的事情。在化学课堂上,透过实验活动的观察与分析,我们可以清晰地看出教师对于学生学化学概念、对于如何教化学概念的理解。化学教师对化学概念、化学概念教学、化学概念学习的想法直接影响他们在课堂中采用怎样的行为,会给学生提供怎样的学习机会,达成怎样的目的。

在化学概念的教学中,给出科学事例→抽象出定义→科学验证→练习

---

* 发表于《化学教学》2012年12月。

巩固是常用的教学方法,往往以对概念进行完整描述与关键词解读,然后通过习题进行辨析。这样的教学常常会使学生感到枯燥,化学学习兴趣减退,甚至还不能很好理解概念。我在进行教学时采用了一种以实验探究为载体进行学习的方式,引导学生科学探究,建构化学概念,促进学生对化学概念的理解。下面以苏教版选修4《化学反应原理》中"强电解质与弱电解质"的学习内容为例进行实证。

2 教学目标

(1)以金属与电解质导电原理来认识电解质导电能力与离子浓度及所带电荷相关,在物质的量浓度相同和离子所带电荷相同的情况下得出不同电解质导电能力的差异,得到强电解质与弱电解质概念,同时从电离程度上区别。

(2)以等物质的量浓度的盐酸和醋酸为例,试着学习控制变量的方法来进行实验设计,并在实践中比较 HCl 和 CH_3COOH 在水中电离能力的差异,得出强弱电解质定义与判断方法,学习科学探究的一般方法,培养提出问题、探究问题和解决问题的能力,获得成功的喜悦。

3 教学片段分析

3.1 科学实验,建构概念[1]

【活动一】

活动与问题设计	教学实录
实验观察连接 $0.1mol \cdot L^{-1}$ HCl 与 CH_3COOH 溶液小灯泡是否亮起来及电流。 换上灵敏电流计,测定 14V 电压时 $0.1mol \cdot L^{-1}$ HCl 与 CH_3COOH 溶液电路中的电流。	(连接好电路,接通电源,并逐渐加大电压至14V) 师:有什么现象啊? 生(集体):亮了。 师:两个小灯泡都亮了? 生:与 HCl 相连的小灯泡亮了,另一个没亮。 师:连接醋酸溶液的电路中难道没有电流吗?需要定量的测定。 生:(学生读数分别是 2.5A 和 10mA)两溶液中都有电流,电流大小相差很多,HCl 溶液中的电流比 CH_3COOH 中的大。

结论一:等物质的量浓度的 CH_3COOH 与 HCl 溶液导电性不相同!HCl 更强一些。

问题讨论	教学实录
为什么电流不一样？说明了什么问题？溶液导电性由什么因素决定？导电性的强弱呢？	师：溶液的导电性跟什么有关？ 生：自由移动的离子的浓度。 师：就这么一个因素吗？还跟什么因素有关？ （生答不出） 师：我问你们一个问题，等物质的量浓度的氯离子和硫酸根，哪个导电性强？ 生：硫酸根。 师：理由是什么？ 生：硫酸根有两个电荷，而氯离子只有一个。 师：那说明还跟什么有关系？ 生：离子所带的电荷。

结论二：HCl 溶液比 CH_3COOH 溶液中离子浓度更大，HCl 比 CH_3COOH 电离程度更大！

师：通过精确测定（pH 计），得 $0.1mol·L^{-1}$ HCl 溶液中 $c(H^+) = 0.1mol·L^{-1}$，说明盐酸怎么样？

生：完全电离。

师：由结论二分析，醋酸是否完全电离？

生：不完全电离。

师：由上述实验得出的结论，我们可以知道 HCl 和 CH_3COOH 分别称为什么电解质？在水溶液中有什么特点？

生：强电解质、弱电解质，强电解质在水中是完全电离，弱电解质不完全电离。

结论三：在水溶液中完全电离的电解质称为强电解质；在水溶液中只能部分电离的电解质称为弱电解质。

师：在科学研究过程中，多种变量如何进行设置和比较呢？

生：当实验中有多个反应变量时，为比较某一因素（变量）差异，则其他变量都要一样才可以。

上述实验中我选择的小灯泡、导线、电极材料、溶液浓度、温度及电解质电离出离子所带电荷都是相同的，通过实验中电流大小来判断离子浓度大小比较得出强弱电解质概念，在实验设计中合理地排除各种因素的影响，由此得出科学的结论。

3.2 方案设计理解概念差异

【活动二】设计与讨论:请你思考并与周围的同学讨论更多其他实验方案证明 HCl 比 CH₃COOH 电离程度更大,并写在纸上。

方案1:可以用镁。取等物质的量浓度的盐酸和醋酸与镁反应产生气泡的速率。

师:与镁反应测气泡的速率。前面讲的等什么?

生:等 pH。

师:等 pH? 刚刚讲的好像不是等 pH?

生:等物质的量。

师:等物质的量?

生:等物质的量浓度。

师:等物质的量浓度的盐酸与醋酸分别与镁反应。

科学实证:表面积大小相同的镁与 $1mol·L^{-1}$ HCl 和 CH₃COOH 反应,观察气球胀大的快慢。

师:这两个反应实质是什么?

生:是镁与电离出来的 H^+ 反应。盐酸的反应速率很快,说明 HCl 溶液中 H^+ 浓度要比 CH₃COOH 大。

师:刚才有同学讲过是两种物质等 pH,如果是等体积、等 pH 的盐酸和醋酸,然后与足量的镁条反应,产生的气体是不是一样多?

生:不一样多。

师:配 $0.1mol·L^{-1}$ 的盐酸可以定容稀释得到,配 pH=1 的盐酸和醋酸,大家可以到实验室去试试看,能不能配出来。今后学习的方案会很多,我们今天只是通过测 H^+ 浓度证明了等物质的量浓度的盐酸比醋酸的电离程度要大。如果你有办法去测 Cl^- 和 CH_3COO^- 浓度的大小也是可以考虑的。

(学生观察实验现象,装盐酸的锥形瓶气球很快胀大,而过了约2分钟后装醋酸的锥形瓶气球才胀大)

方案2:与碱反应,测定中和反应看放出热量的多少。等物质的量浓度的 HCl 和 CH₃COOH 溶液与等物质的量浓度的碱反应。

师:体积多少有没有限制?

生:等体积。

方案3:用等物质的量浓度的盐酸和醋酸与等物质的量浓度的氨水作用,氨水滴加到盐酸里能产生白烟,而滴加到醋酸里不会产生白烟。(师生、生生讨论后否定了此方案)

3.3 问题讨论,辨析概念[2]

【活动三】

活动与问题	课堂教学实录
1.物质的溶解性与电解质强弱有没有关系。 2.溶液导电能力与电解质强弱关系。 3.实际运用中,通常怎样判断强电解质与弱电解质?	师:$BaSO_4$是强电解质吗?$BaSO_4$溶液导电性强吗?强电解质溶液导电性一定强吗? 生:不一定,这与离子浓度和带电量有关。 师:离子带电量就是离子带电荷数。 生:从溶液中电离程度来判断。溶液中完全电离的是强电解质,不完全电离的是弱电解质。 师:弱电解质怎么定义的? 生(杂乱):不完全电离的电解质。 师:难溶物是不是完全电离的? 生(凌乱):是(也有答不是) 师:它溶解的部分也是完全电离的。 师:盐酸溶液导电能力一定强于醋酸溶液导电能力吗? 生(杂乱):不一定。(学生思考)氢离子的物质的量浓度。等物质的量浓度。 师:氢离子物质的量浓度,0.0001 $mol \cdot L^{-1}$盐酸和1 $mol \cdot L^{-1}$ CH_3COOH溶液的导电能力是盐酸强还是醋酸强? 生:醋酸强。 师:我们不能每一个都做实验,怎样判断强电解质和弱电解质? 生:强电解质有强酸、强碱、大部分盐、水和金属氧化物。 生(全体):弱电解质有水、弱酸、弱碱。(投影出现弱电解质种类)

3.4 拓展练习延伸概念

【活动四】

拓展练习	课堂教学实录
思考：学习中我们已经知道 HCl 是强电解质而 CH_3COOH 是弱电解质，因为在水溶液中 HCl 是完全电离而 CH_3COOH 是部分电离的。若在液氨中，CH_3COOH 也能完全电离，还是弱电解质吗？（学生交流讨论）	生：它还是弱电解质。因为强电解质、弱电解质一定是在水溶液中，而本题是在液氨中，不适用的。 师：如果定义就是液氨作溶剂，怎么判断？ 生：如果规定在液氨中全部电离，那它是强电解质。 师：也就是说强、弱电解质关键是看在这个溶剂中能否完全电离。

4 教学反思

这一节课在实施中较为顺利地达到了对"强电解质和弱电解质"概念的理解，化学教学中如何运用定性与定量的实验，以感性表观的认识建立概念。根据已有概念比较，设计科学可行的实验进行探究，促进概念理解的同时也培养学生解决探究类似问题实验方案设计中控制变量的能力。

概念在化学教学中通常有下面三个问题：一是概念科学建构过程，二是概念的内涵与外延的理解，三是概念在运用中辨析。怎样解决这个三个问题呢？首先将无法观察的量转化为可测量进行测定，其次进行实验方案设计与讨论，加深对概念的理解，再次通过问题讨论理解概念的内涵与外延。

参考文献

[1]吕锋.尝试以"实验组"整合教学素材——"钠的性质及其用途"教学设计[J].中学化学教学参考,2012,1—2:35—37.

[2]李发顺.基于课堂实证的问题设计[J].教育研究与评论,2011,12:78—82.

教学:为学生找思考的梯子
——苏教版"氯气的性质"教学思考*

摘 要 文章以"氯气的性质"教学实践为载体,叙述了教学过程中教师与学生之间的互动,以及教师如何重组教材,怎样实施教学,从而实现学生主动学习,理解氯气的性质,并学会思考和获得解决问题的程序性知识与方法。

关键词 重组教材　问题情境　知识起点

"氯气的性质"一课在各级各类公开课、优质课评比中屡屡选中,多次试验,笔者也曾经在优质课评比中实践这一课,且当时表现很好。经过了多年的实践,最近再上这一课时突然有了不同的想法,思考着曾经的实践表现很好,但对性质、用途、结构等知识的教学中缺少连接的主线或相应过渡,学生在学习中能感到老师刻意在传授氯气的知识。知识传递的线条太粗,痕迹太重。这一次上课,我调整了曾经多次的设计,而且把学习内容的思考过程真实地教给了学生。整节课围绕两个核心问题展开学习。

1 为什么能用 NaOH 溶液吸收多余的 Cl_2?

上一课时的教学中学生已经知道 $Cl_2 + 2NaOH =\!=\!= NaCl + NaClO +$

---

* 录用于《中学化学教学参考》2014 年,待刊出。

H_2O,同学们已经知道什么性质的物质能与碱溶液发生反应。Cl_2 通入到 NaOH 溶液中时,Cl_2 与 NaOH 溶液中的水发生反应了吗?产生了什么物质?请同学们试着从产物 NaCl 和 NaClO 逆推测。基于上述问题,学生试着写出 $Cl_2+H_2O==HCl+HClO$ 这个反应方程式。当学生思考到这个反应的出现,对反应原理有了肯定的理解,下面的核心就是用实验证实或证伪推测的结论,这才是真正的科学探究过程,而不是问学生 Cl_2 和 H_2O 反应生成什么物质,我们进行探究。因为学生通过预习已经知道 Cl_2 通入 H_2O 中会发生反应,生成 HCl 和 HClO,而得出这一探究的过程没有学生要解决的问题做思考起点。

在进行实验证明 Cl_2 与 H_2O 反应的产物过程中,有学生提到用蓝色石蕊试纸进行检验,检验中发现瞬间变红,持续时间很短,多次实验后,学生证实确实出现了红色,但为什么会消退呢[1]?在同学们以前的概念中很清楚知道酸会使蓝色石蕊试纸变红色,但为什么会褪色呢[2]?出现了新情况,让学生设计实验证明是 HCl 作用还是 HClO 作用,这里是在探究证实活动中发现的"异常"情况,增加学生对科学探索的兴趣,这"异常"有老师特定的预设,即使学生没有想到用蓝色石蕊试纸检验,老师也要有意识进行引导。

因为 Cl_2 可以与 NaOH 溶液反应,那么 Cl_2 是否可以与 $Ca(OH)_2$ 溶液反应呢,可能产物是什么?若把反应后溶液蒸干,得到的固体混合物就是生活中的漂白粉。上面研究中发现,真正起漂白和杀菌作用的是 HClO,漂白粉中能转化为 HClO 的是 $Ca(ClO)_2$,所以对于混合物漂白粉,真正有效成分是 $Ca(ClO)_2$ 固体,那么 $Ca(ClO)_2$ 固体怎样才能转化为 HClO 呢?要解决这一问题,就要引导学生联想到盐酸的转化原理,即和另一种酸反应,学生通过预习中也知道教材中 $Ca(ClO)_2+CO_2+H_2O==CaCO_3+2HClO$,顺着学生已知的这个反应,问学生你知道 HClO 酸性强弱吗。漂白粉起作用时转化为 HClO,如果不用时也转化为 HClO,是否还有效呢?学生思考解决这些问题的过程,不仅知道了漂白粉成分和有效成分,而且还知道了其保存方式和使用中注意的问题,更知道了 HClO 是和一种比碳酸还要弱的一元弱酸。在使用中 $Ca(OH)_2$ 是一种微溶物,所以其物质的量浓度很低,要得到固体混合物,蒸发大量的水需要消耗大量能源,怎样改进制取漂白粉的方法呢?学生在回答这个问题时其实也解决了为什么用 NaOH 溶液吸收 Cl_2

而不用 Ca(OH)$_2$ 溶液,包括后面对酸性有毒气体吸收方法的思考。

在实验中学生对我提供的新制氯水产生怀疑,因为 Cl$_2$ + H$_2$O $\rightleftharpoons$ HCl + HClO,而提供的新制氯水却有淡淡的黄绿色,学生第一怀疑是溶解在水中的 Cl$_2$ 可能没有与水完全反应,第二怀疑 HClO 呈淡黄绿色(HCl 是无色)?教学中经常说因为有 Cl$_2$ 溶解在水中且未完全反应,所以呈淡黄绿色,学生想当然地认为 HClO 是无色的,但学生以前概念中是没有这一颜色认识的,所以当学生提出怀疑时正是一个可以利用疑惑解决问题的机会。意味着老师要向学生提供一瓶 HClO 溶液进行比较,HClO 溶液怎样配制?如果在这里留一个思考问题:怎样消除 HCl 和 HClO 混合溶液中的 HCl 而不消耗 HClO,既给学有余力的同学想象空间和知识的拓展,当上述问题得到解决后,还可自然想到 Cl$_2$ 和 H$_2$O 的反应是可逆反应。如果 HCl 或 HClO 消耗,则 Cl$_2$ 和 H$_2$O 会不断地反应,导致 Cl$_2$ 最终消耗殆尽。

2 为什么氯气能与 Na、Fe、Cu、H$_2$、C 等非金属单质反应?

学生通过预习已经知道干燥的氯气能与 Na、Fe、Cu、H$_2$ 发生反应,且知道反应的产物是什么。课前我连续做了下述实验:

实验 1:切取一小块钠投入到盛装 Cl$_2$ 的集气瓶中,观察现象。(室温在 15℃)

实验 2:铁丝加热后伸入盛装 Cl$_2$ 的集气瓶中,观察现象。

实验 3:铜丝加热后伸入盛装 Cl$_2$ 的集气瓶中,观察现象。

实验 2 现象非常明显,产生大量棕褐色的烟,过了约 5 分钟左右,在瓶壁和瓶底出现了棕褐色的固体,加水后溶液棕黄(略有棕红)。实验 3 产生大量棕黄色的烟,但明显没有 Fe 丝反应剧烈,过了约 5 分钟,在瓶内看到的固体不多,加少量蒸馏水,振荡,看到蓝色(蓝绿色)溶液,这两个实验很清楚证实了学生预习所获得的知识,但在实践中感知了反应剧烈程度的差异。

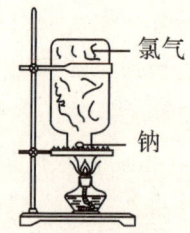
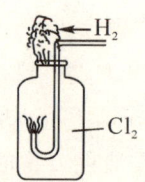

图1 钠在氯气中燃烧　　图2 H$_2$在Cl$_2$中燃烧　　图3 H$_2$和Cl$_2$在强光下爆炸

实验1过了大约10分钟,黄绿色气体变淡,但预想的白烟也不是很明显。有学生提出能否也跟铁一样加热?因为Na与空气中O_2和水蒸气会发生反应,所以如果要在酒精灯上加热,必须要隔绝空气,怎么办,学生起初想把钠放在盛装Cl_2的集气瓶中加热,但集气瓶不能加热,后面想是否可以垫石棉网加热,我顺着就说何不把Na放在石棉网上加热呢?学生突然眼睛一亮,立刻就有同学画出了装置图(如图1),后续进行的实验白烟非常明显。在这里教学时我当时就延伸了Cl_2由铁制容器盛装,万一泄漏如何处理?如果你在附近,怎样自主逃生等问题,在课堂中学生想到用毛巾或布蒙住口鼻,有同学答干燥的、沾水的、沾NaOH溶液的、沾Na_2CO_3溶液的,甚至沾肥皂水的等,课堂异常活跃。最后和大家一起讨论,得出最佳选择、其次选择和再次选择问题。

学生在实验中知道了Cl_2能与活泼金属单质反应,能否与非金属反应呢?学生的预习早就知道了H_2和Cl_2的反应(如图2),此时用三叉管做了一个Cl_2和H_2混合强光照射爆炸实验(如图3),反应产物都是HCl,而教材中给出H_2在Cl_2中燃烧产物也是HCl,且用这一反应制盐酸,工业生产显然不是利用刚才实验的原理,以此得到H_2和Cl_2在不同条件下发生化学反应,虽然产物相同,但反应过程、现象不一定是相同的。有些化学反应,反应物相同,由于条件不同或者用量不同,产物也不一定相同。以此让学生认识自然界中的很多科学规律,培养同学观察和思维能力。以此类推P、C与Cl_2反应的产物。

完成上述实验之后,就马上请同学们分析反应中Cl元素化合价的变化,都是从0价变成-1价,为什么会发生这样的反应?有同学联想到元素的化学性质是由最外层电子数决定的,所以很快就有同学说Cl原子最外层有7个电子,在反应中会"得到"一个电子,变成"氯离子",从而显-1价,都体现了Cl_2的氧化性。为后面学习氧化还原反应打基础。在此基础上我还写了$H_2S+Cl_2=S\downarrow +2HCl$的反应,学生从Cl元素化合价变化中也知道了$Cl_2$氧化了S元素。是否有反应中$Cl_2$不一定只是"得到"电子、化合价降低而显示氧化性的呢?学生陷入了沉思之中,此时引导学生标注刚才研究的Cl_2与H_2O反应,Cl_2与NaOH溶液反应的方程式中Cl元素化合价,学生发现,Cl元素化合价有升高,也有降低,既有氧化性又有原性,不只是"得到"电子。

3 教学后的思考

经过这样一节课的教学,虽然完全打乱了苏教版教材编排,也是我自己所见中最特殊的一次尝试,我发现课堂上学生真正地思考了起来,为什么他们会动起来呢?

3.1 主动接受学生的"绣球"

教学中学生抛出的"绣球"有时很有意义,有时存在"刁难",其实老师大可不必紧张,主动去接,去回答,当你回答问题让他得到他预想不到的答案和场面,甚至让他心服口服时,不仅是他在思考,如何回答和解决问题,更是对老师的全面的认可过程。在这节课教学中,多次出现学生怀疑,如 H_2 在 Cl_2 中燃烧实验,我却做 H_2 和 Cl_2 爆炸,预想不到的结果出现。如新制氯水成分中呈黄绿色的到底是 HClO 分子还是 Cl_2 分子,不仅解决问题,还把学生带入更多科学味道的思考之中。不仅接了学生的"绣球",同时把"球"抛给了学生,给学生更多的思考,这样的教学味道自融其中。

3.2 利用已有的知识做梯

学习中最困惑的问题不是知识有多高、多难,而是没有去攀登的云梯。教学中最怕的是提出的问题学生无从回答,甚至不知道从哪里开始,或者不知道答什么,甚至出现望题生叹,有时并不是很深奥的知识,也会让学生知"难"而止,甚至退却。究其原因,缺少解决问题的梯子,教学中也一样。例如:新制氯水成分的探究,如果我们对其进行科学探究,先猜想,再设计方案后进行实证,从而得出结论。学生往往因为通过预习已经知道了新制氯水的成分,对你再去设计的方案和实证不感兴趣,或者直接说出结果,没有猜想的欲望。而这一次我采用的引入却是解决为什么 Cl_2 与 NaOH 能反应,因为这个反应的产物已经学习过,当学生解决这个问题,其实质就是新制氯水成分的探究,而且引导过程是从能与 NaOH 反应的物质展开讨论,每一位同学都知道是酸与 NaOH 反应物,没有因为缺少思考阶梯而止步。

3.3 从实例中找寻性质与结构的关系

笔者在教学中没有先结构,后预测性质,再实证,从结构决定性质,性质反映结构进行研究,而在实验(实例)了解Cl_2与金属和非金属单质的反应,在实验中感知直观现象差异,在实例中比较不同,并引导学生标注反应中Cl元素化合价,并从中发现共同点,以此为基础发问,为什么会有这样的变化,联系氯原子结构特点,让学生主动将性质与结构关系联系起来,不用老师说,而是在实例中归纳与联系。

教与学是相互体,只有教没有学,学生在故事中;只有学没有教,学生在迷惘中。真正的教学,需要老师创设问题的情境、找准知识的起点[3]、搭建攀登的云梯,才会激发学生的学习激情,才能使学生实现主动思考,做学习的主人。

参考文献

[1]王继良.利用探究实验培养学生的化学观念——"氯水成分与性质"的教学设计与反思[J].中学化学教学参考,2012,6:30－32.

[2]陈玉乔.化学教学中预设"认知冲突"的策略[J].中学化学教学参考.2012,4:17－19.

[3]张发新.让教学成为师生共同的智慧生活——以"钠的性质"教学为例[J].中学化学教学参考,2012,4:27－29.

从苯酚软膏说起

——"苯酚的性质和应用"教学与思考[*]

摘 要 以生活用品为载体,从苯酚软膏的说明书入手,引导学生从说明书上的各项说明来预测苯酚的性质并进行试验探究,提升学生分析问题、解决问题、创新和沟通的能力。

关键词 苯酚软膏 说明书 苯酚 化学性质

1 教材及学情分析

  苯酚是一种和生产生活联系紧密的有机物,也是有机化学部分要学习的一种重要有机物。从苏教版《有机化学基础》的设置来看,学生已经学习了芳香烃和醇的知识,而苯酚是这两部分知识的结合体,本节课紧紧安排在"乙醇"之后,学生在学习乙醇的过程中已初步掌握了官能团在有机物性质的决定作用,对乙醇中羟基的结构特点与可能出现的断键情况有一定的理解和掌握。在这一基础上紧接着安排苯酚知识的学习,既能联系已学过的知识,又能为后面醛、酸的学习提供方法,做好铺垫。通过和乙醇的性质的类比预测苯酚的性质,丰富的图片和生动的实验为学生提供了丰富的感性

---

  [*] 发表于《化学教育》2014 年 9 月。

材料,从而获得了对苯酚性质的感性认识。类比假设与实验探究的有机结合,不仅可以帮助学生形成完整的知识体系,而且可以培养学生的推理能力、实验能力、观察分析、应用知识解决问题的能力。本节课是优质课评比课,授课对象是全县学习最好的学生。他们已有的知识经验是对烃类、卤代烃和醇类物质初步了解,但是对苯酚较为陌生,尤其是酚羟基受到芳香环的影响,需要通过对实验方案的设计、操作、验证,在教师的主导下、在分组实验的辅助下完成对新知识的构建与学习能力的提升。

2 设计思想

教学设计的创新的最大特点是抛开常规教学设计的传统思想和固有模式,苯酚的教学通过的教学方式是:图片出示几种酚和醇,从辨析官能团连接方式差异,得出酚的定义,并由其结构推测性质,然后用实验验证。而笔者在教学中却从一张苯酚软膏的说明书入手引出苯酚的结构,从说明书上的说明事项、药物相互作用、苯酚含量的测定三个角度巧妙设置问题,引发学生思考讨论,用实验探究苯酚的物理和化学性质。注重从最贴近学生的问题和感兴趣的事物出发创设问题情境,激发学生对生活中的现象进行探究的兴趣和愿望,引导学生将所学知识与解决生活、社会等实际问题结合起来。一方面让学生通过实验探究归纳出苯酚的性质,认识苯酚在生产生活中的广泛应用,体验科学研究的过程和方法;另一方面引导学生树立科学使用化学药品的意识,让学生意识到化学物质在造福人类、推动人类社会物质文明发展中所起的作用,并形成化学物质的不合理应用也会损害生命健康、造成环境污染等社会问题的观点,逐步树立合理应用化学物质的科学观。

3 教学目标

(1)知识与技能:认识苯酚的组成和结构特点,理解苯酚的性质,理解有机物结构间的相互影响,了解酚类化合物的用途。

(2)过程与方法:以苯酚软膏的说明书为教学载体,通过检索软膏的信息中的关键词,培养学生检索和处理信息的能力,在说明书信息中关键词引发学生思考,学生尝试提出问题,分析和解决问题,在问题解决的过程中理解物质结构与性质的关系。在典型醇与酚的代表物质比较过程中,认知到酚的结构特点。

(3)情感、态度与价值观:使学生树立透过现象看本质的化学学科思想,感受化学世界的奇妙与和谐,培养学生的环保意识;体会到事物是普遍联系和相互影响的,树立辩证唯物主义世界观。

4 教学设计及过程

4.1 苯酚结构认识

【图片展示】苯酚软膏的包装盒和说明书

【教师】苯酚软膏的作用是什么呢?请大家拿起实验桌上的苯酚软膏的说明书,了解一下它的成分。

【学生】本品为消毒防腐剂,其作用机制是使有细菌的蛋白质发生凝固和变性,成分有苯酚、甘油、凡士林。

【教师】这些成分各有什么作用?用来杀菌的成分是什么?

【学生】甘油主要起保湿的作用,凡士林充当溶剂,溶解苯酚。

教师展示苯酚的球棍模型和比例模型。

【教师】苯酚有什么样的结构?分子式是怎样的?有什么官能团?

学生根据苯酚的球棍模型和分子模型,书写苯酚的结构式、分子式、结构简式。

【教师】和刚刚学习过的醇相比,苯酚的结构和醇有什么相同点和不同点?

【学生】相同点:都含有羟基,都连在烃基上。不同点:烃基不同,苯酚的羟基直接连在苯环上。

【教师】总结得很好。由此我们还可以看出,对于醇和酚的判断,不能仅看分子中有没有羟基和苯环,而是看羟基连接的位置。像苯酚这样,羟基直接连在苯环上的有机物,我们称为酚类,本节课所学的苯酚是最简单的酚类。

【课堂过渡】请大家继续阅读苯酚软膏的说明书,了解苯酚软膏使用时有哪些注意事项,由此猜想苯酚有哪些物理性质。请大家参照屏幕上的提示,利用实验桌面上的仪器验证自己的猜想。

4.2 苯酚的物理性质:

学生认真阅读苯酚软膏说明书,了解使用苯酚软膏的注意事项,依据相关提示,积极思考并完成实验。教师巡视并给予必要的指导。

【多媒体投影】

苯酚物理性质验证(友情提示:苯酚有毒会腐蚀皮肤,使用时请小心!)

实验药品:苯酚、无水乙醇、苯、煤油、蒸馏水

实验仪器:大烧杯、小烧杯、胶头滴管、酒精灯、试管夹等

表1 实验内容及结论

物理性质	颜色	状态	气味	溶解度(在水中)	溶解度(在有机溶剂中)
实验操作					
实验结论					

【教师】现在我请一位同学说说自己的看法,其他同学随时准备评价和补充。

【学生】对于苯酚的颜色、气味及状态的探究,可以通过直接取苯酚晶体于烧杯中,观察即可得出:刚刚取出的苯酚是无色晶体,有特殊的气味(但是暴露在空气中的苯酚就变成红色了,我想这可以解释为什么苯酚软膏使用后要拧紧,在颜色变红以后禁止使用,因为苯酚容易变质);在冷水中会形成浊液,加热后变澄清,放入冷水中又变浑浊,说明苯酚在冷水中溶解度不大,但是在热水中溶解度增大;苯酚易溶于无水乙醇、苯和煤油,说明苯酚易溶于有机溶剂(这就是为什么使用苯酚软膏时如果出现不适感,要用酒精清洗而不用水清洗)。

【教师】该同学能够娴熟地将苯酚软膏使用时的注意事项与苯酚的物理性质结合起来,并很好地用实验验证了自己的猜想,非常好!如果苯酚不慎沾在皮肤上,应该怎么办?

【学生】使用酒精清洗。

【课堂过渡】在使用药物的时候,要注意不能与那些能够降低药效的药物同时使用,苯酚软膏不能与哪类药物并用呢?

4.3 苯环对羟基的影响：弱酸性的实证

【学生】阅读说明书，不能与碱性药物并用。

【教师】从"不能与碱性药物并用"这句话我们猜想苯酚可能有哪些性质？如何运用实验的方法进行证明？

【学生1】我猜想苯酚可能显酸性，因为酸碱中和反应，会消耗苯酚软膏中的苯酚。苯酚显酸性，可以用酸碱指示剂来证明，例如酸性物质可以使紫色(蓝色)石蕊变红色。

【学生2】苯酚显酸性，可以与活泼金属反应生成氢气，看到有气泡产生。

【学生3】苯酚显酸性，会和碱，例如氢氧化钠反应。

【学生4】苯酚显酸性，会和某些盐，例如碳酸钠反应生成CO_2。

【学生5】苯酚显酸性，可以用pH试纸来进行检验。

【教师】同学们都能积极思考，运用自己的知识大胆猜想，而且都想出了方法证明自己的猜想，很好。验证苯酚显酸性的方法有很多，从操作简单，现象明显，安全使用的角度，请大家根据大屏幕上给出的提示，根据老师提供的药品动手实验，验证自己的猜想。

【多媒体投影】

苯酚酸性的证明

实验目的：利用指示剂(蓝色石蕊)和氢氧化钠溶液证明苯酚的酸性

实验试剂：苯酚的浊液、蓝色石蕊指示剂、氢氧化钠溶液

实验仪器：2支试管、胶头滴管

实验内容及结论(见表2)

表2 苯酚酸性证明

实验内容	苯酚＋蓝色石蕊	苯酚＋氢氧化钠
实验现象		
实验结论		

【教师】同学们，你们在实验中发现了什么？得出什么结论？

【学生1】在苯酚溶液中滴加紫色(蓝色)石蕊试液，没有看到溶液变红色，说明苯酚不显酸性。

【学生2】在苯酚浊液中滴加氢氧化钠，浊液变澄清，说明苯酚显酸性。

【学生3】我觉得苯酚浊液中滴加氢氧化钠溶液,浊液变澄清说明苯酚确实显酸性。在苯酚溶液中滴加紫色(蓝色)石蕊试液,溶液没有变红,不能说明苯酚不显酸性,也有可能苯酚的酸性太弱了不能使指示剂变色呢。

……

【教师】同学们都很聪明,用实验证明了自己的猜想并提出了新的不同看法,非常好。其实酸弱到一定程度,电离出来的氢离子浓度很小,也无法使指示剂变色的。想知道吗?(引起同学对化学的兴趣,同时告诉学生,要等到高二才研究弱酸的电离程度问题)能否用实验从现象来证明苯酚的酸性很弱呢?

学生之间交流、讨论,设计实验方案、代表发言。

【学生1】用相对强酸制相对弱酸的原理,比较苯酚和弱酸碳酸的酸性。

【教师】用什么酸呢?盐酸可以吗?

【学生1】用盐酸可以,说明苯酚有弱酸性。但只能说明比盐酸的酸性弱,是不是很弱不知道。

【教师】将制得的CO_2通入苯酚钠溶液中,如果生成苯酚,说明苯酚的酸性比碳酸还弱。通常我们用盐酸和碳酸盐来制得CO_2气体。制得的气体通过苯酚钠溶液,变浑浊后能说明苯酚酸性比碳酸弱吗?需要进行怎样的操作?

【学生2】在通入苯酚钠之前应该先把制得的CO_2通入饱和碳酸氢钠溶液,除掉挥发出的氯化氢气体。

【教师】请同学们依据上述原理,完成实验,认真观察实验现象、相互交流后尝试写出化学方程式。

学生根据原理,完成实验,观察实验现象,相互交流。讨论后对反应生成苯酚的意见一致,而对另一种产物是碳酸钠还是碳酸氢钠产生了不同意见。

【学生1】在实验过程中看到苯酚钠溶液变浑浊,说明生成了苯酚。没有看到其他现象,说明生成了碳酸钠。

【学生2】我看到了同样的现象,但我认为生成的是苯酚和碳酸氢钠。因为我在书上已经看到写的方程式是$NaHCO_3$。

【学生3】我认为生成碳酸钠还是碳酸氢钠是由CO_2的量来决定的,如果通入CO_2量比较少,则生成碳酸钠,如果CO_2过量,则生成了碳酸氢钠。

……

【教师】对于生成的另一种产物是碳酸钠还是碳酸氢钠,我们不妨先来证实一下苯酚与碳酸钠溶液和碳酸氢钠溶液的共存情况。

学生实验探究:

实验1:向盛有浑浊的苯酚溶液的小试管中加入碳酸钠溶液,观察现象。

实验2:向盛有浑浊的苯酚溶液的小试管中加入碳酸氢钠溶液,观察现象。

实验3:向盛有浑浊的苯酚溶液的小试管中加入碳酸钠和碳酸氢钠的混合溶液,观察现象。

现象:实验1、实验3的溶液变澄清,实验2的溶液依然浑浊。

结论:碳酸钠溶液不能与苯酚共存,故苯酚钠溶液与二氧化碳反应的产物中不会存在碳酸钠,显然,不论二氧化碳是否过量,苯酚钠溶液与二氧化碳反应的产物都应是苯酚与碳酸氢钠,即:

$$\text{C}_6\text{H}_5\text{ONa} + \text{CO}_2 + \text{H}_2\text{O} \longrightarrow \text{C}_6\text{H}_5\text{OH} + \text{NaHCO}_3$$

【课堂过渡】现在市场上假药很多,我们怎么知道自己买的苯酚软膏是真的还是假的呢?此时需要我们先检测是否含有苯酚,再检测苯酚的含量是否符合要求。

4.4 酚的检验:羟基对苯环的影响

学生阅读苯酚软膏的说明书,"取本品约2g,精密称定,置分液漏斗中,加石油醚25mL,振摇使凡士林溶解,用水振摇提取5次,每次25mL,合并水液,置碘瓶中,滴加$0.1\text{mol} \cdot \text{L}^{-1}$的浓溴水,测定苯酚软膏中苯酚的含量"。

【教师】苯酚和浓溴水会发生什么反应,会有什么现象呢?请大家利用所给实验仪器和试剂进行实验,观察现象并思考其反应类型。

学生完成实验,观察现象并积极思考。

【学生】苯酚溶液中滴加浓溴水,发现会有白色沉淀产生,滴加1滴浓溴水现象就很明显,但一振荡就没有了,继续滴加又出现了白色沉淀。我认为此反应是取代反应,因为我们学过苯和液溴就发生取代反应,生成溴苯和溴化氢。苯环不容易和溴单质发生加成反应,由此可以推知浓溴水和苯酚也是取代反应。

【教师】这位同学能够根据我们学过的知识来预测未知的知识,注重了学科知识的运用。请大家进一步思考,怎样通过实验证明苯酚和浓溴水的反应是取代反应呢?

【学生1】可以通过测反应前后的pH的方法,如果是取代反应会生成溴化氢,溶液显强酸性。

【学生2】可以通过测反应前后的导电性变化,如果是取代反应,产物溴化氢是强电解质。

【学生3】可以通过检验溴离子的方法,取代反应溶液中会有自由移动的溴离子。

……

【教师】同学们很聪明,不仅会设计实验,而且善于查阅课本资料来解决问题。请大家利用桌面上的pH试纸,证明此反应是否为取代反应。

学生动手实验探究,得出结论,苯酚和浓溴水的反应是取代反应。

【教师】苯酚和浓溴水发生取代反应,生成2,4,6-三溴苯酚,即:

$$\text{C}_6\text{H}_5\text{OH} + 3\text{Br}_2 \longrightarrow \text{C}_6\text{H}_2\text{Br}_3\text{OH} \downarrow + 3\text{HBr}$$

此反应非常灵敏,可以检验苯酚的存在,而且可以通过称量沉淀的量进行定量分析,常用于对溶液中苯酚进行定性和定量测定。

【新闻链接】2013年5月4日新闻:杭州自来水,你是怎么了?

自来水,已经不仅仅是一个名词,它更像一个巨大的问号,压在杭州人心头整整2个月。从3月份开始,陆续有杭州市民发现自家的自来水有异味且水质发黄,杭州水务集团给市民的说法是水管老化,显然不能让人信服。4月份开始,有问题的自来水面积不断扩大,《钱江晚报》和杭州电视台都对这一现象做了报道。直到5月2日,杭州水务集团热线(杭水热线)的工作人员告诉市民,可能是自来水水源上游遭到了污染……

【引发思考】杭州的自来水水源被污染了,会不会是因为杭州周边的哪家化工厂把含有苯酚的废水排入了自来水的水源地呢?怎样检验?

【学生】取少量自来水置于试管中,滴加浓溴水看是否会有沉淀生成。取少量自来水,滴加$FeCl_3$溶液。

【教师】同学们能够学以致用,用浓溴水检验废水中的苯酚,而且预习也很有针对性。请一位同学上台演示用 $FeCl_3$ 溶液检验。

【资料卡片】对于苯酚废水的处理,常利用吸附和萃取的方法将苯酚转移。方法分别为:先在废水中加入一定量的 $FeCl_3$,溶液出现紫色后,低浓度时加入活性炭,会看到溶液的紫色褪去;高浓度时考虑苯酚的回收,一般是直接在废水中加入苯,溶液分层以后,在上层和下层溶液中分别都加入 $FeCl_3$,这时就可以依据颜色的变化来确定苯对苯酚的萃取作用。

【学生】在苯酚溶液中滴加三氯化铁,溶液显紫色,说明三氯化铁也可以用来检验苯酚的存在。

【教师】工业上是一般用三氯化铁来检验废水中苯酚的存在,废水中苯酚含量如果较低一般用活性炭进行吸附,如果浓度过高,则要考虑回收,一般用苯进行萃取回收利用。当然除去废水中苯酚方法还有很多,具体希望大家阅读课本 P74 和查阅其他资料继续了解。

【教师】这两个反应除了可以检验苯酚,还可以检验其他酚的存在。检验苯酚的两个反应都十分灵敏,且反应条件十分温和,你认为哪种方法更好?为什么?

【学生】我觉得三氯化铁更好,因为浓溴水易挥发,有毒且价格比较高。

【教师】这位同学不仅能够根据生产成本的实际情况进行选择,而且很有环保意识。

4.5 课堂小结:酚的结构、性质与检验:

【思考】(1)乙醇和苯酚都含有羟基,为什么苯酚有明显的酸性而乙醇没有?
(2)比较苯和液溴、苯酚和浓溴水反应的异同,填写表格3。

表3 苯与苯酚与溴反应比较

反应物	苯酚+浓溴水	苯+液溴
反应条件		
被取代的氢原子		
结论		

【图片展示】苯酚的各种用途:苯酚除了可以制成苯酚软膏之外,其实在

生活中还有很多用途。苯酚是一种重要的有机合成原料,可用来制取酚醛塑料(电木)、合成纤维(锦纶)、医药、染料、农药等。苯酚可凝固蛋白质,有杀菌效力,苯酚稀溶液是医药上最早使用的喷洒消毒剂。

【图片展示】葡萄酒图片和葡萄酚的结构简式、丁香花的图片和丁香酚的结构简式。

【教师】除了苯酚,其他酚类也在我们的生活中悄悄地发挥着作用,葡萄酒中的葡萄酚可以使葡萄酒具有美容养颜抗氧化的功效,丁香花的丁香酚使我们的生活中多了一份芳香……

【学以致用】如何检验茶水中的茶多酚?

【作业布置】阅读课本 P74 活动探究并查资料谈谈如何对苯酚泄露现场进行科学处理。(200 字左右)

5　教学思考

这节课教学目标明确,教学活动设计合理,教学各环节过渡自然,学生思维活跃,积极参与。在组织和教学设计上,本节课有以下特点。

5.1　以说明书为中心,从生活实例出发

听课的教师总体评价是素材的选择很新颖,知识点的切入讲究策略,真实情景驱动了学生积极地探究。教师精心设计提出的每个问题都是通过引导学生认真思考分析后自己总结得出的。充分体现了新课程理念中学生才是学习的主体,教师是学习活动的组织者和引导者。从一张学生熟悉的苯酚软膏说明书出发,通过创设情境,启发学生的思维,注重学生实践,培养学生的思维能力,实验设计能力,分析推理能力,类比分析能力。

5.2　情境教学引导学生"从生活走向化学,学化学服务生活"

教学探究过程,让学生深深感受到,生活中处处有化学,以生活中的实际问题为切入点。使用药品时我们都会去看说明书,都要去看有哪些注意事项,药物的正确使用和每个人的生命健康息息相关。在本节课课堂里,学生们对有毒的苯酚制成的苯酚软膏的使用和如何检验自来水水源有没有被含苯酚的废水污染表现出了很大的兴趣,这自然激发了他们去思考和探究

苯酚性质的兴趣,在了解性质的基础上,辩证地看待这些化学药品的使用。从学科与生活的结合点、学科与社会的结合点入手,利用问题探究、认知矛盾来创设教学的一系列真实情境,努力在整个教学过程中都能激发、推动学生的认知活动、情感活动。让学生在学习中体会到学习化学的意义,体现科学服务于社会和生活的理念,最终达到"从生活走向化学、学化学服务生活"的目标。

参考文献

[1]王祖浩.普通高中课程标准实验教科书有机化学基础[M].南京:江苏教育出版社,2009:71—75.

[2]李发顺."强电解质与弱电解质"的教学与反思[J].化学教学,2012,12:36—37.

从宏观到微观 从现象到本质
——评"沉淀溶解平衡原理的应用"的教学*

摘 要 "沉淀溶解平衡原理的应用"是教学的难点,开课的林老师围绕"怎么去除热水器中的水垢?"这一教学问题解决展开,以 $AgCl$、AgI、Ag_2S 之间相互转化为内容载体,从实验论证到推理计算帮助学生理解与建构沉淀转化原理的本质。难溶电解质不仅可以溶解能力相对较易的转化为相对较难的,在一定条件下也能逆向转化。使学生从问题到解决、从表观到本质,真正理解沉淀生成与转化的原理。

关键词 沉淀转化 现象 本质 实验论证 推理计算

上周区教研室组织区内高二老师以"沉淀溶解平衡原理的应用"开展同课异构,笔者受邀参加了听评课活动。下面以林老师公开课为背景,阐述教师在学生学习过程中怎样帮助学生构建学习模型的意义。林老师的课堂从生活问题出发,运用实验论证、逻辑推理、科学计算,帮助学生建构"提出问题→实验论证→推理计算→解决问题"的问题解决模型。

---

* 录用于《化学教育》2014 年,待刊出。

1 贴近生活与自然，引出教学问题

林老师引课是以家用热水器因水垢带来的危害电视生活小知识进行视频引入，告诉学生水垢主要成分是 $CaCO_3$、$Mg(OH)_2$ 和 $CaSO_4$。怎么除去这些难溶或微溶物？分别写出三种物质的溶解平衡方程式：

$$CaCO_3(s) \rightleftharpoons Ca^{2+}(aq) + CO_3^{2-}(aq) \quad ①$$

$$Mg(OH)_2(s) \rightleftharpoons Mg^{2+}(aq) + 2OH^-(aq) \quad ②$$

$$CaSO_4(s) \rightleftharpoons Ca^{2+}(aq) + SO_4^{2-}(aq) \quad ③$$

溶解 $CaCO_3$ 需加入强酸，生成可溶性钙盐和 H_2CO_3，使得 $CaCO_3$ 溶解平衡正向移动除去，$Mg(OH)_2$ 加入强酸，使 $Mg(OH)_2$ 溶解平衡正向移动除去，而 $CaSO_4$ 无法转化为气体或弱电解质而除去，怎么办？以此问题激起学生解决问题的兴趣和动力。当然在后续学习中会引导学生总结出将 $CaSO_4$ 转化为另一种难溶物 $CaCO_3$ 和可溶的硫酸盐，$CaCO_3$ 再与强酸反应生成可溶的钙盐和 H_2CO_3 而除去，可溶物可以向微溶物、难溶物转化，反之是否可以进行呢？为解决这一"不可能的"问题，我们要从本质来认识沉淀之间转化问题。考虑到教学中实验现象的效果，并结合教材设计，以 AgCl 与 AgI 之间转化的实验现象与科学计算结合为学生建构沉淀转化的模型与原理。

2 实验与计算结合，理解沉淀转化本质

2.1 AgCl 沉淀能转化为 AgI 沉淀吗？

当林老师提出这一问题时，学生不假思索地回答了能实现这一转化。林老师在 AgCl 沉淀中滴加不同浓度的 KI 溶液，确实都出现了黄色沉淀。投影上出现了 AgCl 和 AgI 的溶解度和 K_{sp}(25℃)，教师提问：能从定量的数据分析得出 AgCl 转化为 AgI 沉淀的原理吗？学生讨论，老师点拨引导学生逐一计算求解下述问题：(1)AgCl 悬浊液中 Ag^+ 和 Cl^- 浓度多大？(2)当 I^- 浓度达到多大时会产生 AgI 沉淀？(3)试写出 AgCl 转化为 AgI 的离子方程式。(4)写出上述反应平衡常数 K 的表达式。在学生解决这四个小问题后，发现其实当 $c(I^-) > 6.34 \times 10^{-12}$ mol·L^{-1} 时，即出现了 AgI 沉淀，然而

在滴加 $0.1\mathrm{mol\cdot L^{-1}}$ KI 溶液时,$c(\mathrm{I^-})$ 远大于临界值,很快就会出现沉淀。同时计算 AgCl 转化为 AgI 的平衡常数 $=\dfrac{K\mathrm{sp(AgCl)}}{K\mathrm{sp(AgI)}}=2.12\times10^6$,$K$ 值越大,反应越容易进行。这一教学过程帮助学生从现实到本质认识沉淀的转化问题,同时也是顺梯而上,学习并不是很困难,但引起了学生的思考和计算推理的兴趣。课堂中尽管学生能直接得出结论,那是来自于教材,而不是思维结果,所以上述林老师的问题设计、实验操作与计算过程,有效地实现了思维对现象的解释。接下来林老师提出的问题就有一定的深层思考。

2.2 AgI 沉淀能转化为 AgCl 沉淀吗?

林老师提出这个问题时,学生的回答就比较凌乱而且声音明显变小,说明学生对可能的结果不知或者说不明确了,怎么办?林老师还是继续想让学生分析,当然有的同学已经在讨论了,但好像很难得出自己确信的结论。此时,老师的启发有利于引发学生的思考,分析方法同 AgCl 沉淀转化为 AgI 沉淀一样,但当计算得出 $c(\mathrm{Cl^-})>0.02\mathrm{mol\cdot L^{-1}}$ 会形成 AgCl 沉淀,而加入的 $0.1\mathrm{mol\cdot L^{-1}}$ NaCl 溶液,只要滴加量增加,一定能达到这个浓度,说明这一转化是能够实现的。同样要求学生写出转化的离子方程式和平衡常数表达式 $K=\dfrac{K\mathrm{sp(AgI)}}{K\mathrm{sp(AgCl)}}=4.72\times10^{-7}$,平衡常数很小,反应比较难进行,要实现转化就需要 $\mathrm{Cl^-}$ 达到一定的浓度,而后的实验也证实了这一计算推理的正确性。

一般来说,溶解能力相对较强的物质易转化为溶解能力较弱的物质。而溶解能力较弱的物质也能转化为溶解能力较强的物质,这一转化是否一定能实现呢?

2.3 $\mathrm{Ag_2S}$ 沉淀能转化为 AgCl 沉淀吗?

25℃时,$K\mathrm{sp(Ag_2S)}=6.3\times10^{-50}$[1],$K\mathrm{sp(AgCl)}=1.77\times10^{-10}$,$\mathrm{Ag_2S}$ 沉淀能转化为 AgCl 沉淀吗?滴加 25℃ NaCl 饱和溶液能实现这一转化吗?实现这一转化对含 $\mathrm{Cl^-}$ 溶液有什么要求?学生很快根据问题列出反应方程式 $\mathrm{Ag_2S(s)}+2\mathrm{Cl^-(aq)}\rightleftharpoons 2\mathrm{AgCl(s)}+\mathrm{S^{2-}(aq)}$,

$$K=\frac{c(S^{2-})}{c^2(Cl^-)}=\frac{Ksp(Ag_2S)}{K^2sp(AgCl)}=\frac{6.3\times10^{-50}}{(1.8\times10^{-10})^2}=1.94\times10^{-30},$$

$$c(Cl^-)=\sqrt{\frac{c(S^{2-})}{K}}=\sqrt{\frac{\sqrt[3]{\frac{Ksp(Ag_2S)}{4}}}{1.94\times10^{-30}}}=3.59\times10^{6}\,mol\cdot L^{-1},25℃$$

NaCl 饱和溶液中 $c(Cl^-)=4.53\,mol\cdot L^{-1}$,无法达到题设要求,即使是最浓的盐酸 $c(Cl^-)=11.9\,mol\cdot L^{-1}$,$Cl^-$ 浓度也远远小于所需要求的浓度,所以无法将 Ag_2S 转化为 $AgCl$ 而除去。这告诉我们溶解能力相对较强的物质向相对较小的物质转化一定能实现,而相反的过程不一定能实现,受到所需试剂浓度是否能达到条件的限制。

上述三层问题的教学过程,对沉淀生成和转化的认识是逐层提升、稳步提高,与认知思维相吻合。因为有老师的引导,分析计算过程中学生并没有感觉到特别的困难,沉淀转化的理解过程并没有空洞的说教,而是有理有据,定性与定量结合,带领学生深入实践之中,获取认识化学的境界。

3 重回问题,去除水垢中的 $CaSO_4$ 沉淀

学习进行至此,学生已经理解了溶度积不同的沉淀之间相互转化的原理和实现转化的条件,此时再回到引课时未能解决的除去水垢中 $CaSO_4$ 的问题。其核心问题是将 $CaSO_4$ 转化为 Ksp 相对较小的 $CaCO_3$ 和可溶性硫酸盐,而 $CaCO_3$ 与 $Mg(OH)_2$ 一并除去,达成目的。原理如下:$[Ksp(CaSO_4,25℃)=7.10\times10^{-5},Ksp(CaCO_3,25℃)=4.96\times10^{-9}]$

$$CaSO_4(s)+CO_3^{2-}(aq)\rightleftharpoons CaCO_3(s)+SO_4^{2-}(aq)$$

$$K=\frac{c(SO_4^{2-})}{c(CO_3^{2-})}=\frac{Ksp(CaSO_4)}{Ksp(CaCO_3)}=\frac{7.10\times10^{-5}}{4.96\times10^{-9}}=1.43\times10^{4}$$

则 $c(CO_3^{2-})>\dfrac{c(SO_4^{2-})}{K}=\dfrac{Ksp(CaSO_4)}{K}=\dfrac{\sqrt{7.10\times10^{-5}}}{1.43\times10^{4}}=5.9\times10^{-7}\,mol\cdot L^{-1}$,

在生活中配制超过此浓度的 Na_2CO_3 溶液容易实现,所以完全能实现这一转化,以除去水垢中的 $CaSO_4$,这样的分析让学生从学科原理上认识,获取解决生活问题的方法。

4 教学反思

4.1 引课问题能否在课堂中得到解决是对学生期望的回答

学生学习的动力来自于对学习内容产生浓厚的兴趣,怎样的问题能产生浓厚的兴趣呢? 一是新奇的事物带来的问题(如最近报道较多的特斯拉电动车),二是对自己生活产生影响的问题(如我校最近灭火演习的操场,洒落干粉灭火器的草坪特别青绿)。林老师在教学中选择热水器中的水垢危害这一生活问题作为情景展开讨论:怎样去除水垢? 课堂初期学生能根据已有知识解释去除 $CaCO_3$ 和 $Mg(OH)_2$ 的方法,但不能找到去除 $CaSO_4$ 微溶物的方法,随着沉淀转化原理的学习后,学生认识到沉淀不仅能从相对易溶转化为相对难溶的物质,在一定条件(可能达到)也可以从相对难溶转化为相对易溶的物质。基于这一过程的实验论证和数据计算论证,学生想到用加入可溶性碳酸盐的方法,将 $CaSO_4$ 转化为更难溶的 $CaCO_3$,然后用酸溶法将之除去。回答了课堂初期的电视情景中的问题。学生不仅收获了解决生活问题的方法,更重要的是理解了原理。从听课者角度来看,这就是课堂教学目标的达成。

4.2 教学问题之间层次分明、逻辑阶梯合理是对学生思维发展的支撑

林老师的教学过程中并没有设计很多的问题以形成满堂问,学生不停进行是非正误的回答,而是在一定情景中探讨解决某一个生活问题。听课者能清晰地感受到整堂课的教学就围绕"怎么去除水垢中的 $CaSO_4$?"展开,到课堂结束后,也顺利有效地解决了这个问题。本节课真正学习内容的核心是"沉淀转化与转化的条件",但在课堂教学中林老师并没有先提出这一问题而展开研究,原因有:一是只学习了沉淀溶解平衡存在,二是沉淀转化与转化条件没有情景问题为载体,有可能使学生感到无从入手。基于这样的思考,林老师把问题分了三个层次进行,分别是:AgCl 沉淀能转化为 AgI 沉淀吗? AgI 沉淀能转化为 AgCl 沉淀吗? Ag_2S 沉淀能转化为 AgCl 沉淀吗? 在解决这三个问题过程中不仅有实验论证,还有数据计算论证,有据有理。学生学习的过程也是拾级而上,触及目标高端,这正是从感受化学到理解化学的升华过程[2]。

4.3 现象实证与定量数据计算是说服学生的保证

实验是证明化学事实的感性现象证据,数据是证明化学原理的理性定量证据,二者之间相互支撑。难溶电解质的转化是微量之间的转化,由于溶解量、生成量并不是很多,转化过程中没有明显的外观变化,不足以让学生信服,更何况有些转化无法在实验室中进行,此时,定量的数据计算分析就能有力地保证科学事实的证明。在这一课时选择的"$AgCl \rightarrow AgI \rightarrow Ag_2S$"的实验现象十分明显,但"$AgI \rightarrow AgCl$"的现象就较难观察,因为 AgI 的黄色能覆盖 AgCl 的白色,针对这一情况,林老师对每一次的转化都从实验与定量数据两个层面进行论证,让学生不仅从表观上感受了沉淀的转化,还从本质上理解沉淀转化的原理,更让学生知道转化条件与实验条件(试剂)之间的关系。因为 Ksp 常数定量计算较为复杂,课堂中并没有让学生逐步计算,而只是在代入数据后填写教师事先计算的答案。这样做虽然能有效地节省教学时间,但对学生估算能力培养有所欠缺,教学中要根据学生学习程度有所选择。但从一个听课者的角度来看,更希望这个计算(估算过程)能够在教学过程中进行体现,以提升学生的估算能力。

参考文献

[1] 大连理工大学.无机化学教研室.无机化学[M].北京:高等教育出版社,2001:657.

[2] 李发顺.教学设计的理念:感受化学与理解化学——以苏教版《化学 2》"乙酸"教学为例[J].化学教与学,2013,5:61—63.

从生活走向化学：氧化还原反应原理在教学中的实践

——"生活中的变价铁与铜"教学设计*

摘 要 苏教版《化学1》"铁、铜及其化合物的应用"教学内容的核心是 Fe^{2+} 与 Fe^{3+} 的性质及铁三角之间因氧化剂或还原剂不同之间的相互转化。笔者在自己的教学实践中将这一内容进行整合设计，从生活走向化学，化学运用于生活为问题情境，以认识化学、理解化学、运用化学为教学主线展开，提出教学中要关注的三个思考，学生亲身体验重要性、相互转化中"相互"怎样用实验加深理解、菜单式预设内容，发挥学习主体的主动性，基于这三个思考，实现高效课堂。

关键词 生活化学 氧化还原 教学起点 教学设计

教学的两个最重要的目标是：促进保持和促进迁移（迁移的出现是有意义学习的标志），保持重在过去，迁移重在将来[1]。氧化还原反应的学习贯穿着整个中学化学，从初中阶段的得失氧分析→《化学1（必修）》专题1化合价升降判断→《化学1（必修）》专题2本质分析及氧化剂、还原剂、氧化性、还原性强弱判断→《化学1（必修）》专题3氧化还原反应运用→《化学1（必修）》专题4氧化还原反应方程式配平→《化学2（必修）》原电池和电解池→《化学反

---
* 获2013年4月中国化学会在广西柳州举办的第八届优质课评比（教学设计与实证）一等奖

应原理(选修)》原电池和电解池原理→《实验化学(选修)》原电池和电解池诠释。怎样用好化学原理学习元素化合物知识一直是同仁研究实践的课题,笔者在教学"铁、铜及其化合物的应用"时,思考着变价铁与铜之间的转化,始终围绕着氧化还原反应进行。

1 设计思想

根据元素化合物知识特点,寻求铁与铜变价之间的转化关系教学方法,选定以 Fe^{2+} 和 Fe^{3+} 检验及方案设计为研究对象,氧化还原反应原理实践为研究方法,设计有梯度的问题,经与学生思考、实证、分析,在实践中促进学生理解铁、铜的化学性质,突出 Fe^{2+} 和 Fe^{3+} 之间的转化这一教学核心。

教学过程不只是知识的传授,填补他们知识空缺,而是着眼于学生已有的认知,关注学生已经会了什么,怎样会的,是否会用原来解决问题的方法以求得新思维。教学安排理由有三:一是苏教版《化学1(必修)》"铁、铜及其化合物的应用"的教学安排是继"钠、镁、铝的获取与性质学习"、"铁、铜的获取"之后,但前面几种金属元素不存在变价,而铁和铜有变价;二是氧化还原反应学生从表观到本质都已经理解和掌握,并能初步运用;三是学生对 Fe^{2+} 和 Fe^{3+} 溶液颜色及与碱反应生成难溶性沉淀是已经掌握的,而且还知道人体血红蛋白中存在 Fe^{2+} 且能起运送氧的作用,这正是教学的起点。基于上述分析,我将本节课设计如下:

表1 教学环节设计

	知识主线	能力主线	情感主线
生活化学	血红蛋白、苹果中 Fe^{2+} 展开	生活实践经验,引发思考	生活中的化学现象
理解化学	铁原子结构→Fe^{2+} 和 Fe^{3+} 检验→Fe^{2+} 和 Fe^{3+} 转化→铁、铜物理性质及应用	在实验中理解检验与转化的原理和方法,学会科学推理和实证,促进思考	学生在实验中体验与感受,在现象中探究,在假设中实证
运用化学	问题解决:(1)补铁;(2)$FeSO_4$ 溶液配制;(3)印刷电路板;(4)$Fe(OH)_2$ 制备和铁氧化物成分确定	运用化学知识解决补铁、溶液配制、工业生产问题等的深度思考。严谨、缜密的综合解决问题能力培养、发展认知	感受化学的作用,增强对化学的兴趣,意识到科学研究的意义

设计什么实验？实验顺序怎样设置？设计怎样的问题能有效将上述三部分内容不露痕迹地连接起来，而且能基于学生已有的知识：Fe^{2+}、Fe^{3+}溶液颜色及与碱反应能生成沉淀展开教学，引导学生顺梯登峰，逐步提高，积极参与，而不会因无梯致望峰而退呢？这是教师最需要思考的问题。

2 教学目标制订

普通高中化学课程标准描述：根据生产生活中的应用实例或通过实验探究，了解铁、铜等金属及其重要化合物的主要性质，根据实验事实，了解氧化还原反应的本质是电子的转移，能举例说明生产生活中常见的氧化还原反应。《浙江省普通高中学科的教学指导意见(2012)化学》教学要求描述：通过生产生活中的应用实例和实验探究，了解Fe、Cu、Fe^{2+}、Fe^{3+}的性质，了解Fe^{2+}、Fe^{3+}的相互转化，了解铁、铜及其化合物的重要应用。发展要求：了解Fe^{2+}、Fe^{3+}的常用检验方法。学生在初中及前一段的学习中已经知道Fe^{2+}、Fe^{3+}溶液颜色，且已经从表观到本质认识了氧化还原反应。

基于上述三点，教学目标设定如下：(1)从血红蛋白和苹果中含有的Fe^{2+}展开，引起学习兴趣，信息提示，引导学生推理并书写Fe原子结构，并从结构特点预测可能的性质，完成教材第74页"交流与讨论"内容。(2)从提供试剂中选择，鉴别$0.1mol/LFeCl_2$和$0.1mol/LFeCl_3$的溶液，探究Fe^{2+}与Fe^{3+}的化学性质，在方案设计、试剂选择、实验操作中建构。(3)运用氧化还原反应原理选择合适试剂实现Fe、Fe^{2+}、Fe^{3+}之间的转化。(4)在问题解决中，巩固原理和方法，感受化学对生活的影响，诠释科学原理。

3 教学过程

[环节1]生活常识——认识化学

投影老百姓生活中的"五金"，提问展开，一位同学回答是金、银、铜、铁、锡。

投影两个实例：血红蛋白中铁的价态，削好的苹果表面会变黄。问题1：Fe在人体血红蛋白、苹果中是以什么价态和形式存在？学生回答了铁是二价的。铁的常见价态还有三价。问题2：为什么Fe参与的反应，更多的是转

化为 Fe^{2+} 而不是 Fe^{3+} 呢?

[环节 2]问题探究——理解化学

投影信息提示:Fe 原子核内有 26 个质子,核外有四个电子层,在化学反应中常常失去最外层电子而带 2 个单位正电荷。请同学们根据上述信息画出 Fe 原子结构示意图。

学生在纸上练习画铁原子结构示意图,教师巡视,发现有电子层画错,最外层电子算错等问题,老师又分析了信息内容,如带两个单位正电荷,四个电子层等信息,大部分同学很顺利地画出来了,请了一位同学画在黑板上指定位置。上述过程中,学生对信息理解不到位,开始很少有同学能画出来,而在老师分析后就顺利写出。文字信息通过阅读被理解,如果能同时用到听觉,效果会更好。

教师和学生讨论最外层只有两个电子,决定了可能会出现什么价态?有什么性质?如果显+3 价,必须要发生什么变化?学生通过思考后发现,金属元素原子不仅可能失去最外层电子,也有可能失去内层电子,而且通过上面第二个问题的回答,感受到了失去第 3 个电子的困难程度,需要遇到得电子很强的物质才可以。通过这一过程,学生对铁的化学性质有所了解,再让学生练习教材第 74 页"交流与讨论"内容。黑板上写出 Fe→Fe^{2+},Fe→Fe^{3+} 转化,并和学生一起讨论选用的试剂及铁铜的化学性质。

问题 3:展示两瓶溶液,一瓶是氯化亚铁溶液,另一瓶是氯化铁溶液,怎样鉴别出来?

全体同学都在说看颜色就知道了,教师板书了第一种方法,观察颜色。教师继续提问,若浓度很低,颜色很浅,无法辨认,还有其他方法吗?有一位同学在下面说加 KSCN,教师此时引导学生看书,得出方法,然后教师通过实验证实这一方法并板书。

投影实验探究 1:现有两瓶溶液,分别是 0.1mol/L $FeCl_2$ 和 0.1 mol/L $FeCl_3$ 的溶液,请同学们想办法鉴别。可供选择的试剂有:铁粉、KSCN 溶液、NaOH 溶液、淀粉 KI 溶液。

教师继续提问,还有没有什么其他方法?学生看了投影后,马上说可以用 NaOH 溶液,因为 Fe^{3+} 与 NaOH 反应产生的 $Fe(OH)_3$ 是红褐色沉淀。教师再演示实验并板书第三种方法,在 $FeCl_2$ 溶液中滴加 NaOH 溶液,学生说白色沉淀产生了,但很快同学都说是绿色了,教师将沉淀放在试管架上,为后面的知识升华埋下伏笔。此时教师指着投影上的淀粉 KI 溶液问,可以鉴别吗?学生说不知道,先实验试试再说。在淀粉 KI 溶液中滴加 $FeCl_2$ 溶液没有明显变化,而滴加 $FeCl_3$ 溶液的却出现了明显变化,学生说可以检验 Fe^{3+} 溶液。教师引导学生思考,检验鉴别方法还很多,同学们可以再思考。教师板书 $2Fe^{3+}+2I^-=2Fe^{2+}+I_2$。

以 $FeCl_2$ 和 $FeCl_3$ 溶液检验为载体,讨论了 Fe^{2+} 和 Fe^{3+} 的一些化学性质,这一过程中有的是学生想到的,有的是学生根据投影中的暗示想到的,更有教师点到为止的引导,让学生知道试剂和方法还有很多很多可以选用。从课堂中学生的回答和录像观察中,可见课堂中同学的思维活跃起来。

教师指着投影中的铁粉,可以用来鉴别吗?学生有的说可以,有的说不可以,激发了同学间对 Fe 是否能与 Fe^{2+}、Fe^{3+} 反应的思考,引发了深度思考,怎么办?教师同样以对照实验来说明到底是否可行。在 $FeCl_3$ 溶液中加还原性铁粉,振荡,黄色变成浅绿色,说明了 Fe^{3+} 和铁粉可以发生反应。教师板书 $2Fe^{3+}+Fe=3Fe^{2+}$。从这里将学生引导到 Fe^{3+} 与 Fe^{2+} 之间转化的学习过程中。

在 $Fe(SCN)_3$ 溶液中加入锌粉,振荡,发现溶液褪色,证实反应确实进行,而且出现了气泡。

师:什么原因?

生:可能含有酸。

取上层清液(无 Fe^{3+},有 Fe^{2+})。

师:怎样重新变回 Fe^{3+}?

生:用氧化剂,用 O_2。

师:试剂可以用什么?

生:用 H_2O_2。

教师在清液中滴加 H_2O_2,溶液变红,引导学生写反应方程式,发现反应中还消耗 H^+。

师:还有没有其他办法让红色褪去呢?

生:用 Cu。

演示实验,结果溶液红色褪去,但没有铁粉和锌粉那么快。

师:还能不能再变红?

生:用氯气。

师:现场制取氯气不方便。

生:用氯水、新制氯水。

演示:在这之前教师暗示学生刚才实验到现在就加过一滴 KSCN 溶液,经过多次实验与取液后。再取上层清液,加入约 3mL 新制氯水,结果未出现红色。

师:不可以吗? 什么原因?

生:新制氯水有强氧化性的,那是什么原因呢?

引起学生的思考,教师提示可能是 KSCN 浓度太稀原因,教师滴加 2 滴 KSCN 溶液后,重新变红。

师:新制氯水可以,碘水可以吗?

生:不可以。

从上述 Fe^{3+} 与 I^- 反应生成 I_2 可知,I_2 不能将 Fe^{2+} 氧化成 Fe^{3+}。

投影实验探究 2:请同学们想办法实现 $FeCl_2$ 与 $FeCl_3$ 之间的相互转化。可供选择的试剂有:铁粉、新制氯水、KSCN 溶液、NaOH 溶液。

学生看到这张投影时,突然明白了刚才我所有的设计目的的思想,在 Fe^{2+} 和 Fe^{3+} 相互转化过程的探究活动中,思考了选择氧化剂还是还原剂,氧化性、还原性强弱的判断与选择,深刻理解了氧化还原反应原理。教师在投影中都表现了出来。

"铁三角"关系

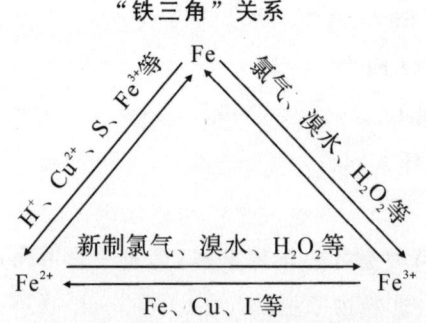

在简单介绍了铁铜物理性质及用途之后,进行元素化合物学习方法总结,即结构决定性质,性质决定用途,用途反映性质,性质反映结构。课堂到此为止,已经达成了课程标准的要求,而后面两个环节的内容是拓展与延伸

供学有余力的同学再研究,教师和学生可以根据学生的知识获得、学习动机、生成问题等现状有选择地进行探究与讨论。

[环节3]问题解决——运用化学

想一想　　试一试　　做一做　　升　华　　课外活动

学生提出的第一个想了解的是"想一想",投影:血红蛋白中的铁的作用起着运输氧气和二氧化碳的作用,保持人体中亚铁离子稳定存在显得非常重要,如何进行补铁呢?学生通过回答和投影中的物质,认识到了生活中要有意识对人体进行补铁,怎样补铁。

提出的第二个想学习的内容是"做一做",投影:工业生产,电子产品有复杂的印刷电路板,是怎么制作的呢?教师和学生一起讨论电路板结构特点导电通路成分,怎样将多余的铜除去,实质是利用Fe^{3+}与Cu的化学反应原理的运用,并投影了操作过程,板书$2Fe^{3+}+Cu=\!=\!=2Fe^{2+}+Cu^{2+}$。

第三个学生希望学习的内容是"升华",投影:生活中常见的铁锈$(Fe_2O_3 \cdot nH_2O)$中铁元素主要是什么价态存在呢?如何检验?有同学提出用KSCN溶液,因为铁锈中铁为+3价,马上就有同学说不行,因为是固体,需要先转化为溶液中的离子,所以要加酸溶解。投影:现有一铁的氧化物Fe_xO_y的化合物,欲探究Fe元素的价态,如何设计实验进行研究?这一问题将学生对铁的氧化物的认识推向了高点,因为类似于Fe_3O_4可能有+2、+3价,溶解过程不能被氧化也不能被还原,检验中要考虑Fe^{2+}和Fe^{3+}检验,并要排除干扰。

学生提出要"试一试",投影:实验室配制的$FeSO_4$溶液久置是否会变质?为什么?如何鉴定它已经变质?如何防止$FeSO_4$溶液变质?讨论变质原因是让学生巩固Fe^{2+}易被氧化,如何防止变质的问题是让学生理解Fe^{2+}变质会生成什么,怎样又能重新还原为Fe^{2+}。

最后研究内容是"课外活动",这一问题在前面的实验过程中出现后,此时教师将装有灰绿色沉淀的试管拿出来,发现试管内壁上已经出现红褐色,投影:已知,在$FeCl_2$溶液中滴加NaOH溶液,会出现下列现象:产生<u>白色沉淀</u>,迅速变为<u>灰绿色</u>,最后变为<u>红褐色</u>。请通过查阅资料思考产生上述现象的原因,并通过实验探究如何让白色沉淀保持更久。学生兴致浓厚,讨论热烈,老师将这一内容留给了同学课后思考。

4 教学反思

4.1 亲身的体验更能促进理解

课堂教学过程中,学生能身临其境,和老师一起游 Fe、Fe^{2+}、Fe^{3+} 之间的迷宫,也有很多思考的出口与路径,最后都达到了终点,而且还留有总结交流游行途中问题的时间,回味有趣,这种亲身的体验促进学生对知识的理解与建构。但也留有两点遗憾:一是实验若能分组,让每一位同学都有实验机会,特别是同一试管中溶液反复实验的效果学生一定会印象深刻,尤其添加量的多少也会带来影响,对 Fe^{2+} 与 Fe^{3+} 之间的氧化还原反应会理解更加到位;二是加新制氯水后,不变红,滴加 2 滴 KSCN 溶液才出现红色,或再加新制氯水会怎样变化?让学生实验时,会出现因补充 KSCN 数量不同而出现不同的现象,对学生来说会是一个新的探究,这种预设的生成更有味道。

4.2 同一试管中溶液的反复实验的意义

在 Fe^{3+} 与 Fe^{2+} 之间相互转化,选择的是同一试管中的溶液,即 0.1mol/L $FeCl_3$ 溶液中滴加一滴 KSCN 溶液,后加锌粉褪色,再加 H_2O_2,再加铜粉,褪色,再加新制氯水,变红,只在加氯水后因 KSCN 浓度降低及其他原因(被氧化)再滴加过 2 滴 KSCN 溶液,所有试验都是在同一试液中进行。这一操作可以达成四个目的,一是真正实现节约资源,循环利用;二是排除仪器、试剂用量等对实现效果的影响;三是有助于理解 Fe^{2+} 和 Fe^{3+} 之间"相互"转化,达成教学核心知识,若是每次取量进行实验,学生往往想到的是 Fe^{2+} 转化为 Fe^{3+} 或 Fe^{3+} 转化为 Fe^{2+};四是滴加试剂的过程有一个动态的现象变化,而且褪色与变红色速率不一样,也能很好说明氧化性或还原性强弱。

4.3 可供选择的问题解决与知识拓展

教学内容的延伸与拓展部分共由五个部分构成,将化学原理又重新运用于生活与生产,实现与引课的呼应,也与课堂主线"从生活走向化学,化学运用与生活"融合。知识拓展是运用的五个角度,相互之间没有严格的逻辑关系,但都是 Fe^{2+} 与 Fe^{3+} 性质与转化关系的运用,教学中可以有选择地使用,因学生需要而定[3]。在本节课中,学生学习热情高涨,教师没有舍去问题解决中任何一个内容,但研究的顺序根据学生愿望而展开,让学生感觉我们真正在玩中学、做中学、因兴趣而学。若能留下个别问题不展开讨论,或许学生对化学的兴趣还会更加有兴趣,激励学生思考还可能有哪些运用与拓展,真正实现意犹未尽,留下余音。

参考文献

[1]L.W.安德森等.学习、教学和评估的分类学[M].上海:华东师范大学出版社.2008:56.

[2]江敏.从系统的角度对化学反应的知识进行建构1——化学反应系统化知识的建立[J].中学化学教学参考,2012,7:3-8.

[3]谢兆贵.化学概念的多重表征及教学建构——基于"氧化还原反应"概念的调查研究[J].化学教育,2011,11:25-27.

打开学生期望和求知的世界
——苏教版"氮氧化物的产生及转化"教学设计

摘要 文章以笔者在最近一次送教活动中展示的一节公开课为载体,叙述了这一课时教学内容的设计流程、教学过程、实验设计和教学思考,从教学情景创设与选择的意义、学生参与感受实验过程、课堂语言在拉近学生距离、结课的问题设计促教学内容理解四个角度论述了打开学生期望和未知的心理世界,实践有效化学教学的作用和意义。

关键词 教学语言 期望 求知 心理世界

区名师工作室送教活动决定让我来开设苏教版《化学1》专题4第二单元第一课时"氮氧化物的产生及转化"一课,接受这一决定后,搜索相关的课件,参阅曾经的教学笔记,基本都以谚语"雷雨发庄稼"引入,学生基本都能在预习中知道 N_2 和 O_2 在打雷时会反应生成 NO,NO 与空气中 O_2 反应生成 NO_2,NO_2 溶于水生成硝酸,并被农作物吸收,然后介绍氮氧化物的污染及防治。

此次教学之前,我在思考这样一个问题,是否能从现实的生活进入课题,实际中的某些自然现象不一定都是氮氧化物影响,是否可以抽茧剥丝,突出主题,设计教学。笔者仔细阅读《普通高中化学新课程标准》和《浙江省普通高中学科指导意见(化学)2012》,认真钻研与思考,据此设定的三维教学目标为:1.以最近江南地区的雾霾现象,联系光化学烟雾,突出其中之一的污染物是氮氧化物;2.以一塑料瓶 NO_2 气体为例,通过注入水褪色,且瓶变瘪,再注入空气又变红棕色,并测定所得无色溶液 pH,来认识氮氧化物性质及产物判断;3.以治理霾为目标,了解氮氧化物防治问题及保护我们的环境措施。基于这样的目标,从最近困扰我们的"霾"进行探究,引出霾与光化学烟雾的共同污染物之一——氮氧化物。教学过程设计如下。

【引课】生活困扰引出课题,引起课堂研究的兴趣

投影展示五张图片,前两张是雾霾图,第三张图说明雾霾现象,第四张指出雾霾的危害,第五张说明了近期雾霾的分布位置,关注工业生产与霾的关系,惊人的出现"怎么办!!!"[1]一下子将最近困扰江南地区的霾,特别是最近江浙沪多次出现 PM2.5 爆表的事件突显出来,在这样的情况下,学生很想知道霾形成的原因是什么,对身体有什么危害,怎样防治。此时教师适时将霾的危害成分与氮氧化物联系起来,用一段科学家的建议把霾、光化学烟雾和 NO_2 相联系。从而引出氮氧化物之一——NO_2 气体。

【探讨】实验证实氮氧化物的转化,探讨含氮物质之间反应关系

1 氮氧化物性质与转化

教师展示一瓶纯度很高的 NO_2 气体,然后加入少量的水,振荡,观察现象。设计如下问题:(1)NO_2 是否完全溶解?溶解后是否与水发生反应?反应后溶液呈什么性,如何检验?(2)袋中还剩下的无色气体是 N_2 吗?通入空气会发生什么变化?在回答上述问题中,学生不仅知道 NO_2 能溶解在水中,而且与水发生了反应,产生酸性溶液和无色的 NO 气体,NO 遇到 O_2 会重新变成 NO_2,实现了氮氧化物性质了解及相互转化[2]。

2 氮氧化物的产生

"今冬麦盖三层被,来年枕着馒头睡",其中之一的原因就是雨水中存在含氮化合物,融化后被植物根系吸收,增加了氮肥。氮氧化物在自然界中形成硝酸,渗入土壤可以形成可溶的硝酸盐,被植物的根系吸收,转化为植物生长的养料。空气中的 N_2 能大量被农作物吸收吗?(教师叙述)N_2 一生很

独立,一生只交三个朋友,前面学过一位,同学们知道吗?今天我们又将遇到第二个朋友——O_2,他们平时一直都各自互不干扰,当遇到电闪雷鸣时,他们也很害怕,走到一起,产生了无色无味的有毒的 NO。NO 继续转化,最后通过雨水为农作物提供了氮肥,这就是农民爷爷常说的"雷雨发庄稼",虽然有的老爷爷没有读过化学,但他们也懂得用化学知识哦。

3 氮的其他氧化物

表 1 氮氧化物与化合价关系

化合价	+1	+2	+3	+4	+5
		NO		NO_2	
				N_2O_4	

除了 NO、NO_2,还能形成其他氧化物吗?同学们尝试写出其他价态的氮氧化物的化学式。简单介绍一下 N_2O,然后用不同颜色的字在 NO_2 下面写出 N_2O_4,这种物质是否可以写成 NO_2 呢(中学无机物中原子个数互质数关系)?投影出各自的颜色,发现是不同物质,可以转化吗?在写出 $2NO_2 \rightleftharpoons N_2O_4$ 后,再回答开始时提供纯净的红棕色 NO_2 气体是否为纯净物。

【解决问题】认识 NO、NO_2 的性质、用途和危害,合理利用为人类服务。

阅读教材第 97 页内容,请同学们谈一谈氮氧化物在大气中会带来哪些危害。酸雨、光化学烟雾、霾、破坏臭氧层、引发人呼吸道及肺部疾病等(这些内容由学生来说,教师引导和补充)。当然少量的也可以利用为人类服务,怎样来保护大气、保护人类生存的环境呢?首先要考虑氮氧化物的来源有哪些。闪电、化工厂、汽车尾气、燃料燃烧等(教师引导学生来完成)。怎样进行防治?降低能耗(节能)、减少排放(减排)、尾气处理、回收利用等。

【拓展】理解物质之间的转化关系,知识综合与升华。

讨论 1:有几种途径可以产生 NO?

思考 1:NO、NO_2 进入大气后,不仅会形成硝酸型酸雨,还可能形成光化学烟雾和霾,甚至威胁人类健康,工业上用什么物质吸收废气?(教材第 107 页第 8 题分析)。

思考 2:现有标准状况下 90mL NO_2 气体用水吸收,若想完全转化成

HNO_3,还需要通入大约多少毫升空气(标准状况)?

思考3:如何检验红棕色气体是NO_2还是Br_2蒸气?

【教学思考】

1 让学生参与实验,感受实验过程

NO_2溶于水,再注入空气实验我是在一个塑料输液瓶(200mL)中进行的,取的是一瓶浓度很高的NO_2气体,学生用20mL注射器注入20mL水,振荡,很快气体颜色消失,这时下面观察的同学发现瓶变瘪了(没有完全变瘪),学生思考NO_2溶解在水中了,说明NO_2不仅溶于水,还能与水发生反应,且产生一种无色气体,但量比原来NO_2要少,还有什么气体呢?N_2吗?此时我再注入空气,发现瓶又恢复了,而且又出现红棕色,说明里面的无色气体遇到空气又会变成NO_2气体,让学生知道不是N_2,应该是NO气体。并且还用pH试纸检验了形成的无色液体的酸碱性,从而判断生成了一种酸。再根据化合价变化得出是HNO_3。$3NO_2+H_2O \rightleftharpoons 2HNO_3+NO$。在整个过程,既有实验现象变化引起的兴趣,又有对变化原理的思考,更有基本操作的实践与体验,实践中打开了期望和求知之门。

2 创设学生关心的知识背景引发思考

霾是最近全社会都很关注的环境问题,易引发学生对产生原因及治理的思考兴趣,所以当我向同学展示霾的图片时,同学都在说是"霾",然后我将霾与光化学烟雾联系了起来,用了中科院科学家的告白,让学生把这两种环境现象原因之一共同污染物引出氮氧化物。氮氧化物的转化以一个塑料输液瓶和一支注射器为实验工具,通过NO_2与H_2O有产物与O_2反应实现转化,联系性质、运用氧化还原反应分析转化产物,问题情景之中打开了思考之门。

3 用问题讨论与思考总结教学主题

小结这节课时,我并没有去逐点归纳,或让学生来逐条说明,而是通过回答NO产生的方法,NO_2、NO的吸收,NO_2溶于水消耗空气的量和NO_2

与Br_2(蒸气)检验方法讨论进行研究,小结氮氧化物性质。这一问题思考结课方式的尝试,体现无痕的课堂小结,学生在思考和讨论中归纳、理解并运用了所学知识试着解决问题。问题解决中走进问题世界,收获知识,走出困惑之门。

4 课堂语言是拉近师生距离的工具[3]

教学中,我始终在学生中穿行,与同学交流,在讲谚语时,在叙述N_2性质时,在描述实验现象时,我都很好地用好诙谐的语言,有时拟人化,有时网络化,有时又如朗诵一般,让学生在一节课中感知不同的语言意境之作用,学生因为不同的音频和情景而主动接收,积极响应,无声中打开了师生共鸣的交流之门。

学习化学,我们知道了生活中现象与化学有关,可以从化学视角进行分析,知其所以然,更重要的是用已有的知识,进行自主探究,学会解决问题,用化学为人类,为我们的生活服务,实现化学从生活中来,服务于生活之中。

参考文献

[1]王保强.化学教学内容处理的有效途径[J].化学教学,2012,9:15—17.
[2]李发顺.尊重认识:让课堂灵动自主——苏教版"硅酸盐矿物与硅酸盐产品"的教学思考[J].中学化学教学参考,2013,11:25—27.
[3]朱嘉泰,李俊著.化学教学艺术论[M].南宁:广西教育出版社,2002:110.

基于物质"俗称"的化学原理学习
——以苏教版《选修4》"盐类的水解"教学为例

摘　要　文章阐述怎样以碳酸钠的"俗称"为载体,师生、生生之间在层进问题引导下,在讨论、思辨的过程中,知道盐溶液可能呈酸、碱和中性的原因;理解盐类水解的定义与原理;运用盐类水解原理解决实际问题。这样的教学过程充分挖掘了化学资源——"俗称"的作用,同时也提升学生学习化学原理的能力。

关键词　俗称　化学原理　建构　课堂实证

物质俗称来源广泛、复杂,很多都是约定俗成,缺乏相应的文献参考资料,很难知其所以然;当我们更多关注科学概念、化学原理学习的时候,化学史、俗称等在化学教学中地位也逐渐退化,甚至被忽略,殊不知深刻挖掘俗称的内涵,追根溯源,了解物质的俗称变化,增加对物质的感性认识,丰富学生对化学的理解途径,会使化学变得精彩。下面就以"为什么碳酸钠俗称为纯碱"为例建构盐类水解的原理。

1　教材与学习目标分析

盐类水解属于化学基础理论知识,涉及的知识面比较广,综合性比较强,是电解质的电离、水的电离平衡、水的离子积以及化学平衡移动原理等知识的综合应用[1]。教学内容包括两个部分,分别是"盐类的水解规律"和"影响盐类水解的因素"。根据普通高中化学课程标准(试用)和浙江省学科指导意见(化学),将这一课时的三维目标设定如下:①以碳酸钠的俗称"纯碱"为例,引导学生对化学物质俗称来源的研究,激发兴趣;②运用科学实验检验盐溶液的酸碱性,让学生在实验中提出问题,师生一起从宏观的感性认识发展到微观的理性分析;③在实验研究和演绎推理过程中培养操作、提问、解释和建构原理的能力,并对科学研究中理论与实践相互支持有一定的了解。

2　设计思想与课堂结构

教学的核心就是让学生参与到富有成效的学习活动之中,设计一系列适合学生做而又值得去做的学习任务(实验与推理),是教师需要仔细琢磨的事情。通常的盐类水解规律的教学设计如下:

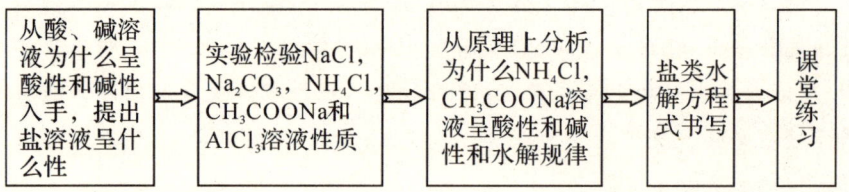

多年的教学实践证实,这种方法有一定的实效,教师的主体性体现突出,学生更多的是按教师的指令在吸收科学知识和理解科学原理。我在教学实践中将设计思路作了如下的修改:

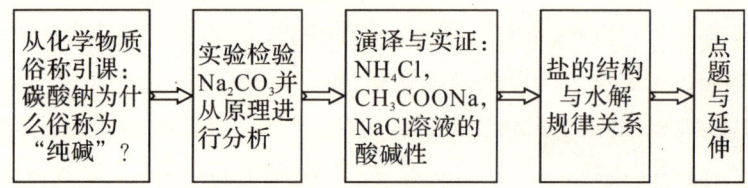

3　教学片段分析

3.1　运用"俗称"提出问题,引发思考

师:碳酸钠在化合物分类中属于哪一类物质?俗称什么?

生(齐声):盐。

师：俗称呢？为什么？

生（杂乱）：纯碱……

师：酸溶液呈酸性，碱溶液呈碱性，Na_2CO_3溶液呈什么性？

生（凌乱）：酸性、碱性、中性，不一定的。

【教学分析】这样简短的问题引入研究的课题——盐类的水解。一可以让学生从熟悉的碳酸钠俗称开始认识；二也可以发现学生对碳酸钠溶液酸碱性有多少共性认识；三可以引发学生思考，怎样知道碳酸钠溶液的酸碱性，但没有学生能回答为什么碳酸钠俗称纯碱。

3.2 从宏观现象到微观分析建构原理

判断溶液酸碱性要以事实为依据，请同学们用广泛试纸测定溶液的pH。

【学生实验】测定25℃下$1mol·L^{-1}Na_2CO_3$溶液，得出$pH≈10$。

师：Na_2CO_3溶液不呈中性而呈碱性的原因是什么？

【教师活动】在黑板上写出$Na_2CO_3 \rightleftharpoons 2Na^+ + CO_3^{2-}$ 和 $H_2O \rightleftharpoons H^+ + OH^-$。

师：盐电离出来的Na^+和H_2O电离出来的这两种离子有没有能结合形成弱电解质的？

生（凌乱）：没有。

师：碳酸根有没有和H_2O电离的离子结合？

生（齐声）：有。

师：和什么离子？

生（齐声）：H^+。

师：结合生成了HCO_3^-。（板书$CO_3^{2-} + H^+ \rightleftharpoons HCO_3^-$），结合后氢离子浓度会怎样？

生（齐声）：减小。

师：氢离子浓度减小了，H_2O的电离平衡要移动，移动的目的是什么？

生（凌乱）：保持、减弱氢离子浓度的减小。

师生：应该是减弱氢离子浓度的减小。

师：怎样移动？

生(齐声):正向移动。

师生:氢离子最终还是(停顿)减小。

师:氢氧根离子浓度怎样了?

生(齐声):增大。

师:这样$c(OH^-)>c(H^+)$,所以呈碱性。这个过程我们就把它称作为盐类的水解。怎样完整叙述?(停顿)

师生:弱酸根阴离子(或弱碱阳离子)与水电离的氢离子(或氢氧根离子)结合生成弱电解质,使得水的电离平衡正向移动,导致氢离子(或氢氧根离子)浓度小于氢氧根离子(或氢离子)浓度。这个过程称作盐类的水解。

【教学分析】上述教学片段中教师与学生(全体、个体)之间在宏观实验测定知道25℃1mol·L^{-1} Na_2CO_3 溶液pH≈10的基础上,通过溶液中微观离子之间相互结合,并运用平衡移动原理,最后建构了盐类水解的原理。把学生的思维从表观引入了反应的本质。

3.3 学以致用:预测——实验——归纳

【问题解决】NH_4Cl溶液、$NaCl$溶液、$AlCl_3$溶液会发生上述反应吗?溶液中$c(H^+)$和$c(OH^-)$也不相等吗?

师:上面三种溶液呈什么性?预测一下。

生:氯化铵溶液呈酸性、氯化钠溶液呈中性,氯化铝溶液呈碱性。

师:你是怎样预测的?

生:NH_4^+形成的碱是弱碱,Cl^-形成的酸是强酸,所以是强酸弱碱盐,它的水溶液呈酸性。

师:现在我们来进行实验。

(一位同学上台进行实验检验刚才的预测。该同学也边讲边实验)

生:氯化铵溶液呈酸性,氯化钠溶液呈中性,氯化铝溶液呈酸性。

师:接下来我们看看前面的预测是否正确。

生:前面两个是正确的,后面一个不正确。

师:最后这个是呈酸性。现在按Na_2CO_3溶液图解的方式写NH_4Cl,$AlCl_3$溶液中的反应。

(教师板书NaCl溶液中离子间是否结合进行讨论;两位同学上黑板写,

其他同学在练习纸上写)

【教学分析】上述过程以 NH_4Cl 溶液、NaCl 溶液、$AlCl_3$ 溶液从预测酸碱性,到实验测定 pH,然后再从原理演绎推理为什么三种溶液分别为酸性、中性、酸性。在这个过程中学生主体作用发挥出来,而且学生能根据自己的预测进行实验检测和科学分析和组织。

3.4 小结拓展发展思维

【问题讨论】从上述盐的水解分析什么类型的盐会水解,对水的电离平衡有什么影响,水解后溶液呈什么性质。

师:今天我们研究的这几种盐,碳酸钠、碳酸氢钠、氯化铵、氯化铝都能水解。而 NaCl 不能水解。$AlCl_3$ 是由什么性质的酸与碱反应形成的盐?

生(齐声):强酸弱碱盐。

师:氯化铵呢?

生(齐声):强酸弱碱盐。

师:碳酸钠呢?

生(齐声):弱酸强碱盐。

师:这些盐有什么特点?

生(凌乱):都有强的离子。

师:有什么离子?

生(凌乱):弱的离子。

师:所以有弱就水解。就是有弱酸根阴离子或者是弱碱阳离子就能水解。$AlCl_3$,NH_4Cl 显什么性?结构有什么特点?

生:都是强酸弱碱盐。

师:碳酸钠形成的碱是强碱,氯化铵形成的酸是强酸,可以得出什么规律?

师生:谁强显谁性。

师:通过这样一节课学习后,为什么把碳酸钠叫纯碱?

生(凌乱):因为它的水溶液呈碱性。

【师生活动】碳酸钠的俗称"纯碱"暗示我们虽然它是盐类物质,但其水溶液呈碱性,因为在水溶液电离产生的碳酸根离子与水电离的氢离子结合生成弱电解质,使水的电离平衡发生移动,溶液中氢离子浓度与氢氧根离子浓度不再相等,这就是盐类的水解的过程。

【课后思考】表示弱电解质电离能力可以用电离度和电离平衡常数来表示,怎样表示弱电解质离子水解能力强弱? 写出 H_2CO_3 电离方程式、电离度与电离平衡常数[已知 $K_{a1}(H_2CO_3)=4.3×10^{-7}$, $K_{a2}(H_2CO_3)=5.61×10^{-11}$], CO_3^{2-} 水解能力怎样表示? 其水解程度怎样表示,水解平衡常数表达式怎样写?[已知 $K_{h1}(CO_3^{2-})=1.78×10^{-4}$, $K_{h2}(CO_3^{2-})=2.3×10^{-8}$]

【教学分析】这样的课堂小结不只是简单的复述的教学内容,而是学生根据自己的理解,归纳出盐的结构特点与是否水解和水解后呈什么性有关,并在最后点题回答了引课的问题。通过设置的课后思考引导学生对弱电解质电离平衡与弱酸根离子水解平衡之间建立关系,帮助学有余力的同学发展创造思维。

4 教学反思

4.1 俗称在教学中的运用

"纯碱"并不是碱,而是盐类物质,之所以这样称呼,是因为纯碱的水溶液呈碱性。"俗称"有的来自于音译词,如梯恩梯(三硝基甲苯)是 TNT(trinitrotoluene)的音译;有的来自于盛产之地,如智利硝石($NaNO_3$)因盛产于智利而得名;有些来源于物质的特性,如 N_2O 吸入后会使人兴奋,不时发出笑声,俗称为笑气……

从俗称追根溯源,可以加深对学科知识的理解;以俗称开阔视野,可以提高学习化学的兴趣。俗称像空中点亮的星星,或揭示了物质的本质,或闪耀着思辨的光芒,或渗透着科学家孜孜求索的奋斗精神,或浸润着赤诚的爱国情怀。它们把学生带入更广阔的空间,寻找科学的真谛,人文的光辉,无疑对学生修养的提高起着积极的作用[2]。

4.2 学生思维能力的发展

借助碳酸钠的俗称,在探寻为什么这样称呼的原因过程中,和学生一起深入到微观世界研究碳酸钠电离出来的离子怎样改变了水的电离平衡,导致了溶液呈碱性,最终回答了俗称原因。这当中从表观的感性认识,到科学的分析、建构盐类水解的定义和原理。学生不仅是对水解结果有了了解,更重要的是知道了盐类水解的原理,学会演绎分析其他盐类物质水解过程,并会根据盐的结构判断盐是否会水解,水解后的溶液呈什么性质。从科学本质上理解水解原理,发展学生说明、组织和建构科学概念和原理的能力。

参考文献

[1]王祖浩.化学反应原理(选修)[M].江苏:江苏教育出版社,2009,8:113.

[2]燕国松.俗名——化学史教育中的一颗被遗失的明珠[J].中学化学教学参考,2012,(4):48—49.

苏教版"金属钠的性质和应用"教学思考

摘 要 文章以"金属钠的性质和应用"一课的教学为载体,与学生一起讨论了钠的制取、结构、性质、保存和用途。不同的是从第一单元工业制取 Cl_2 展开讨论,在课堂生成的灵动问题的引导下,让学习主体在问题解决中获得学习知识的方法。因为教学不只是为"钠的性质和应用"而教,而是为学习研究物质的方法而展开,所以将教学主线进行了重新调整。

关键词 问题设计 思维模式 学生主体 科学建构

有关"金属钠的性质与应用"的教学在各杂志上发表的文章非常多,认真拜读,细细回味,都特别地关注两点:一是钠的原子结构决定了钠有哪些化学性质;二是钠与水反应典型实验现象分析。

这一课时的公开课和优质课评比被选中的次数非常多,听课中教学设计通常有如下环节:观察并说出钠的物理性质→写出钠原子结构示意图→预测钠可能的化学性质→实验验证钠的化学性质→钠的保存和用途→钠的制取。

我在上这一节课之前仔细思考时发现,钠的化学性质学生多少知道一点,即使不知道的同学在预习了教材内容之后,也知道会和哪些物质(如水、氯气、氧气等)发生化学反应,难道还要进行探究(称之为伪探究)吗?难道一定要了解了化学性质才能学习保存和制取方法吗?带着这样的问题,我对这一课时的教学设计进行了改进,下面是我的教学设计:从钠的制取(引课)→钠的原子结构特点→钠的性质(物理性质和化学性质)→科学应用的原理(课堂小结)。据此,我将教学问题设计如下:

1　金属钠的制取

问题1:同学们想一想,写出工业制取氯气的化学方程式,并回答:阳极产物是什么?阴极产物是什么?为什么阴极没有得到金属钠?如果要在阴极得到金属钠,必须有怎样的条件?NaCl固体不导电,怎么才能导电?

这样一组问题的教学过程,学生在思考、讨论和与同伴交流中回答了老师的提问,获得的不仅是金属钠的制取方法,更重要的是怎样从化合物中制取某种单质,制取过程需要什么样的环境和控制什么样的生产条件。

2　钠的结构与性质

问题2:钠原子的核电荷数是多少?核外有几个电子,怎样排布?最外层1个电子,在参与化学反应中易失去,会与有什么特点的单质发生反应呢?

在回答这一组问题的基础上,学生从氧化还原反应本质是研究了金属容易与非金属单质发生反应的原因,而且在要求同学写钠与Cl_2、O_2、S反应的化学方程式中,学生提出了不知道S呈什么价态,我就引导学生从S原子和Na原子最外层电子入手分析,得出Na_2S的化学式,学生感悟到化合价与最外层电子的关系,化合价在离子化合物中的判断。找了一位同学写出Na与O_2点燃写成Na_2O的反应方程式,给出信息Na_2O是一种白色固体的提示。演示了Na在空气中加热后燃烧的实验,请同学观察产物颜色。以此纠正了Na与O_2点燃产物不是Na_2O,而是另一种淡黄色固体过氧化钠。

问题3:钠还会与什么物质反应?在一个表面皿里进行Na与H_2O(滴有2滴无色酚酞)反应实验。观察到什么现象?钠有哪些物理性质?根据学生回答的现象让同学讨论分析原因,总结出Na与H_2O反应中体现钠的性质(颜色、硬度、密度、熔点)和产物,写出反应方程式。教师归纳出钠与水反应本质是Na与H_2O电离出来的少量H^+发生置换反应。

学生在感受钠与水反应实验过程中,知道了钠的一些物理性质,更是学会用化学知识解释了这些现象与变化,得出了反应的原理。同时获知了在学习中观察实验的角度、观察中要注意什么等等。

问题4:钠与H^+能发生反应,如果将钠投入1mol/L盐酸中呢?

课堂有同学提出Na与HCl还是H_2O反应,还有同学提出了与哪一种先反应,也有同学答说是先与H_2O反应,学生对该问题还存在疑惑的一个原因就是没有理解Na与H_2O反应的实质,原因是到这一教学内容还没有学习离子反应,所以即使前面已经分析了Na与H_2O反应的实质,也不能很好地回答这一问题。待老师解释了Na与HCl反应更剧烈,因为电离的H^+浓度大一些之后,提出了一个新的问题。

问题5:实验室能用Na与稀盐酸反应制取H_2吗,为什么?为什么用Zn与稀盐酸或稀硫酸反应来制取呢?

在解决这个问题中,帮助学生建立制取物质时要考虑反应原理,反应快慢,气体收集简便程度及实验安全等,其他物质的制取也需要从这些角度思考。

问题6:如果我将钠投入$CuSO_4$溶液中,可能会有什么现象?你预测的依据是什么?

学生有两个观点,一种是产生红色物质Cu,因为我们学习过一条关于金属活性大小的规律,即排在前面的金属能把排在其后面的金属从其可溶性盐溶液中置换出来;另一观点是产生气泡,因为$CuSO_4$溶液中有H_2O,钠与H_2O能剧烈反应,第二种预测会更多一些。演示实验证明了第二种观点,而且还看到了蓝色沉淀,学生轻松答出产物还有$Cu(OH)_2$沉淀,此时让学生写出反应的方程式。拓展延伸,如果是$FeCl_3$溶液、$MgCl_2$溶液、NH_4Cl溶液呢?这一教学过程让学生意识到非常活泼的金属钠与盐溶液反应时,首先与溶剂H_2O发生了剧烈的化学反应,产物再与溶质盐发生反应。

问题7:钠能否将$CuSO_4$中的Cu置换出来呢?如果能发生反应,反应中钠作什么剂?两种固体怎么才能发生反应?(这一反应难进行,因为$CuSO_4$未熔化就已经分解了,我只是假设这一反应来得出一种解决问题的方法和思考模式)

以这样的问题解决过程引导学生认识到这一置换反应条件是无水环境,固体之间反应需要在熔融状态下进行。请同学们尝试写出Na从$TiCl_4$

中置换出 Ti 的化学反应方程式。

3 钠的保存和应用

问题 8：从钠的物理性质和化学性质看，同学们想一想钠保存在哪里？为什么要保存在煤油中？还有其他保存方法吗？

设计这样的问题，目的是让学生意识到钠的保存不仅要考虑与空气成分作用，还要考虑与保存试剂的物理性质关系。同时，也让同学知道煤油只是一种保存试剂，还有其他试剂和方法也可以保存金属钠。很多物质保存都需要这样去思考。

问题 9：能用手去拿金属钠吗，为什么？如果砖头大小的一块金属钠投入水槽中，会出现什么现象？

设计这样的问题，目的是让学生知道金属钠使用中的安全问题，其实很多实验安全受量的影响，少量是允许的，大量有危险，如 Cl_2 少量可以在自来水中消毒，大量会使人中毒，这是一种辩证思想。科学实验中一定要关注浓度与用量的关系。

4 教学思考

4.1 课堂因生成而灵动，因灵动而精彩

就这样一节普通的教学课堂，没有老师听课，也没有导学稿，更没有精致的 PPT，只是最为朴实的课堂，但实则并不普通，课前我认真思考，虽然备课笔记也没有写得很生动，但蕴含了很多思想。而且问题都没有写下来，只是将上课过程我提出的问题整理了下来，这些问题也都是因课堂而生成的，我感觉这就是最灵动有效的课堂，而且在有一个班演示实验时，我有意让钠块大了一点点，不仅有嘶嘶声，而且 H_2O 中的钠块还发出了火焰，出现了轻微爆炸，我相信学生一定会记忆不忘。

4.2 课堂的真正目的是让学生体会，获取解决问题的思维模式

这一课金属钠的性质与应用的教学，没有从研究金属单质的常用思维模式展开，从物理性质→结构→化学性质→保存→用途→制取，突出结构决

定性质,性质反映结构,这样教学学生也较容易接受,学到了钠的相关知识,好像缺少了为什么要学钠的知识,学习钠的知识有什么用处,学习过程中怎样解决问题和验证的,金属单质该怎样学习,这一单元学习与前一单元有什么样的联系。我设计的三个教学环节中都以问题解决为载体,在这过程中始终让学生将原子结构特点与观察到的现象或实验联系起来,并为达成某一目的不断改进实验条件。在课堂小结部分虽然是两个问题的解决,实则是课堂学习知识的运用,而不是知识点的再重复,更是对未知物研究中要注意的安全事项,将来在学习或生活中都会遇到不熟悉的物质,这时我们要在保护自己的前提下展开研究,建立这一未知物研究方法。

4.3 科学探究有需要才进行,不能为探究而探究

看了很多有关金属钠的教学,尤其是探究教学成为当前教学热点,都将钠的结构决定性质作为教学重点,将钠的化学性质作为探究的内容展开。其实,钠的化学性质学生或多或少知道一些,即使不知道,在课前预习中从教材中就能发现,笔者在教学中并没有这样做,而是从结构中最外层1个电子易失去展开教学,只是在学生写出 Na 与 O_2 反应方程式时因条件不同书写产物不准确时选择了实验进行检验。在讨论 Na 与 H_2O、盐酸反应之后,再让学生预测 Na 与 $CuSO_4$ 溶液反应可能的现象与产物,实验验证,这才是真正的探究,因为相信绝大部分同学不知道,或者也预习不到这一内容,才会激发探究兴趣。如果我们去探究 Na 与 H_2O 反应现象或者产物,估计有相当多的同学知道结果,你不探究他也能回答,试想如果您是学生还有兴趣吗?

参考文献

[1]赵丰平,毛杨林.学生自己学会才是真——钠的性质与应用教学实践与思考[J].中学化学教学参考,2012,5:13—24.

[2]李发顺.化学课堂教学中的问题设计[J].教育研究与评论:中学教育教学,2012,8.

轻松课堂:做学习的主人
——苏教版"元素周期表及其应用"教学与思考*

摘　要　针对新课程标准阐述的发挥学生主体作用,笔者在苏教版"元素周期表及其应用"教学实践中,以为什么元素周期表要这样排布,周期表有什么样的结构,元素金属性和非金属性变化的原因是什么等三个核心问题为教学主线,关注了教学认知的起点,诱导学生进入"愤、悱"之态,巧妙回答学生提出的问题,感悟化学原理在科学进步中的发展,讨论了概念教学中科学本质的建构方法。

关键词　概念教学　学生主体　认知起点

学习的主体是学生,课堂中怎样实践学生成为学习主人,不只是停留在口头上,更不能随着老师的定制课堂,跟着PPT逐步展开,轻松课堂是学生成为学习主人的保证,灵动是轻松的保证,笔者在教学中,连续的两节课,第二节充分发挥了学习主体的自主性,下面对课堂的状态和学生的表现进行解析。

---

* 录用于《中学化学教学参考》2014年,待刊出。

1　为什么元素周期表要这样排布

进入课堂让学生回忆了前一节学习过的元素周期律知识,然后让同学练习。

练习:试根据元素周期律将 1~18 号元素排成一个表,用元素符号表示,请说明你的排布原则。前后左右同学可以相互讨论。

实践中学生根本不用练习和讨论,直接讲出了教材中的简易周期表,因为在前一课时的学习中已经知道,我就按学生说法直接在黑板上写出了 1~18 号元素的排布:

表 1　元素周期表

H							He
Li	Be	B	C	N	O	F	Ne
Na	Mg	Al	Si	P	S	Cl	Ar

我用红粉笔将 He 改到了 Be 的上面一格,问同学们可以吗?并说出这两种排布的原则和理由。

表 2　元素周期表

H	He						
Li	Be	B	C	N	O	F	Ne
Na	Mg	Al	Si	P	S	Cl	Ar

下面同学就在说教材中是按表 1 排布的,理由是教材告诉我的,第二种排布不正确。我继续问为什么不正确时,有同学说是正确的,此时同学之间发生了争论,到底表 2 是否可行。有一位同学大声说可以,因为 He 最外层也是 2 个电子,和 Be、Mg 一样,完全可以,表 1 排的理由是 He 是稳定结构,Ne 和 Ar 也是。从这里看出,这位同学不仅发现了排布的原则,而且还理解元素周期表的隐含的知识。顺着这样的思路,我问同学们还可以怎样排布,下面的同学讨论和交流就热烈了,有说将 H 放在 F 上面位置,还有将 H 放在 C 上面位置等等,这些我备课时还以为学生不会想到,要靠老师写学生来回答是否可行,事实上学生自己都想到了。我在最后对这些情况都做了小

结,并告诉同学们还会有其他的放置方式,目前选用的是1869年俄国科学家门捷列夫的元素周期表。通过自主探究的课堂使学生对元素周期表的演变历史有了一定的了解,而且是随着科学发展而变化的,将来还会有更加科学的周期表。表扬同学们今天穿越时空做了很多科学家的工作,这不正是我们期望的自主课堂吗?教师只是提供了讨论的话题并参与了讨论,课堂氛围热烈,效果自不必多说[1]。学生为什么会主动思考与发问,想到我们认为学生无从寻找的规律呢?学生敢想、敢说、敢实践,教师给学生的是引导、期待和鼓励,相信学生参与是轻松课堂的前提和保证。

2 元素周期表有什么样的结构

元素周期表的结构较复杂,也隐含了很多的知识,例如周期(短周期、长周期、不完全周期)、族(主族、副族、第Ⅷ族、0族)、罗马数字、金属元素、非金属元素、稀有气体元素、相对质量、最外层电子排布等等,一节课有这么多名称和概念要理解和记忆,没有较科学的方法着实有较大难度,还是要从周期表构成来认识。思来想去,只能从得出这一结构的过程入手。

基于黑板上已有1~18号元素的排布情况,告诉同学我们都是按一个横行来分析周期性变化的,从今天开始,我们把这种重复的横行就称为周期。并请同学们观察每一周期元素原子的电子层数,很快有同学说了周期序数与电子层数相等,我迅即让同学写出钠离子和氯离子核外电子排布示意图,请同学回答各有几个电子层,钠和氯分别是第几周期元素,这样学生就能规范认识到周期序数等于元素原子的核外电子层数。接下来我让学生数每一个周期元素种类,学生很快答出,按书本所说第7周期有26种元素,我就问了,如果排满呢?可能排满吗?如果出现第8周期,至少要出现第几号元素等问题。从每一周期元素种类的多少认识了短周期和长周期。

纵行有几个?用罗马数字怎样表示?每一纵行元素原子最外层电子有什么特点等问题。我请同学观察有的纵行数字后面是A、有的是B、有的没有,这有什么差异?跟长、短周期有没有关系?学生在讨论中发现,写A的都是既有短周期元素,又有长周期元素的,写B的只有长周期元素,第Ⅷ族占了3个纵行的长周期元素,而且还导致了18纵行却只有16个族,有序地将从Ⅰ~Ⅷ和从Ⅰ~Ⅷ~0排列出来,再通过观察主族元素最外层电子数和主族序数,找出二者的关系。

教学过程学生观察、热烈讨论,甚至同学之间相互推荐去发明第112号后面的元素,H元素放在F的上面更科学等一系列的话题,不仅打开了学生的思维,还让学生真正感受到科学没有最合理,只有更加适合发展,更加有利于解决问题。这样的课堂学习过程,元素周期表结构还需要记忆吗?

3 元素金属性与非金属性变化原因是什么

通过前一课时的学习,已经知道同一周期,随着核电荷数的递增,最外层电子数、原子半径、主要化合价及元素的金属性与非金属性呈现周期性的变化。金属性和非金属性周期性变化的本质原因是什么呢?这正是教学的难点。如何判断其强弱则是元素周期律的运用,是教学的重点之一。虽然在高一还没有学到电场力和电场强度的定义,但常识中学习过异种电荷相互吸引,我就问同学,同周期元素原子核对最外层电子吸引力怎样变化?与什么因素有关?我在问的同时就比画给同学观察"距离",同学说是距离,此时我就说了一句"距离也是问题",一下子把同学热情调动了,学生还说"距离产生美",我并且补充了一句为什么第一周期元素分得这么开了,这样的过程,学生对核与最外层电子间的引力变化理解后,自然就懂得了失电子能力和得电子能力的变化,对金属性和非金属性就有了本质的理解。然后我就问了同学如果我要比较 Na 和 Mg 的金属性强弱,有哪些方法?如果是 S 和 Cl 的非金属性强弱比较呢?学生很快就进入了讨论状态,而且讨论后的回答非常有条理。基于此,我用箭头将第ⅠA族和第ⅦA族从上到下标出,请同学们分析金属性或非金属性怎样变化,用什么方法判断,这都交给学生们去做了。随着这些问题的解决,学生还会对元素金属性、非金属性的周期性变化及强弱判断方法不理解吗?

4 教学中我们关注了什么

课堂是学生和教师互助的、灵动的,如果没有引起学生的学习兴趣并主动参与,教师表演再好,很难取得良好的教学效果,所以做一名教师,不仅是表演者,更是导演。在前台表演同时,一要关注教学认知是否在学生的最近发展区,能否诱导学生进入"愤"、"悱"之态;二要关注教学中学生课堂产生问题与错觉的纠正,以免学生认为你不关心他的问题或产生想当然的错误;三要关注科学概念从本质上理解。

4.1 关注教学认知的起点

概念及原理性课堂教学中,教学认知的起点分析是否准确,关系到是否能引起学生思考。例如在元素周期表认知过程,学生对1~18号元素排布的周期表都已经知道了,如果我们还让学生去画或探究,低于了学生认知基础,学生没有兴趣,也进入不了思考状态,笔者在教学中,就在一位同学指引下直接画出,而认知的起点定在移动 He 元素位置到 Be 的上一格位置是否可行,理由是什么。解答之后再移动 H 的位置。同学在预习中都不曾遇到,这样的教学安排,学生都会有跃跃欲试的感觉。

4.2 关注课堂生成的问题

课堂教学中,周期表是7个周期和16个族,第7周期是不完全周期,何时能排满还是真的就只能到112号元素了吗?这是同学在课堂中提出的问题,如果我们不予理睬或解答,学生就会对老师不满或者不再继续参与课堂,笔者当时采用的办法是,教材后面109种,出现了110、111、112三种原子序数,我相信一定发现了,如果有到第几号才会排满?到第几号会出现第8周期?学生不仅回答了我的问题,还有一位同学大声说以后119号元素就叫"Fa",'金'字旁加一个'发'字,因为平时老师和同学都叫我'发哥'。这样的课堂,学生不仅参与,而且对周期表的发展有了新的认识,不仅有对周期表演变史的认识,还学会用发展的眼光看世界。

4.3 关注概念教学中的科学本质

元素周期表的教学有时会很枯燥,识记内容太多,笔者也曾经观察过相关的课堂,虽然演绎各不相同,特别是周期、主族、副族、第Ⅷ族、金属性、非金属性变化及判断方法等知识都一起出现了,仅靠练习和识记往往是越想越不达,怎样办呢?笔者的教学描述过程在前面做了介绍,主要是体现这些概念的科学本质,从本质上认识,主动建构其概念,不能说一节课堂就能让绝大部分同学完全掌握,至少能感觉学生用心地参与了,而且也没有强行记忆的东西,主族和副族则通过学生对照构成元素所在周期构成来认识,金属性和非金属性递变关系及判断方法则从异种电荷相互吸引(原子核对最外层电子)力随着原子半径变化来理解,并且让学生自主讨论与回答了 Na 与 Mg、Na 与 K、S 与 Cl、Cl 与 Br 的金属性及非金属性强弱比较与判断的方法,有了这样的过程,对科学概念的认识一定是具体而实际的,而非文字性的。

参考文献

[1]林卫民.学是为了"让——学习"发生——以"化学平衡"一节的教学为例[J].中学化学教学参与,2012,10:6—7.

水与物质的分类与转化
——与水有关的教学

摘　要　文章以同学们最为熟悉的物质水为例,引导学生理解中学化学教学中与水有关的知识,如分散系的认识与理解,从浊液到溶液,从溶液到胶体,从纯净物到混合物,引导学生认识物质的分类;再从微观世界观察无色无味的液体水存在什么样的相互作用,从本质中理解混合物的概念,并从元素视角理解单质与化合物,目的是引导学生从微观世界看宏观世界的物质组成与转化;所以第三个问题以水所参加的化学反应为例,引导学习物质转化的本质与性质。

关键词　分散系　分类　转化

水,生物体生存的最基本的保证,人一刻也离不开水,今天就与大家一起来讨论与水有关的教学,让同学们亲历而为。

1　认识水与其他物质混合会形成什么体系及该体系的特征

实验一:教师拿出一瓶纯净水,倒入三个烧杯(等量),分别加入泥土、菜油、蔗糖,并进行搅拌。

教师提出的问题是:此时形成的分散系是纯净物吗?这三种混合体系

相同吗,有什么特征?形成的体系分别叫什么?为什么分别叫浊液和溶液呢?

当学生在实验后解决了这些问题之余,自然理解了因分散质颗粒大小不同,形成不同的混合体系,从而理解混合物体系也可以再进行分类,这是从实践中感知水体系。

实验二:教师取两个半杯沸水,一杯中加入 $CuSO_4$ 溶液,另一杯加入 $FeCl_3$ 溶液,用单色光照射。

教师提醒学生自主操作和观察角度。学生在滴加 $FeCl_3$ 溶液的烧杯中发现一条光路,而且当垂直观察时现象特别明显,而滴加 $CuSO_4$ 溶液的烧杯无论加多少都不会出现光路。

是什么原因导致不同呢?学生可能会答因为溶质不同、浓度不同等原因,一般很难答到真正本质原因。此时教师引导学生从光的反射角度认识光路,颗粒再小一点呢?颗粒再大一点呢?从本质上理解浊液、溶液和胶体。不用再记忆和提问,学生一定知道了检验胶体的方法——单色光垂直照射(丁达尔效应)[1]。

介绍丁达尔生平事迹,有意突出旧房屋墙洞里的透光和树丛中的光路,是最为典型的丁达尔现象。

以这样一种方式和学生一起研讨,学生从直观世界感知的胶体、溶液、浊液特征,其本质是分散质直径大小不同,知道了物质再分类的方法和标准的选择,即使以前很少关注的混合体系,只要能确定一个标准也能进行分类,研究更多的纯净物的世界肯定也有不同的分类方法。

2 水分子的世界

【观察与思考】取一瓶纯净水和一瓶矿泉水,这两瓶水相同吗?同学们再看看标签,还相同吗?除去盛装容器,有什么区别呢?

【问题讨论】纯净水中存在什么微粒呢?矿泉水中存在什么微粒?从物质分类角度来说分别属于哪一类呢?为什么分别属于纯净物和混合物呢?

【问题讨论】你能从什么角度对 H_2O 的组成进行研究?

角度一:从原子角度,一个 H_2O 分子中存在"一个 H_2 分子和一个 O 原子",所以 H_2O 是混合物,科学吗?

角度二：从元素角度，H_2O 由氢元素和氧元素组成，所以水是混合物。

这一过程的教学，目的是要让学生理解纯净物和混合物分类的本质是从分子角度进行，而在分子内再按元素不同继续分类则是在纯净物范围内再分为单质和化合物。按一定的标准进行物质的分类，因此标准既可以是宏观量，也可以是微观量，更可以从微观角度理解宏观量的变化。

【升华探究1】水的世界还有很多值得我们研究的问题，例如：冰水混合物是一个混合体系，是混合物吗？水结冰为什么体积会变大？H_2O 分子之间是怎样结合在一起的？分子间的距离受到什么条件改变会发生改变？

【升华探究2】H_2O 分子内又是怎样结合在一起的？在温度改变时这种结合会怎么变化？还有什么条件会使之变化？用催化剂能否让水分解？

这两个升华探究有一定的层次提高，可因学生课堂的表现而定该发展到哪一个层次，而且对任何不同层次的同学都有值得思考的问题[2]。更是把物质分类的世界引入到了对微粒间相互作用的理解，真正进入了微观世界。因此引出了物质之间的转化问题，即化学反应的本质——化学键的形成与断裂。

3 由水可以制取其他物质吗？

这一问题的提出，学生肯定都能回答水可以转化为其他物质，此时让同学们写出水发生或参与的化学反应，有多少写多少。

【问题讨论1】H_2O 可以分解产生 H_2 和 O_2 吗？是什么原因导致水的分解呢？

这一问题解决过程让学生理解 H_2O 分子间存在一种力的作用——化学键，外界条件必然会导致这种力的作用受到破坏，比如电能、高温等条件都会带来破坏。

【问题讨论2】还有其他什么物质也能发生反应吗？

当学生回答钠也能与 H_2O 反应时，让学生思考钠与 H_2O 发生的反应本质原因是什么，在这个反应中钠转化成了 $NaOH$，H_2O 不仅转化成了 H_2，同时也转化成了 $NaOH$，化学反应的过程就是物质转化的过程。

【问题讨论3】发生火灾，消防队员用得最多的灭火方式是用大量的水进行灭火，是不是 H_2O 能制取 CO_2 气体，导致了火的熄灭呢？

这一问题背景学生在大脑中有非常深刻的印象,如果不问,学生就觉得水能灭火,至于灭火的原因有的同学知道,有的不知道,进行提问,学生还真的会认为是产生CO_2的原因,当把这一原因作为问题进行讨论时,就将学生引入了生活情境之中,而通过这个问题的解答要让学生获得的知识是,物质的转化过程中只是原子的重新组合,原子不会创生,也不会消灭,所以H_2O遇到火不会产生CO_2气体。若此时再追问,某物质遇到水可能产生CO_2,则此物质中至少应该含有什么原子(或元素)呢?当学生得出这个问题答案时,我们甚至可以给出如CO、CH_4都可以,共同的特征是含有C原子(或元素)。

基于此的化学教学过程,学生不只是知道了物质可以转化,而且更加理解转化过程中的思考点:一、转化是一个化学反应过程,会涉及化学键的断裂与生成,需要在一定的条件下进行;二、转化过程只是原子重新组合形成新分子,原子不会消失与创生;三、转化需要遵循一定的条件,并不是只要含有相同的元素就一定能实现相互转化。

参考文献

[1]保志明.理性思维帮助形成基本观念——"分散系及其分类"的教学与思考[J].中学化学教学参考,2012,4:10—12.

[2]魏锐,黄燕宁,王磊.例谈体现科学概念本质的教学设计[J].化学教育,2012,9:64—68.

为学生能提问而设计:促进学生思考的教学

摘　要　"师问"成了问题式课堂的主流,甚至出现满堂问的现状,这些问题有的经过教师精心设计,有的来自教师随意提问,学生成了解决问题的"能手",学生等着教师的问题,大有兵来将挡,水来土掩之势。试问在此过程中,学生真正获得什么?实践中发现,激发学生提问,更能引导学生思考,从哪些点入手能引发学生提问呢?笔者结合自己的实践,从生活情境、课堂问题解决、习题和未知领域知识四个角度阐述了引发学生提问的方法。

关键词　引发提问　设计　思考　理解

教学研究认为,产生学习的根本原因是问题,通过对问题的思考,形成学习的动力和起点,可以说问题贯穿于学习过程的始末。教学设计何以有力促进学习者的学习与发展?其核心要解决的问题是引发学生质疑与提问,笔者从自己的教学实践出发,探讨如何进行教学设计,能引导学生发问,促进学生思考。

1　起源于生活情境引发提问

【生活情景】胃酸分泌过多对人的健康影响很大,吃不好睡不好,相当难受。胃酸过多在胃内发生腐蚀作用,会出现吞酸、反胃、吐酸的现象,甚至造成胃溃疡或十二指肠溃疡的严重后果,是不可轻视的疾病。胃酸过多怎么办?

有了这样的生活情景,要解决问题,学生在想,胃酸到底是什么酸?从哪里来?要解决"怎么办"的问题,学生思考的是:什么物质能与盐酸反应?这种物质怎样进入胃?是否对人体有害?当然这些问题提出需要学生分组讨论才能提出。

课堂学习中知道 $NaHCO_3$ 和 $Al(OH)_3$ 都能治疗胃酸过多,老师让学生写一写反应方程式,在书写过程中发现胃酸与 $NaHCO_3$ 反应有 CO_2 产生,与 $Al(OH)_3$ 反应有 Al^{3+} 产生,此时有同学有疑问了,老师好像说过 CO_2 和 Al^{3+} 都会造成人体中毒的。还有 CO_2 在胃里多了万一把胃胀破了怎么办?还有没有其他物质可以替代治疗胃酸过多呢?看似很好笑的问题,其实要回答好,也正是对 $NaHCO_3$ 和 $Al(OH)_3$ 性质的理解,还包括对人体病变与器官的认识,有这样的情景,有这样的问题,有这样学生的主动思考与提问,教学目标的达成就自然天成,教师无须担忧。

2 来自于课堂问题解决引发提问

化学学习是一种逐层提高的过程,随着学习深入,对科学知识的理解也不相同,要求也不一样,对原子核外电子的认识,初中科学中只要求知道原子中存在电子,《化学1》则要求核外电子数量是多少,与质子数有怎样的关系,《化学2》则认识到这些电子具有不完全相同的能量,而且在一定的轨道上运动,深入到简单微粒的电子分层排布规则,而《选修3》则要深入研究电子亚层和能级交错。不同的要求通过课堂问题,能否引发学生提问而深度思考,促进学生的思考并理解核外电子排布原理是教学目标所在。笔者在《化学2》原子核外电子教学中设计如下:

(1)请同学们写出 H,He,Li,Ne,Na,Ar 原子结构图。为什么 Li 核外电子排布是(+3)2 1而不是(+3)1 2 或(+3)3?

(2)观察投影稀有气体原子核外电子排布,K(第1层)、L(第2层)、M(第3层)、N(第4层)最多能容纳的电子数是多少?N(第4层)、O(第5

层)、P(第 6 层)呢?

上述两个问题是老师设计的,学生分析后,当时就有同学提出:$_{54}$Xe 为什么第 4 层只排了 18 个,为什么不排 19 个,第 5 层排 7 个呢? 这一问题的提出直接引导了学生认识除已经知道最外层最多容纳电子数的限制,还引导学生认识次外层、甚至是倒数第三层最多容纳电子数的限制。

解决这一问题后,我让学生练习写核电荷数为 35 的原子结构示意图,后续还写了核电荷数是 53 的原子结构示意图,在 35 号元素原子书写中没有出现任何问题,而在 53 号元素原子书写中出现了 (+53) 2 8 8 17 8 的分层排布,教学中出现了什么问题呢? 原因当然是强调最外层电子数 8 个,而忽视了不超过或最多这层限制,更是忽视了电子尽可能排在较低能级的轨道这一点。解决之后,让学生写核电荷数是 55 的元素原子结构示意图,这一下出现的情况就更令人思考,有写 (+55) 2 8 18 18 8 1, (+55) 2 8 18 18 9, (+55) 2 8 18 18 8, (+55) 2 8 18 26 1,这时下面有同学指出前三种错误的原因,还有同学说第四种为什么第五、六层有电子,而第四层不排满? 第六层有电子,则第五层作为次外层可以排到 18 个? 我也问了写第四种的同学,其实很聪明地看了教材后面的元素周期表,但他无法解答同学的问题。其实真正要解答这一排布规则需要《选修 3》中电子亚层和能级交错的知识,教师也只是点到为止,毕竟还是高一学生,这一质疑的提问,真正地引发了学生的思考和求知欲。这堂课中两次由学生引发的提问,第一次帮助学生理解了核外电子排布规则,第二次不仅引发求知欲,还让学生辩证地看到知识随着学习水平的提高而会有新的理解。

3　留有思考的习题引发提问

　　习题解决中学生会遇到教材甚至课堂中不曾遇到的问题,学生会产生思考和提问,而这样的问题却有着思考价值,更重要的是促进学生对知识的理解。记得在学习新制氯水时,学生理解了其有酸性、HClO 有漂白性,在习题中出现了这样一题:向滴有酚酞的氢氧化钠溶液中滴加新制氯水,振荡,溶液由红色褪至无色,请分析可能的原因。作业交上来,同学们大部分回答是氯水呈酸性,因为 Cl_2 和 H_2O 反应,少数同学解释是漂白性,奇怪的是没有同学两种观点都有。后来我在课堂上将问题投影出来,并提供了一些试剂(新制氯水、NaOH 溶液、酚酞),并将两种观点也打出来,课堂立刻就产生了争论,认为酸性原因的同学特别强调溶液呈酸性且 Cl_2 能与 NaOH 溶液反应,认为漂白性原因的同学理由是新制氯水遇到 pH 试纸会先变红后褪色有漂白性,学生就问我了,到底是什么原因? 我的回答是我也不知道,你们再讨论看有没有办法证明自己的观点。学生设计出来的方案有三:第一,对褪色溶液加热,HClO 受热分解,所以会重新变红;第二,在褪色溶液中滴加酚酞,再变红色,则说明酚酞被漂白了;第三,在褪色溶液滴加氢氧化钠溶液,再变红色,则说明 NaOH 消耗完的原因。根据这三种方案,请同学相互提问,学生提出了如下的问题:(1)HClO 将酚酞漂白后,变成其他物质,加热也不会再变化。(2)HClO 将酚酞漂白后,未用完,再滴加酚酞继续被漂白。(3)Cl_2 溶于水反应生成的 HCl 和 HClO 都能与氢氧化钠反应,可能过量,滴加氢氧化钠也不一定会变红。(4)如果既是酸性又是漂白性共同作用的结果,这些方案无法证明。

　　在这些问题提出与解决的过程中帮助学生理解的是:新制氯水成分中到底哪些成分与 NaOH 能作用? 与酚酞能反应? 这些反应的原理是什么? 物质之间的反应是否有一定的可逆性? 物质之间反应与试剂用量是否有关? 多种物质是否会同时对某一物质发生作用? 这样的设计面向的学习者,受到问题的引导,积极思考与提问,促进学生对科学知识的理解,更是科学方法的设计与运用。

4 未知知识领域引发提问

活到老,学到老,知识无止境,老师不可能把所有的知识教给学生,解决这一难题的办法是引发学生思考与提问,所以教学中不仅要进行学科知识传授,更有学习的方法与技能培养与训练。有了这些,未知领域对每一位学习者来说,只要有兴趣,就可以去攀登。

SO_2 与 Na_2O_2 的反应产物可能是什么?对于高一学生来说完全是一个未知的知识,要研究反应产物是什么,学生思考会发生什么反应。如果不加以设计,学生问题就很简单,产物是什么?缺少一个梯度,无法解决。怎样设计才能引发学生思考与有效提问呢?

【实验】在一硬质玻璃管中铺上一层 Na_2O_2 固体,缓缓通入 SO_2 气体数分钟。学生观察硬质玻璃管中固体的变化,交流各自的答案和理由。

学生在讨论后得出固体是 Na_2SO_3,有少数同学说是 Na_2SO_4,也有说是二者的混合物。此时同学就产生了新问题,到底是哪一种情况?怎样产生 Na_2SO_4 的?在解决这两个问题后,得出 SO_2 与 Na_2O_2 反应时生成了 Na_2SO_4,这时学生又提出了一个新问题,一定没有 Na_2SO_3 吗?有没有中间产物 Na_2SO_3 未被完全氧化?有没有 Na_2O_2 过量或者 SO_2 过量,产物的不同呢?

学生对学科的学习不只是停留在"是和否"、"对和错",而是更进了一步,有了对定量分析思想渗透,更有了对实际问题解决的思考。

转变学习方式,培养学生创新能力,提高课堂教学质量,其核心在化学课堂中,转"师问"为"生问",增强学生的问题意识,用实践来回答"钱学森之问"。

参考文献

[1] 符爱琴.拷问"疯狂的石头"激活学生探究的动力[J].中学化学教学参考,2012,12,27—29.

[2] 潘国良.高中化学"生问"课堂策略初探[J].中学化学教学参考,2012,12,17—19.

问题引领,探究提升,提高教学的有效性
——以"乙烯的性质和应用"的教学为例

摘 要 以苏教版《必修2》第三章"乙烯的性质和应用"为例,采用问题导学实验探究提升的教学过程,让学生自主构建乙烯的知识体系,从学生的生活经验入手,优化教学内容,塑造学生的学习经历,发展学生对科学探究活动的预见能力,提高课堂教学的有效性。

关键词 问题导学 探究教学 乙烯的性质 有效性

新课程实施以来,提高课堂教学的有效性是课程改革一直追求的非常重要的目标。如何改变传统课堂教学的形式化和低效化,提升课堂效益、提高教学的有效性是每一位教师孜孜不倦的追求,提倡有效教学或者打造高效课堂成为教育领域的重要目标和任务。

什么是有效教学呢?有效教学是指教师在遵循教学规律的前提下,运用有效的教学方式和手段,使学生处在最佳的学习状态下,能深入理解学习内容,能在分析问题、解决问题的过程中举一反三、触类旁通,在学习的过程中不断提高学习能力,培养良好的学习品质[1]。

"乙烯的性质和应用"是苏教版《必修2》的内容,是学生学习甲烷、烷烃以后学习的另一类重要的有机物。从学生的学情来看,通过甲烷的学习学生已经掌握了从一种物质的性质类比一类物质性质的规律,乙烷的性质、取

代反应都是在学习烷烃时已经掌握的知识;从教材的编排来看,本节课安排在"甲烷、烷烃"之后,烷烃学习以后,为学生在学习本节课过程中对乙烷、乙烯、乙炔结构决定性质进行对比,对取代反应和加成反应的不同特点进行分析奠定了基础。

建构主义教学观认为:教学的核心不只向学生传授知识,而是在学生原有的相关知识经验上,促进知识经验的生长,在生长的过程中,理解知识形成过程、意义与方法。

在本节课的设计中,如何摆脱"给出结构→演示性质→介绍用途"这一讲授有机物的固有模式?在加成反应这一概念的讲解时如何避免直接"给出定义,反复练习"这一重结果轻过程,重知识应用轻学科本质理解的现象呢?教学中尝试用问题引领教学过程,用实验探究提升课堂效益,采用小组合作的学习模式,提高本节课教学的有效性。具体来说,本设计采用的教学方式是科学探究式,从学生的实际生活出发引出新课,激发学生的兴趣,并从学生已有的最近发展区寻找新知识的生长点,通过教学不断地把最近发展区转化为现有发展区,激发学生的探究欲望,并通过提出层层递进的问题,不断激发学生猜想和假设,通过实验探究和小组交流讨论,探究乙烯的性质和加成反应的原理。这种在问题解决通过科学探究使学生的最近发展区转化为现有发展区的方法,更能够帮助学生提高思维能力,发挥学生学习的主动性,不仅对学生今后的学习有重要意义也对教师自身的发展起着促进作用。

1 创设情境,引入课题

【图片投影】青香蕉和熟香蕉的图片(见图1)

问题1:生活中香蕉是一种易腐烂的物质,我们平时在水果超市买的香蕉是黄色的皮,放置两三天就会腐烂变质。而海南、广东的果农从树上摘来的香蕉却是青的(生硬),可以放置较长时间,商人通常在运到销售地后喷少量"神气",一天后香蕉都会发黄变软,进行催熟。在生活中也可以在生香蕉旁放一个熟苹果,香

图1 青香蕉和熟香蕉的图片

蕉也会很快成熟。您想知道什么原因吗?这种"神气"是什么呢?

设计意图:从学生的生活经验出发,吸引学生的注意力,运用"神气——乙烯"对青香蕉的催熟作用,激发学生对"神气"乙烯性质的好奇和兴趣,有效地构建愉悦的教学情境,使本节课的教学内容深深地触及学生的心灵深处,诱导学生把学习乙烯性质的压力变为探求乙烯性质的动力,提高课堂教学效率,同时为后面的问题作铺垫。

2 渐进式问题引领,培养学生探究能力

问题2:在一些水果存储库及花店里,人们经常把水果和花朵密封后再放入一些浸泡过高锰酸钾溶液的硅土,就大大提高了它们的保鲜期,延长了销售期,获得了很好的经济效益。你知道这是为什么吗?你能据此推测乙烯可能的化学性质吗?

设计意图:此问题与问题1相呼应,问题1引起学生对能够加快香蕉成熟的"神气"乙烯产生兴趣,问题2引起学生对如何减慢水果花朵成熟的思考,使乙烯——催熟剂的教学情境不仅仅作为引题,"激活"学生的记忆,并且能够支持和维持学生继续学习的内在动力,引发学生的思考和继续研究的兴趣[2]。

2.1 实验探究,观察现象

分组实验验证:将提前制得的乙烯通入酸性高锰酸钾溶液,观察现象(见图2)

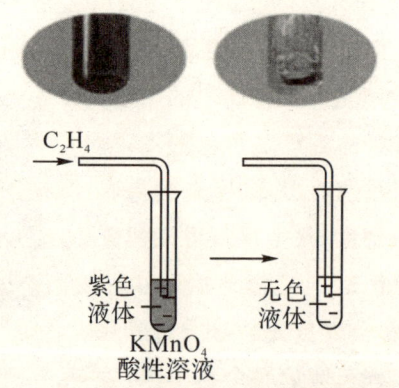

图2 乙烯通入酸性高锰酸钾溶液的现象

2.2 分析现象,得出结论

问题3:将乙烷通入高锰酸钾溶液会有这样的现象吗?乙烯的分子式为C_2H_4,参照乙烷的结构模型及C的四价理论,搭出C_2H_4的球棍模型,并写出C_2H_4的电子式、结构式和结构简式。

设计意图:学生在学习必修1时已经对碳原子的成键特征、乙烯分子的电子式、结构式有了一定的认识,加之在本节课学习之前已经学习了烷烃的性质,对甲烷、乙烷的结构模型的搭建已经很熟悉了,在这里设计此问题和任务一方面可以驱动学生对以前所学知识的回忆,又可以亲自动手实践,通过搭建乙烯的球棍模型,化抽象为具体,并在头脑中形成立体结构影像,培养空间想象能力,为以后的学习奠定基础;另一方面通过搭建乙烯的结构模型和乙烷的对比,对这两种有机物的不同结构有直观的认识,为接下来的结构决定性质作铺垫。

子问题:从结构上推测乙烯和乙烷与高锰酸钾反应的不同现象主要在于在哪里?

设计意图:搭出乙烯的结构模型,与乙烷的模型相比,很容易得出从结构上看出乙烷和乙烯的差别在于乙烷中含有的是C—C单键,而乙烯中含有C=C双键,进而得出C=C双键的存在能够使高锰酸钾溶液褪色。

2.3 学以致用,引发新问题

问题4:除了能与高锰酸钾溶液反应,乙烯能像乙烷一样发生取代反应吗?将乙烯通入溴的四氯化碳溶液中又会有什么现象呢?(学生小组合作实验探究:用100mL的带有活塞的针筒抽取80mL的乙烯,再吸入2mL溴的四氯化碳溶液,用橡皮塞堵住针筒的前端,震荡,观察针筒内气体体积和溶液颜色的变化)

设计意图:(1)合作学习是培养学生的合作意识和合作能力的重要方法,学会合作也是当今社会人生存和发展的重要能力,在课堂上应该注重对学生加以培养。(2)设计此实验操作,既可以定性说明乙烯与溴发生了化学反应,又可粗略地从量的角度来说明二者的反应不可能是取代反应,为加成反应教学的展开做了很好的铺垫。

子问题1:为什么溴的四氯化碳会褪色?针筒内气体体积变小说明了什么?

预期(学生交流:不可能发生取代反应,如果发生取代反应会有HBr生成,针筒内气体体积不会减小。从实验现象可以看出,乙烯与溴的反应很容易发生,而且没有气体生成)

【视频播放】观看动画模拟Br_2与乙烯的反应历程,写出其反应方程式。

设计意图:(1)将微观世界生动地展示在学生面前,突破难点,变静为动,化抽象为具体,引导学生充分运用创造性思维去理解事物的本来面貌,促进其发散思维的发展。(2)学生观察动画模拟Br_2与乙烯的反应历程,认识到乙烯分子在溴的攻击下,碳碳双键中的一个键容易断裂,同样溴分子在乙烯的作用下,Br—Br键也会断裂,两个溴原子分别与两个不饱和的碳原子结合,生成1,2-二溴乙烷。

【多媒体投影】

表1 部分共价键的键长和键能

键	键长/pm	键能/kJ·mol
C—C	154	348
C=C	133	615
C—H	109	413

(注释:乙烯的C=C中的两个键的键能并不相等,其中一个在与溴发生反应时很容易断裂)

设计意图:给出单双键的键能和键长,通过对单双键键能键长的比较,了解双键的键能不是单键键能的2倍,而是比2倍略小;单键的键能也不是双键的一半,而是比一半大,进而分析得出乙烯分子碳碳双键中有一个键容易断裂的原因,这是乙烯能够发生加成反应的主要原因,也是乙烯的化学性质比乙烷活泼的理论依据。

子问题2:乙烯与氯气、HCl、H_2O的反应和溴单质反应的历程相似,你能写出反应的方程式吗?(学生小组合作学习交流、相互补充,老师在此过程中适当指导和提示,选出具有代表性的学生的练习答案实物投影。)

老师归纳总结并完善:

$$\begin{array}{c}H\\ \\ H\end{array}C=C\begin{array}{c}H\\ \\ H\end{array}+Cl-Cl\longrightarrow H-\underset{Cl}{\overset{H}{\underset{|}{C}}}-\underset{Cl}{\overset{H}{\underset{|}{C}}}-H$$

$$\begin{array}{c}H\\ \\ H\end{array}C=C\begin{array}{c}H\\ \\ H\end{array}+H-Cl\xrightarrow{\text{催化剂}} H-\underset{H}{\overset{H}{\underset{|}{C}}}-\underset{Cl}{\overset{H}{\underset{|}{C}}}-H$$

$$\begin{array}{c}H\\ \\ H\end{array}C=C\begin{array}{c}H\\ \\ H\end{array}+H-OH\xrightarrow{\text{催化剂}} O-\underset{H}{\overset{H}{\underset{|}{C}}}-\underset{OH}{\overset{H}{\underset{|}{C}}}-H$$

子问题 3：你能领悟到乙烯和 A—B 物质反应的方程式应该怎么书写吗？

学生交流讨论后老师归纳总结帮助学生建立起思维模型：

$$\begin{array}{c}H\\ \\ H\end{array}C=C\begin{array}{c}H\\ \\ H\end{array}\longrightarrow H-\underset{H}{\overset{H}{\underset{|}{C}}}-\underset{H}{\overset{H}{\underset{|}{C}}}-H\xrightarrow[\text{断键}]{A-B} H-\underset{H}{\overset{A}{\underset{|}{C}}}-\underset{H}{\overset{B}{\underset{|}{C}}}-H$$

设计意图：波兰裔美国逻辑学家塔尔斯基说过：我们有理由认为演绎方法是构造科学时所用的方法中最完美的一个。它在很大程度上消除了误差和模糊不清之处，而不会陷于无穷倒退。演绎思维是学习化学的一种重要的思维模式，从个别到一般，通过比较抽象出这类反应的共同特征，揭示此类反应的本质特征，为加成反应概念的引出奠定了基础。

问题 5：从这些方程式来看，乙烯与这些物质的反应有什么共同特征？（学生根据刚刚建起的思维模型，交流讨论后得出：乙烯中碳碳双键的一个键断开，另外一种物质的某个键也断开，双键两端的碳原子与另外一种物质的原子或原子团直接结合，生成一种新物质）

预期（师生共同总结后，根据上述反应的实质，得出加成反应的定义。）

像乙烯和溴反应这样，有机物分子中双键（或三键）两端的碳原子与其他原子或原子团直接结合生成新的化合物的反应，叫做加成反应。

设计意图：加成反应是有机化学部分最重要的反应类型之一，贯穿在整个有机化学体系中，指导着各个大类物质之间的转化，不仅是推断有机物转化的依据,还是合成有机物的基础。然而在平常的教学中,很容易出现老师直接给出定义,再加以反复练习,通过反复练习和讲解让学生被动地接受,学生形成的概念空泛,只能勉强会判断反应类型,不能从本质上理解加成反应的概念。这里设计的加成反应的定义是通过乙烯与溴的反应,强调学生体验性地学习,不仅动脑去想,还用眼睛看,用耳听,用手做,组内同学交流,组外同学之间思想火花的碰撞,用自己心灵去感悟,这不仅是理解知识的需要,更是激发学生生命活力促进学生成长的需要。

问题6:你能从以下3个角度来分析乙烯和溴的加成反应与乙烷和溴蒸气发生取代反应的不同之处有哪些吗?

表2　乙烯和溴的加成反应与乙烷与溴蒸气的取代反应的不同之处

反应类型	反应特点	断键情况	产物特征
取代反应			
加成反应			

设计意图:总结提炼出加成反应的概念后,和学生熟悉的取代反应加以对比,加深学生对加成反应概念的理解。学生学习化学概念,不仅是对具体概念的辨析与记忆,更为重要的要建立对概念的理解,将化学概念作为认识问题的工具和方法[3]。通过对比强化学生对加成反应的认识,同时深刻意识到乙烯能够发生加成反应的根本原因是乙烯的结构中含有C=C,乙烯的结构中的C=C官能团决定了它能够发生加成反应。

3　归纳总结,深化探究理解,促进发展

问题7:如其他有机物中含有C=C,例如乙烯的同系物丙烯,能够发生加成反应吗?你能写出丙烯与溴单质、氯化氢、水反应的方程式吗?从产物结构的角度分析丙烯和乙烯的相同和不同之处。

设计意图:从乙烯结构及化学性质推出丙烯的化学性质,丙烯中含有碳碳双键,也能发生加成反应,有助于培养学生分析、对比的能力和逻辑推理能力。

PPT投影:乙炔的分子式和结构式

分子式:C_2H_2

结构式：H—C≡C—H

从乙炔的结构式可以看出，乙炔分子比乙烯分子又多了一个键，形成碳碳三键。和乙烯的碳碳双键相似，乙炔也能发生加成反应。

问题 8：乙炔与足量溴的四氯化碳溶液反应，分子中的碳碳三键中的两个键打开，每个碳原子与两个溴原子结合，你能写出该反应的方程式吗？乙炔可以与氯化氢发生下列反应得到氯乙烯：

$C_2H_2 + HCl \longrightarrow CH_2=CHCl$，上述两个反应和乙烯与溴的加成反应对比，有什么相同和不同之处？

设计意图：由乙烯的性质和乙炔的结构推测乙炔的化学性质，学生能够初步了解简单有机物的结构性质，强化了结构决定性质这一研究有机物的重要理念，并能够运用结构决定性质的学科方法来解决一些化学反应问题，实现将化学概念作为认识问题的工具和方法。

参考文献

[1] 邱荣.从化学平衡移动教学设计谈高中化学有效教学[J].中学化学教学参考,2012,9:28—29.

[2] 郭君瑞.基于教学调研的"乙烯"教学策略与建议[J].化学教学,2013,3:46—49.

[3] 何彩霞,杨艳红.学生对离子反应概念的认识研究[J].化学教育,2012,4:19.

[4] 中华人民共和国教育部.化学(必修 2)[M].南京:江苏教育出版社,2008:61—64.

基于学科逻辑的中心问题设计
——苏教版"人类对原子结构的认识"教学设计

摘 要 "人类对原子结构的认识"是苏教版《化学1》的内容,主要体现模型化与定量研究思想在微观世界的应用,笔者将教学内容分为物质可以无限分割吗、原子有什么样的结构、原子核外电子怎样排布、原子质量相同吗等四个中心问题展开,课堂始终围绕四个中心问题并遵循科学概念建构的逻辑特点,设计知识阶梯,让学生在问题解决中构建对原子结构的认识。

关键词 学科逻辑 中心问题 主体 教学设计

1 设计思想

微观世界是学生看不到、摸不着的,完全靠想象去认识,对于一名高一学生来说,有较大的思维难度,怎样将微观世界展现出来?微粒这么小,是否还可以再分割?是否有质量?质量如何表示?原子核是怎样的?是否存在带电微粒?按什么规则排列?基于这些问题,如何认识科学发展之路,如何帮学生建立一个量子力学的原子结构模型,如何帮助学生建立一种认识科学的方法规则,正是这一内容的教学目的之所在。

2 教学目标

初中科学学习,学生知道自然界中存在分子和原子的微粒,而且有一定的质量,至于原子有什么样的结构,质量多大是不了解的。普通高中课程标准要求:初步认识物质微观结构,了解原子核外电子的排布规律[1]。浙江省学科指导意见基本要求:(1)通过了解原子结构模型演变的历史,体验科学家探索原子结构的艰难过程,认识实验、假说、模型等科学方法对化学研究的作用。(2)了解部分典型原子在化学反应过程中通过电子得失使最外层达到稳定结构的事实。(3)了解绝大多数原子的原子核是由质子和中子构成的,能根据原子组成符号判断原子的构成,知道核素的概念[2]。

苏教版《化学1》将这一内容安排在专题1,作为研究物质的方法之一学习,仅在分类方法、定量研究、实验方法之后学习模型化方法。这样的安排是为后续分三个专题研究元素化合物知识服务的,也正是研究后续知识的方法。基于这样的分析,我将教学目标设定如下:(1)在教师问题引导下,通过学生阅读原子结构模型的演变知识,讨论对原子结构发展史的认识,体验科学研究的艰辛和意义。(2)以氧原子为例,讨论原子中存在的更小微粒构成、电子排布和运动特点。(3)以氢元素的不同原子为例,巩固原子的构成,了解元素、核素和同位素的概念。(4)以氯元素原子为例,计算质子、中子相对质量,理解微粒相对质量的定义与计算,理解相对质量与质量数的关系。

3 教学问题设计与课堂实证

为达成教学目标,并根据四个中心问题,将教学内容分成四个部分展开,即围绕四个中心问题展开,设计符合学生认知特点的问题,引导学生讨论。

问题1:物质可以无限分割吗?

投影1:两千多年以来,科学家一直在思考一个问题,如果把物体一直分割下去,得到什么微粒? 是否有最小的微粒? HCl 和 NaOH 反应中什么微粒发生了变化,什么微粒没有变?

这个问题的起点是人类对宏观物质世界的认识,生活中的物体都可以拆分或切割成更小的微粒,反复下去,是否可以一直拆分,分割到足够小,引发思考。问题的起点低,但问题深入中学生会想到,宏观物质分到足够小的时候形成微观微粒,即宏观与微观之间建立了联系,让学生在问题的思考中进入了微观领域,再如 HCl 和 NaOH 反应在宏观上无法观察,微观世界真的有变化吗?什么微粒变了,什么微粒没有改变?把学生经常实践的化学过程但没有仔细思考的内容搬到了面前。学生此时会关注到问题就在学习中,教会的是发现问题的观察点和思维。

投影 2:(1)分子是保持物质化学性质的最小微粒吗?

(2)原子是化学反应中的最小微粒吗?

(3)化学变化中,分子可以再分,原子不能再分,对吗?

这三个问题的辨析,帮助学生巩固通常所说的最小微粒原子是有一定的研究范围,任何微粒都可以再分下去,只有限定的尺度再可以说最大或最小,深入理解化学变化中对原子、分子的理解,更是辩证法思想的体验。

问题 2:原子有什么样的结构?

投影 1:公元前 5 世纪,希腊哲学家德谟克利特等人认为:万物是由大量的不可分割的微粒构成的,即原子。

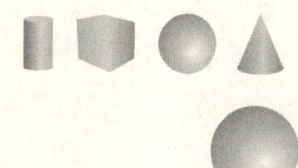

投影 2:19 世纪初,英国科学家道尔顿提出近代原子学说,认为物质都由原子组成。他认为原子是微小的不可分割的实心球体。

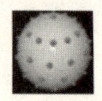

投影 3:1897 年,英国科学家汤姆生发现了电子。电子质量不及氢原子质量的千分之一。

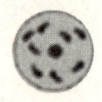

投影 4:1909 年至 1911 年,英国物理学家卢瑟福和他的合作者通过带正电粒子攻击原子的实验证明了原子核带正电,并提出了原子结构的核式结构学说。

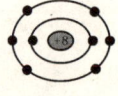

投影 5:1913 年,丹麦物理学家玻尔(N. Bohr,1885～1962)引入了量子论观点,大胆地提出了新的原子结构模型:原子核外,电子在一系列稳定的轨道上运动,每个轨道都具有一个确定的能量值;核外电子在这些稳定的轨道上运动时,既不放出能量,也不吸收能量。

五个投影文字叙述与图像的演变,形象地说明了科学家随着科技水平提高对微观世界认识的改变,但并没有将量子力学的结构描述出来,这样做是为了让学生知道,我们对物质世界的了解还有很多未知的领域有待同学们去深入研究,留下悬念,留下研究的方向。同时这样的投影与图的结合加深学生对原子实心均匀结构到空心动态结构的理解,尤其是从实心球到核式结构的理解,这一过程也在学生意识里留下三个科学意义:①化学认识发展的形式与科学认识发展的形式一样是继承、积累、突破和革命。②实验方法是科学研究的一种重要方法,实验手段的不断进步是化学发展的一个关键。③科学研究、科学发现是无止境的。充分挖掘了科学史对化学学习的作用。

问题3:原子核外电子怎样排布?

在上一中心问题的解决中,玻尔提出的原子核外电子分层排布的结构,图片展示了 He、Ne、Ar、H、O、Mg 原子核外电子的分层排布结构(来自于教材),并用问题的形式让学生认识了核电荷、电子层、电子数及核外电子个数与核电荷的数值关系。

创设问题情景:钠的核电荷是+11,介于其 10～12 之间,且其结构类似于 Ne 和 Mg 原子,核外有几个电子?有几个电子层?怎样排布呢?

生:11 个电子,因为前几种核电荷与电子数值是相等的。

师:分几层,每一层分别有几个电子?

生:两层,2 个和 9 个。

师:镁原子有 12 个电子,是不是分两层,分别是 2 个和 10 个电子?

生:不是,书本上是三层,呈 2、8、2 分布的。

师:上述六种微粒有没有最里面这层电子数为 3 个或 4 个的?

生:没有,好像最多是两个。

师:镁原子分别是 2 个和 10 个也可以呀。仔细观察后面四种,第二层最多有几个电子?

生:8 个,懂了。

师:钠原子怎样排布呢?

生:分三层,分别是 2、8、1。

然后让将核电荷为 1、2、3、8、11、18 的原子核外电子排布按周期表顺序写好(教师有意识地),让同学们将 1～18 中其他原子的核外电子排布情况写出来,在基本完成后,并请一位同学上黑板写。

创设问题情景:原子中离核近的电子层能量低,电子运动慢一些,也比较稳定,离核越远,运动越快,也容易发生变化,通过得到或失去若干个电子形成8电子的稳定结构。

师:钠原子最外层只有1个电子,在化学变化中是失去1个还是得到7个电子形成稳定结构呢?

生:肯定失去1个容易了。

师:如果是氯原子呢?

生:最外层是7个电子,估计是得到1个电子。

师:当钠原子遇到氯原子电子可能会怎样转移?

生:正好,钠原子把电子给氯原子。

师:数量关系呢?

生:一对一正好。

师:所以氯化钠的化学式是NaCl。

师:Na,Mg,Cl和O最外层有几个电子,在化学变化中得到或失去几个电子?

生:Na失去1个电子,Mg失去2个电子,Cl得到1个电子,O得到2个电子。

师:试着写写这四种微粒之间形成化合物的化学式。

学生在下面练习书写,教师巡视,在同学基本完成后请一位同学写在黑板上,同学与老师批改。同时请同学标出各元素的化合价。师生一起分析化合价与最外层电子数的关系。

原子核外电子排布的规律并没有在这一单元教学中加入,而是从已知的几种电子排布上认识到典型微粒的排布特点,而真正的规律学习在《化学2》专题1"物质结构"中学习。但又用熟悉的微粒结构特点推测了可能化学性质与化合价的关系,认识了化学反应的本质。思维的碰撞中提升了对微观世界的认识,虽然学生还是没有看到,但从介入的交流与讨论中建立了模型化原子结构。

问题4:原子质量相同吗?

微观世界认识了原子是由原子核与核外电子构成的,原子核和核外电子能否再分?原子核有质量吗?电子有质量吗?原子有质量吗?应该说世界上的物质都是有质量的,只是大小不同而已,那么这些微粒的质量又是多少呢?能否用天平来称量呢?带着这样的问题进入课堂。

创设问题情景:物质的量定义时12gC-12含有的原子个数定义为1mol原子,一个C-12原子的质量是1.993×10^{-23}克,表示很不方便,能否调整标准,得到较简洁的表示方法?如果有,是否也用C-12作为基准物质?这样的情景与引导,帮助学生建立一种观念,科学中很多"巨量"或"微量"表示时都会选择一个新标准,通过换算成日常量进行表示。此时,教师说能否就将1.993×10^{-23}克定义为1,其他原子质量与之比较就可以了,学生感觉很新颖,也很方便了。但是科学上前人已经有了统一的规定,而是将1.993×10^{-23}克的1/12定义为标准的,那么C-12原子表示出来就是12。

碳原子的质量由质子、中子、电子加合得到,则需要知道每一种微粒的质量是多少,其相对质量是多少,此时请学生阅读教材第31页内容,回答原子核由什么微粒构成,原子质量主要由什么微粒决定,各微粒带电量多少,微粒数量之间有什么关系。

学生阅读教材与讨论后,知道了绝大多数原子的原子核有质子和中子构成,而且是1个质子带一个单位正电荷,中子不带电,1个电子带一个单位负电荷,而整个原子是不显电性的。将实际质量与相对质量、质子数与电子数、原子质量与原子核质量之间联系起来。

前面讨论中一直在说C-12,这种原子由6个质子、6个中子和6个电子构成,而且通常用$^{12}_{6}X$表示,是不是还有不同的碳原子?引导学生会联想猜测及提问,质子与电子一定是相等的,因为原子不显电性,差异肯定在中子上,此时教师让同学表示6个质子7个中子碳原子。

师:这两种碳原子一样吗?

生:不一样,中子数不一样多,质量数也不相同。

师:相同点和不同点各有哪些?

生:质子数是相同的,中子数、质量数不同,相对质量也不相同了。

师:能都称为碳元素吗?

生:能,都用"C"表示的。

师:都是碳元素,本质是这两种原子含有的质子数一样多。

在这里帮助学生复习了元素的概念，进一步从不同点，该怎样区别表示呢？引出核素（原子）的概念。并和同学一起讨论元素与核素的关系，建立同位素的概念。

虽然这一段帮助学生建立的是元素、核素、同位素的概念，其实也正为为什么Cl元素的相对原子质量是35.5，而不是35或37做出了解释？从Cl的两种不同核素到构成，到每种核素的相对原子质量，再到Cl元素相对原子质量的交流与讨论作了引导与铺垫，帮助学生理解三组概念：一是原子相对质量与元素的相对质量，二是元素与核素，三是质量数与相对质量。

4 教学思考

4.1 科学知识教学中遵循学科的逻辑

学科知识编排有一定的逻辑顺序，教学中运用合理，遵循顺序就会促进学生对科学概念的理解，教学中需要设置好合理的梯度逻辑。如元素、核素、同位素概念学习，笔者以前面运用的 C—12 表示入手，引导书写 C—13，比较异同点，得出概念，并延伸到 H、D、T 之间的关系，概念并没有直接给出，而是学生在比较中归纳建构得到。再如原子核外电子排布学习过程中，也没有从规律出发，而是从教材中已有的 6 种原子结构入手，通过师生辩论 Na 原子核外电子排布，深入理解排布的特点，在老师将核电荷为 1、2、3、8、11、18 的原子结构示意图写在特殊位置后，填空练习，基于这样的基础认识 1~18 号元素原子核外电子排布情况，学生在逐步提升的发展的过程中获得知识的建构。

4.2 核心问题设计中学生主体作用发挥

原子核外电子排布对初学者来说既是重点，更是难点，如若是教师的讲授式，效果自然可知，而笔者在实践中却是通过先认识 6 种特殊的原子结构，再尝试练习 Na 原子结构书写，在这里有师生的交流与对话，这一过程中学生不仅练习书写，还把可能出现的思维方式暴露出来，得到及时纠正，学生获得了书写的方法和为什么这样写的原因。再如原子的质量学习中，因为原子及更小的微粒质量表示不便，而且非常小，所以学生对微观世界会退避三舍，但教师从物质的量表示入手，将标准选定的思想引导运用，促进学生根据每个C-12原子、每个质子、中子、电子质量与标准进行除法计算,获得相对质量概念的理解,后续的元素相对质量、原子相对质量、质量数的教学也一样,充分让学生在实践中理解。

参考文献

[1]王祖浩,王磊.普通高中化学课程标准(试行)[M].北京:人民教育出版社.

[2]浙江省基础教育课程改革专业指导委员会.浙江省普通高中学科教学指导意见(2012)[M].杭州:浙江教育出版社,2012,8:5-7.

学生的共鸣才是有效的课堂
——苏教版"物质的聚集状态"的教学与思考

摘　要　文章以苏教版《必修1》"物质的聚集状态"教学实践为主体,论述了以学生参与和共鸣的课堂教学才能达成有效的教学。怎样设计才会有这样的效果呢?笔者以"课的核心主线是什么?"、"如何帮助学生从微观世界建立对物质体积的认识?"和"气体摩尔体积学习中要关注什么?"三个核心问题进行阐述并实证。

关键词　共鸣　有效　微观与宏观

教过了很多遍"物质的聚集状态"一节,其教学内容主要有二:一是不同状态物质的体积由什么因素决定和影响;二是建立对气体摩尔体积的认识。在我看到的实践中,不乏一些所谓的"公开课"、"观摩课"和"优质课",好像更多的在强调气体摩尔体积(V_m)与物质的量(n)及气体体积(V)之间的计算。甚至整堂课都在重复这三者之间的计算。我在思考:这一节编写的真正意图是什么?为什么要放在这里?为什么用"物质的聚集状态"这一标题?带着这三个问题,笔者对这一课时的内容进行了教学与实践。

1　课的核心主线是什么

在教学实践中,我展示一瓶氧气,请同学们测知该瓶氧气中分子个数。

围绕这个问题,不同班级同学思路并不一致,其中一个班同学都提出的去数氧气分子,虽然看似很低级,但我们是否思考过这个问题,为什么学生都会提出这个方案呢?原因大概有二:一是可能对微观粒子大小无法感知,误与宏观物质一样计数;二是对前一节物质的量不够理解,也就无法应用。另一个班的同学都提出来称氧气的质量,通过质量计算物质的量,从而求得氧气分子个数,这一方法看上去固然可行。但称量氧气的质量还需要称出盛装氧气集气瓶的质量,看上去很容易,但是否考虑过空气的干扰,而且空气密度与氧气接近,实际不能忽略,如此再要称量,就得考虑真空称量,谈何容易。直到我与同学交流到此时,有一位同学提出了,测体积,气体的体积测定最为方便,一击即破,顺利介入。该同学在测体积后想到了查氧气的密度,然后计算质量,再一次回到质量的角度来解决问题。顺着这样的思路,我就让同学一起来根据质量计算并填写 1mol 物质的体积(苏教版《必修1》第 11 页表 1-4)。从计算结果中找出共性的结论。再以固态、液态、气态物质中分子之间的堆积方式来理解气体体积的决定因素是什么,从而理解为什么气体摩尔体积有共性的一面,才有使用的意义。从这里再回到从体积到物质的量的计算,从而快速得出氧气分子个数的测定。自始至终围绕一瓶氧气中分子个数测定这条主线,在问题解决中理解物质体积的决定因素和影响因素及气体摩尔体积的意义和运用。

2 如何帮助学生从微观世界建立对物质体积的认识

高一学生对物质的体积有一定的认识,但对物质体积决定因素是什么,影响因素是什么,为什么固态、液态物质难压缩,而气态物质易压缩的原因还不理解。基于这样的认识,我在教学中没有直接去介绍,而是让同学从计算数据中找差距,为何同为 1mol 物质,气体体积与固体、液体体积相差约有千倍的关系呢,把学生的疑惑提出来,引起学生心里共鸣。投影展示不同数量相同分子紧密堆积时体积大小关系,请同学找出决定物质体积的因素之一——微粒多少;继续展示相同数量不同分子紧密堆积时体积大小关系,请同学找出决定物质体积的因素之一——微粒体积大小;但当我们把等量的分子拉开,分子间距远大于分子直径时,此时发现,体积的决定因素却与分子大小已经没有什么关系,而跟分子间隔距离有密切关系,而且间距越大,体积也越大,从而引出的气态物质体积决定因素是:微粒多少和微粒间距,而与微粒体积大小几乎无关。有投影图片的辅助理解,感性与理性的结合,学生对物质体积的决定因素有了深刻的理解。学生对气态物质微粒间空隙的感性观察中,就会发现,分子间距很容易改变。教师此时的提问:热胀冷缩原因是什么?你能解释吗?学生一看图就能理解其意义了。追问:还有什么方法能快速改变气体的体积呢?因为空隙太大,最易改变的是加压压缩。这里帮助学生理解了影响气态物质体积的因素:温度和压强。所以再一次回到课本第11页表1-4,观察表格下方的说明,为什么要指明温度和压强的原因了。

3 气体摩尔体积学习中要关注什么

用演绎的方法引导学生从摩尔质量的定义导出摩尔体积的概念和表达式,很顺利都能完成任务,而我们要学习的并不是摩尔体积,而是气体摩尔体积,更要关注的是标准状况下气体的摩尔体积,所以在引入摩尔体积后,并没有达成目标,而是要让学生从教材第11页表1-4计算结果中找共性特点,此时才介绍为何我们要研究气体摩尔体积而不研究宽泛的摩尔体积。为什么要研究标准状况下的气体摩尔体积,而非标准状况下的气体摩尔体积只是让学生知道也可能是 $22.4L \cdot mol^{-1}$,也可能大于或小于这个值。并让学生怎样操作,破坏非标准状况,也使得气体摩尔体积为 $22.4L \cdot mol^{-1}$,这个问题的讨论与解答过程是对气体体积影响因素的再认识和运用的过程,也是这一课时教学目标所在。教学中关注点不仅有气体摩尔体积概念的理解,更要关注为什么要学习气体摩尔体积。

4 教学与思考

4.1 这一课时的编写意图到底是什么?

通过这样的教学,我觉得第一解决了宏观量(体积)与微观量(微粒数目)之间的转换关系,把宏观量(质量)也带进来,物质的量这座桥不只是单向桥,而是复杂的"立交桥",或许后面的学习还会有新的出口建立的更复杂的"立交桥"。所以我觉得这一课时就为学生建立对气体摩尔体积的理解与运用。

4.2 为什么标题是"物质的聚集状态"?

过去教材中都有直接简洁的标题,如"物质的量"、"摩尔质量"和"气体摩尔体积",而物质的体积是单独的一节教学内容,苏教版教材比较精减,而且生活气息浓厚,而且将气体摩尔体积与物质的体积两课时内容进行了整合,既能突出体积的决定和影响因素,又突出气体体积的特点,设计成为"物质的聚集状态",如果不深入研究,甚至会把物质的体积作为教学重点,而忽视更重要的气体摩尔体积的教学。读懂教材文本才会演绎一堂好课。

4.3 学生的共鸣是课堂精彩的体现。

怎样才能让学生参与到课堂中来呢?怎样才能引起学生共鸣呢?要达成这两点,首先要做到起步要低,循序渐进,逐步提高。所以这一节课我先让学生根据质量求体积,这是每一位高一学生都会的内容,所以积极性很高;其次要做到围绕一个载体展开,把核心主线附加上去,这一课时载体就是测一瓶标准状况下氧气中的分子个数,最后也正是通过测得标准状况下体积计算出分子数目,学会并理解了气体摩尔体积含义;再次,问题设计有一定的思考层次和内容,而非简单的是非对错。比如对固态、液态物质体积决定因素到气态物质体积决定因素的演绎过程,从气体体积影响因素到气体摩尔体积运用中条件的确定,都通过问题引导学生思考而得出。

参考文献

[1]李发顺.教学设计的理念:感受化学与理解化学——以苏教版化学2"乙酸"教学为例[J].化学教与学,2013,5:61-63.

教材,让我再看你一眼
——09高考后阶段复习的着眼点*

高考化学试题的命制向来有"依据课本"的要求,近几年的高考化学试题中,源于课本典型实验、问题和课本习题的试题已经达到了很高的比例。尽管高考命题也有"不拘泥于课本"的说法,但由于课本是学生学习基础知识、训练基本技能、发展思维能力的蓝本,因此源于课本是高考试题命制的必然之举,它对课本功能的发挥必然起到渲染作用。

1 突出课本实验载体,考查实验基础知识

实验是科学领域的特点,一直是化学学科考查的重点,但单独将实验化学作为一本教材编写还是首次,而且选择实验化学作为高考内容的就唯有我们浙江,当然也正说明我们有底气,我们的实验教学成功,有示范作用。2009年的高考化学实验题的命题点在哪里呢?不妨认真研读《学科指导意见》和《考试说明》,尤其是参考样卷。我们会很清晰地发现,今年的实验来源最大的可能是以课本实验为载体,进行拓展、延伸或者改编。例如在参考样卷第28题,考查摩尔盐的制备,和书本上的制取过程基本相同,只是问题一部分选用了课本原有的,另一部分是拓展延伸的知识而已。此题的知识

---

*发表于《教育信息报》2009年5月。

背景初看很新,原理并不是高中新教材增加的内容,只是表现形式新颖罢了,其实在以往我们就有硫酸亚铁晶体的制备实验。

每一次研读实验化学教材,都能读出新的东西,感到还有很多内容值得我们研究。也许一个看上去很不起眼的问题,就会成为高考的命题点,当然更加重要的是在学习探究过程中学生动手实验、分析、科学推理能力的提高。

2009年的高考中我个人觉得实验化学中一些典型的实验可能是命题的载体,各位一定得重视和研究。例如:摩尔盐的制取、阿司匹林的合成等制备实验;食醋中总酸含量测定、镀锌铁片锌镀层厚度的测定等定量测定实验;海带中碘的提取、硝酸钾晶体制取、牙膏成分的检验、亚硝酸钠与食盐的鉴别等物质的分离、提纯、检验、鉴别实验;铝性质的探究、乙醇和苯酚性质的探究等物质性质探究或未知物成分判断的探究性实验;实验条件的控制与比较当然也是高考的重点,相对而言电化学实验出题的可能性会稍小一点。

当然实验中新增仪器的使用和考查同样会成为考试的热点,如抽滤装置、电子天平使用、三颈烧瓶用途等。

2 重视课本新增内容,体现课程改革亮点

新课程标准从2005年就开始学习推广了,围绕课程标准有三套教材,分别为苏教版、人教版、鲁科版,我们选用的苏教版教材中同以往相比新增了一部分教学内容,而且新增内容基本都写进了考试说明,很显然也是高考热点。这在各地市的质量检测卷中都有体现,我相信在2009年的高考中一定会有所体现,不会出现"新瓶装陈酒"的情况。不妨我们也来看一看省参考样卷的示例。第7题D选项就对食醋总酸含量的定义进行了辨析,第9题B选项出现了$[Al(OH)_4]^-$,第27题基本都是新增内容,像焓变和熵变问题,平衡常数表达式及计算都是新课程增加的内容,即使第28题摩尔盐的制取也是新增的内容,特别是实验中的描述等。仔细分析就能真正体会到新课程的味道,即使其他考题的知识虽然以前也有,但品味之后的感觉当然就不一样。

重视新增内容不仅仅是知识,还有方法,也可以是设计问题的思想,我

相信在2009年的高考中一定会有较明显的体现。下列知识在今年的高考中或许要引起高度的关注。如"化学选修4·化学反应原理"中对反应热表示的条件，从焓变和熵变来判断化学反应能否自发进行，什么条件下自发进行。为更加明确体会化学反应限度问题，引入了平衡常数，沉淀溶解平衡的引入就更能体现新增内容，当然新增的内容不一定都很难，但一定能体现新课程思想。而"高中化学选修6·实验化学"大部分都是新增内容，虽然看上去好像有些知识老教材也有，但出现、提问、研究问题的方式方法却是大相径庭。有一点我觉得像层析这类色谱分析方法不太可能在高考中体现。在"选修5·有机化学基础"、"必修1"和"必修2"中也有一些新增内容，尤其是课程编排思想和学习知识方法也会在高考中有所体现。总之高考总是青睐那些会研究、勤钻研的人，我相信大家一定会注意到上述新增内容的知识和思想。

3 明确教材重点内容，关注学科主干知识

一直以来，高考的选拔性都体现明显，今年的《考试说明》开场白就是"根据普通高等学校对新生科学素养的要求"。高校为社会培养人才，当然对招收的学生要求基础知识完备、解决问题能力出色，所以高考考查的内容也一定是各学科的主干知识。纵观多年的高考试题及省参考样卷，很容易发现教材的重点内容，即化学学科的主干知识是考查的重点。整个中学的化学知识要在7道选择题和4道大题中体现，主干内容必然要"涛声依旧"。

下面就省参考样卷进行分析，到底怎样考查化学主干知识，第7题考查学生的化学素养，这也正是考试说明同以往各年考试大纲不同之处，今年的省考是说明中新增的一大亮点，而且放在最前面，在样卷中体现明显。第8题考查实验的仪器的使用、气体的收集和尾气的处理，这是实验中的基本操作原理，当然是主干知识。第9题考查不同条件下的离子共存，这也是多年来考试的热点。第10题是有关N_A的试题，层出不穷，非常熟悉。第11题有机物官能团性质，几乎是有机化学的核心，也是多年来的必考题了。其他各题也一样都是化学学科的主干知识，而且大题的分布也非常明显，分别来自有机化学、实验化学、化学反应原理和"必修1"、"必修2"等内容的结合。

再看看前几年的情况，2008年高考一直是大家评论的热点，但也不外乎

主干知识,稍有问题的第26题只是计算有点繁,这也正反应我们学生计算能力的薄弱,氧化还原反应结合计算仍然是高考的主干知识,就是第28题的黄色粉末有点远离我们熟悉的物质,但问题中只有第(3)小题有点偏,而其他仍然是化学的主干知识,只是在中学教材中用符号表示不太合乎情理。这可能是2008年高考试卷中的一点点不足。2007年的试题没有一点远离主干,完全是教材中的重点内容。虽然2006年的第27题对学生来说有点难度,但考查的内容恰恰就是教材和考试大纲中的重点内容。原题如下:

(2006年第27题)置换反应的通式可以表示为:

单质(1)+化合物(1)=化合物(2)+单质(2)

请写出满足以下要求的3个置换反应的化学方程式:

①所涉及的元素的原子序数都小于20;②6种单质分属6个不同的主族。

当时学生得分率低,但知识点仍然是非常重要的主干知识,只是平时老师更多地注意了结构良好的问题思维训练,而对于结构不良问题(也就是开放性问题)的思维能力培养不够的体现,在教材完全可以找到这些典型置换反应的影子。从其他年份的试卷中很容易看出,高考中化学学科一直都在考查主干知识,所以每年都有种似曾相识的感觉。

最后的复习要整理出教材中的重点内容,从教材中找到信息的来源,领悟高考的方向和命题点。

4 把握课本基础知识,突破教材疑难问题。

这些主干知识的考查试题并不是一味地难住同学,重要的是高三的复习过程接受了太多的试卷和参考书后,容易把教材忽视,其实高考更多地考查基础知识掌握的牢固程度和课本中疑难问题是否真正理解和辨析清楚。多年的高考中经常会有这一类问题,2008年的第12题是化学选择题中得分较低的一题。盐类水解原理多年来一直是高考的重点,可以考查的角度很多,但得分情况总不太理想,试问没有重视吗?不可能,我觉得问题还是原理不清楚,而在复习中更多的习题中解决问题,这个时候的复习我个人觉得还是和学生一起来认真研读这一单元的教学内容,仔细研究教材中的叙述和原理分析,也许会取得事半功倍的效果,大家不妨一试。

新教材中这样值得研究的问题很多,最后师生一起讨论和辨析的机会要用好,也许是高考还会有很明显的增长空间,例如在有机化学基础上新制$Cu(OH)_2$溶液的配制方法和实验化学中就不同;实验化学中茶叶灰成分检验,虽然是拓展实验,但考查时可以考查一些基本操作和原理,$(NH_4)_2C_2O_4$到底是强电解质还是弱电解质;镀锌铁片锌镀层厚度测定中酸溶法判断锌消耗完全的方法合理吗?对测定的精确度有影响吗;"必修1"中从铝土矿中提取氧化铝的方法有酸溶法和碱溶法,那一种方法更加合理,课本中采用碱溶法解释清楚了吗?有什么缺点,如果用酸溶法又有什么缺点呢?化学反应原理中出现热值,以前我们一直用燃烧热,这两个概念的定义相同吗?上述只是我在研读课本中感觉到同学对一些课本基础知识并不太清楚,有些疑难问题也并没有解决,我相信还有很多类似的知识需要我们在最后阶段通过回归教材来解决。

值得注意的是,上述四点并不是各自独立,其实相互联系、相系影响,纵观近几年高考试题,会发现题目命制依然遵循"起点高",考素质、考能力;"落点低",解题时运用的知识不超过大纲,体现了源于课本而高于课本。2008年黄色粉末MZ用字母回答问题不太符合化学学科的特点,在这里一定要强调学科特色和学科语言。

"年年岁岁境相似,岁岁年年题不同"。稳定是高考化学命题的一个特点,稳中求变是新课程理念体现的另一个特点,相信2009年的高考一定会源于教材,又高于教材,让我们共同携手再一次融入教材,体会真谛!

学什么知识更有价值
——苏教版"甲烷"教学设计与思考*

摘　要　对比多次教学甲烷这一课时内容,但在实践中一直平淡无味,简单重复,而这一次认真做了研究后发现,以教给学生什么知识最有价值为目标,对教学内容进行问题和实验设计、原理和方法整合,既表现生活问题解决的意义,又从本质上认识化学知识与原理,更让学生学会研究的程序和方法,并在实践中进行反省改进。

关键词　程序性知识　反省认知知识　化学反应本质

曾经多次执教过苏教版《化学2》"天然气的利用　甲烷"一节的教学,也在公开课中进行过展示,但一直感觉没有什么新意,无非是从天然气的存在、主要成分及甲烷的结构与性质角度进行教学,然后介绍烷烃的一些基础知识,教学按部就班地进行,但感觉有点索然无味,引不起学生兴趣,更加无意义的是学生的学习过程只是一个对甲烷的识记的过程。在这一次的教学之前,我认真想了想,这样的教学能给学生什么?帮助学生获得了什么?教给学生什么知识更有价值?带着这两个问题,又再一次阅读了《普通高中化学课程标准(实验)》和《浙江省普通高中学科教学指导意见(2012版)》中相

---

* 发表于《教育研究与评论(中学教育教学)》2014年9月。

关的内容,我想找一找教学目标到底是什么,怎样展开才是有意义的,才是我们所提倡的为学生的发展奠基。

1 教材分析与教学目标设定

课程标准:认识化石燃料综合利用的意义,了解甲烷的主要性质[1]。以烷的代表物为例,了解组成、结构、性质上的差异[2]。

浙江省教学指导意见:基本要求是知道化石燃料的主要成分,认识综合利用化石燃料对于充分利用自然资源、环境保护及保障国民经济可持续发展等方面的意义。认识甲烷的分子组成、结构特征、主要化学性质及应用,以烷烃为例了解同系物的概念,知道烷烃的分子组成及简单烷烃的系统命名。发展要求是碳原子数不大于六的烷烃同分异构体的书写,能根据有机化合物中各元素含量及相对分子质量确定其分子式[3]。

教材描述中以化石燃料主要成分、组成元素进行了简单介绍,拓展视野中介绍了我国的石油与天然气资源。正式的"天然气的利用 甲烷"的教学分为四个板块,分别是甲烷分子式计算、甲烷物理性质、甲烷化学性质和烷烃的结构与习惯命名(同系物)进行,有序展开,教材中内容学生通过自学,很容易掌握,但蕴含在其中的化学原理学生却无从理解,如何创设和利用教材信息情景,感性认识与定量分析有机结合,这样才能很好帮助学生认识甲烷和烷烃性质,认识化学知识内涵,更重要的是学习一种研究有机化合物知识的方法,同时也帮学生认识科学与社会需要之间的融合意义。基于这样的思考,在教学之前,对教材内容重新进行分块,寻找感性的实例,查找定量分析需要的数据,用数字说话,用原理说话,渗透科学方法。教学目标设定如下:

(1)在学生阅读拓展视野材料基础上,以东海春晓油气田之争、南海争斗为背景,引导学生关注海底存在大量的能源物质,激发研究的兴趣,认识天然气存在、成分及相应物理性质,树立能源意识。

(2)以标准状况下甲烷密度及碳、氢含量来计算其分子式,在此基础上书写其电子式、结构式,学会以标准状况下密度及元素含量求分子式的方法。

(3)以 CH_4 分子一个氢、二个氢、三个氢、四个氢原子被氯原子代替形成产物模型,帮助学生理解 CH_4 的正四面体结构,并知道平均结构只能看成 CH_4 的"主视图"而非其结构图。

(4) 以 CH_4 中 C—H 键断裂要吸收的能量及外界 O、Cl 及无其他原子引诱及反应条件的差异进行比较,理解 CH_4 可能具有的化学反应,尤其是对反应环境及取代反应产物的判断。

(5) 以 CH_4 分子中左右两个氢原子中插入"—CH_2—"个数来认识不同的烷烃并以此寻找烷烃的通式,在寻找过程中理解同系物定义,与 CH_4 类比,并进行差异比较,从化学键断裂与生成的角度理解烷烃的主要性质。

2 设计思想与教学流程

基于对多次教学的再研究,我发现问题主要存在对教材与课程目标的理解不到位,更是对知识传输的过度关注,而忽视了学生的兴趣激发和学习的目的,也就是通常我们所说的在教教材,只是用一节课的时间来完成教材的教学,而忽视了用教材教,把教材仅当作一种媒体和工具,教给学生的是,如何去研究甲烷、烷烃的结构与性质的方法。更缺少感性的认识物质世界,通过科学研究,来证实和证伪对自然界的认识。基于这样的教学思想,我将本节课的教学流程设计如下:

表1 教学流程图

	知识主线	能力主线
环节一	天然气物理性质与存在	溶解性、熔点、沸点与压强的关系
环节二	甲烷分子式计算、电子式、结构式书写	根据密度及元素含量计算分子式,空间构型与平面构型差异的理解
环节三	甲烷的化学性质	从键能及外界条件关系、参与反应物活泼性理解发生反应的原因,学会用数据解释
环节四	烷烃结构与通式及可能的性质	学会找结构关系,并拓展对烷烃性质理解的方法原理,培养学生拓展研究结构与性质的方法,学生对同分异构体的认识的巩固,烷烃可能发生化学反应与断键的关系及难易程度

3 教学过程

[环节一] 创设情景,留置探索性知识

美国科学家于《自然地球科学》(Nature Geo Science)发表研究表示,在阿拉斯加与格陵兰附近的北极范围,惊现十五万个甲烷气泡喷泉。

"春晓是中国在东海陆架盆地西湖凹陷中开发的一个大型油气田,距上海东南500公里,距宁波350公里的东海海域,所在的位置被专家称为"东海西湖凹陷区域"。探明的天然气储量达700亿立方米以上,由中国海洋石油总公司和中国石油化工集团公司投资建设。"

问题1:天然气在海里为什么不溶解?尤其是在海底,压强大,气体溶解度会增大。(17℃时,甲烷的溶解度为3.5mg,即100mL水只能溶解$3.5×10^{-3}gCH_4$)

问题2:天然气存在于海底,以可燃冰的形式存在,为什么会呈"冰"而非气?有兴趣的同学可以查找东海的深度,海底的压强是多少,溶解度会增加多少,熔点会升高多少度。(甲烷是无色、无味的气体,比空气轻,在标准状况下密度为0.717g/L、熔点-182℃、沸点-164℃。)

设计意图:以距离宁波最近的春晓油气田里开采的天然气在海底存在为前提,让学生真实知道CH_4在水中的溶解性与熔点、沸点关系,甚至还留有三个思考,对于化学有研究兴趣的同学还可以找到理性的数据实证。教留有研究和思考的知识。

[环节二]知道答案,整理程序性知识

已知天然气的主要成分是甲烷,大家一定早就知道其分子式,但我们今天要让同学帮我理一条计算甲烷的分子式。在标准状况下甲烷的密度是0.717g/L,含碳75%,含氢25%。利用这些数据怎样确定甲烷的摩尔质量、碳、氢原子及得出分子式?

问题1:甲烷分子式是什么?你是怎样计算的?请写出计算过程。会不会有其他原子,如氧原子?

问题2:甲烷的电子式怎样写,结构式呢?是什么样的结构?

实践与观察(如图1):将四个同样大小的气球扎在一起,四个气球会怎样挤压?那么甲烷中四个氢原子在碳原子的四个什么方位?教材第59页的图3-2描述的是甲烷的结构式吗?更像它的"主视图"。

图1

问题3:如果用一个氯原子代替其中一个氢原子有几种可能有机产物?

如果是二个氯原子呢？三个氯原子、四个氯原子呢？这四种产物是否有正四面体结构？

问题4：$\mathrm{H-\underset{\underset{Cl}{|}}{\overset{\overset{Cl}{|}}{C}}-H}$ 和 $\mathrm{H-\underset{\underset{Cl}{|}}{\overset{\overset{H}{|}}{C}}-Cl}$ 是同分异构体吗？

设计意图：虽然学生知道甲烷的分子式，但课堂设计的过程却是怎样根据标准状况下的密度及元素百分含量计算的过程，促使学生学会计算的过程和方法。以四个气球挤压形成的稳定结构引导学生认识 CH_4 的空间结构模型，因其空间模型再真正理解二取代甲烷没有同分异构体，更进一步证明甲烷的正四面体构型。教学生从实践中获得知识。

[环节三]从结构入手，理解化学反应本真知识

CH_4 具有可燃性，可以用来作燃料、制炭黑，还可以用来制取氯仿、四氯化碳等有机溶剂。化学反应中，断键要吸收能量，成键会释放能量，甲烷分子存在四个 C—H 键，其键能是 413kJ/mol[4]，断裂后 C，H 原子可以自由活动，重新组合，则 CH_4 可能有什么化学性质？

问题1：怎样让 CH_4 分子断裂成自由移动的 C，H 原子？

问题2：产生的 C，H 原子最容易与什么微粒结合？如果遇到氯原子呢？如果遇到氧原子呢？如果遇到其他非金属原子呢？如果什么原子也没有遇到又怎样结合？

问题3：若要 CH_4 分解形成 C 和 H_2，则需要什么条件？由于 O 原子引诱（结合）H 和 C 原子能力比 Cl 原子强，所以反应更容易进行，而高温分解缺少引诱（结合）剂，所以要隔绝空气加强热才可以。

问题4：CH_4 中四个 C—H 键完全相同，当 CH_4 和氯气 1：1 发生反应时，只生成 CH_3Cl 和 HCl 吗？取代反应与无机反应的哪一种类型有点相似呢？

问题5：CH_4 在点燃后看到的淡蓝色的火焰，曾经在什么气体燃烧时有过这种颜色的火焰呢？

设计意图：这一环节教学完全打破曾经做一个实验，然后再写反应方程式，再认识取代反应原理、分解反应、被氧气氧化的过程，而是完全从化学原理的角度进行认识，而实验不仅提供了反应原理的证实，更是引导学生研究

物质组成和结构的方法,尤其是取代反应链式进行原理从键的等同性进行理解。教科学本真的知识、反省认知的知识最有价值。

[环节四]类比拓展,获得策略研究知识

展示 CH_4 分子结构平面结构,将左右两个 H 原子拆下,再接入一个 "—CH_2—"、二个"—CH_2—"。画平面图时从加入不同数量的"—CH_2—",直至 n 个"—CH_2—",这样的分子结构中均只含有碳、氢元素,而且以链状连接,所有的化学键均为单键形式,我们把这一类烃叫做烷烃。

问题1:烷烃有什么结构特点? 所有原子在几维的空间?

问题2:同学们找一找如果有 5 个 C、6 个 C 分子式怎样写? 若是 n 个 C 呢? 这些烷烃之间相差了什么? 它们之间是否像父母每年生一个子女一样,称为什么?(引出同系物)

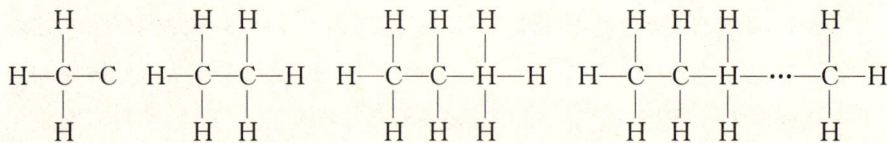

问题3:C_2H_6 一氯取代物有几种? 二氯取代物呢? 三氯取代物呢?

问题4:烷烃中存在几种化学键? 键能 C—C:348KJ/mol;C—H:413KJ/mol[4],可能发生哪些化学反应?

问题5:$1molC_2H_6$ 若完全被取代,需要几摩尔 Cl_2?

问题6:烷烃都能在氧气中点燃,被 O_2 氧化,能否被更强的氧化剂氧化? 留给同学们思考。

设计意图:环节四教学基于对 CH_4 性质的学习,不仅从结构添加来认识了同系物和烷烃的通式,更加重要的是从化学键的特点让学生分析了可能发生的化学反应、产物及反应之间的定量关系,真正实现了授生以渔。教程序策略性知识更有价值。

3 教学思考

一节课对于学生来说,收获了科学知识,哪怕只有一点点。学生学习中更多的关注事实性知识和概念性知识,如甲烷的结构、性质,同系物概念,烷烃的通式。知识不断地更新,即使一生都有老师在教,认识的也不过是世界的一点点。学生更需要获得的是程序性知识,即解决问题的方法和程序。本节课学生巩固了有机物分子式求算的一种方法,CH_4 参与反应与化学键的关系及外界反应物的关系等。但对于一位优秀同学来说,更为重要的反省认知知识,在这一课时的学习中,学生在环节四的学习中,学生在研究 C_2H_6 可能的几取代产物及消耗 Cl_2 的量的关系,在学习中不只是如同与 CH_4 一个程序即可,更多地要思考为什么要这样研究,与甲烷之间相似和差异在哪里等等,并同时要思考如果将来遇到的不全是单键结合的烃或有机物时又会发生怎样的变化。

  同样的一节课,教师成长也不一样,多年多次的教学,如同同一内容的重复,只是学生面孔不一样,基础不一样,但都同样用一节课完成,学生的收获当然会不一样,但感觉学生没有多大的改进。课后通过习题进行操练,学会这点知识应该不难。但通过这样的一次教学改进,通过思考怎样才能把学生兴趣激起来,怎样才能让学生不会想当然觉得甲烷分子式就是 CH_4,让学生学会一种策略,即所有的有机物分子式都有一个计算程序,灵活运用。以免学生只是识记常见的几种物质,而没有学会方法。教学中 CH_4、烷烃的化学性质得出都是从化学反应本质进行引导,化学键的断裂与生成,教会学生思考化学问题的方法和思想。教师把学生获取四个类型的知识和六个层次的认知维度[5]作为教学的目标,才能达到不仅仅是单纯传授知识这么简单的目的。

  教学相长,教师只有在不断地研究教材、研究教法、研究学生、研究学法的过程中思考,怎样去找到知识的源点和生长点,怎样找到学生思维的起点,才能在教学过程中有的放矢,轻负高效。学生在这个过程中愉快学习,主动学习,合作学习。从而教师可以带着未完成的问题、运用程序性知识进行研究,并会不时地调整自己研究的方法和方向,实现教与学的真正价值。

参考文献

[1]中华人民共和国教育部.普通高中化学课程标准(实验)[M].北京:人民教育出版社,2003:13.

[2]中华人民共和国教育部.普通高中化学课程标准(实验)[M].北京:人民教育出版社,2003:27.

[3]浙江省基础教育课程改革专业指导委员会.浙江省普通高中学科教学指导意见[M].杭州:浙江教育出版社,2012.

[4]王祖浩.物质结构与性质[M].南京:江苏教育出版社,2009:49.

[5]L.W.安德森等.学习、教学和评估的分类学[M].上海:华东师范大学出版社,2008:35—83.

让学生思维生成成为课堂亮点
——苏教版"石油分馏 乙烯"教学设计与思考

摘　要　传统的必修教学中,一直在强调因为要面对文理兼学的同学,要注重生活化,远离化学原理本质。看似很好的实施方案,当运用到实践中,学生成为知识的垃圾桶,成为"好记星",弄得学生易懂难会,学后如一张白纸,少有着墨。笔者尝试改进教与学的方法,引发学生思考与提问,让学生思维在交流中生成,在师生和生生碰撞中生成,不仅成为课堂亮点,更成为教学本位回归。

关键词　思维生成　自主提问　课堂亮点

1　教学设计思想

高中化学必修教材最大的特点是生活化、模块化,对学生的要求主要以了解和识记为主,编写的思想是作为必修内容,是所有高中生都需要学习的基础知识,所以简单易懂。而在教学实践中发现,教材存在很大的知识和理念隐患,例如:十六烷分解为什么恰好就生成辛烷和辛烯,为什么不可以是其他断裂方式;乙烯气体通过酸性高锰酸钾溶液和溴的四氯化碳溶液褪色了的原理是被氧化和加成反应,其本质是什么却没有分析,如果仅这样进行教学,学生能够推测乙炔的性质吗？能够回答教材中的"问题解决"吗？学习乙烯、乙炔为什么不需要了解一下同系物呢,何况前一节已经学习过同系物的知识了;若是丙烯、1,3-丁二烯又怎样与酸性高锰酸钾或溴的四氯化碳溶液作用呢?这一系列的问题的出现,最本质的原因是没有从科学的角度来理解化学,而更多的在强调怎样识记教材中的实验、现象及反应关系。试想这样的教学,即使学生在高中学习很多的化学内容,又能掌握什么?这或许正是钱学森之问的原因吧。而个别专家一定会强调生活化的化学,感性认识化学,甚至所谓的降低"难度",令人费解。我的观点是教材中这些内容在课堂上给学生自己阅读,这样浅显的描述学生能读懂,然后让学生提出问题,同学和老师一起讨论这些问题,用物质结构、化学键和化学反应的本质来理解乙烯、乙炔的化学性质,在实践中学生接受效果良好(教学实践的学生基础还相对薄弱)。教会学生阅读教材文本后提出问题才是教学的核心,如果能有同伴解答,在提问和解答中生成解决问题的程序、策略和思维,反省自己思维方向和方法,这才是真正的学为中心,才会让学生思维生成。

2 教材分析与教学目标设定

苏教版《化学 2》"石油炼制 乙烯"一课主要让学生获得三方面的知识,其一是石油炼制产品认识,怎样提高石油炼制产品的质量和产量;其二是乙烯的结构与性质;其三是利用乙烯研究方法研究乙炔结构与性质。教材是为学生学习和发展服务的,基于课程标准,不妨看一看课程标准的叙述:查阅资料,利用石油裂解产物乙烯制取重要化工产品,了解乙烯的主要性质及重要作用,实验探究乙烯的化学性质[1]。而浙江省学科指导意见指出:学生要"认识综合利用化石燃料对于充分利用自然资源、环境保护及保障国民经济可持续发展等方面的意义,认识乙烯的分子组成、结构特征、主要化学性质及应用,认识乙炔的结构与性质,能识别饱和烃和不饱和烃,了解石油的分馏、裂化、裂解产物"。

基于《普通高中化学课程标准(实验)》和《浙江省学科指导意见(2012版)》的描述,结合苏教版教材特点,将这一课时的学习目标设置为:1. 以石油分馏产品展开研讨,怎样提高轻质油的产量和质量,并以汽油主要成分辛烷产量为例认识裂化产品。2. 以反应条件改变,促使更短链的烃无序分解在限制条件下进行有序分解,获取更大量的乙烯,理解反应条件对反应产物的影响。3.以乙烯中存在共价键的极性与键能大小理解乙烯可能发生的化学反应及反应的难易程度。4.以乙烯研究方法来认识乙炔结构及可能的化学性质。

3 教学片断设计

【片断一】石油分馏产品的认识

学生阅读教材第61~63页第三段内容,重点看了图3-5内容,让学生提出问题。学生提出的问题如下:

1.石油气在原油开采出来的时候怎么没有挥发掉?

2.汽油是混合物,含5~12个碳的烃,哪一种烃最多?93、97号汽油是什么意思?

3.石油分馏产品中各种油所占的百分比是多少?

4.哪一种石油分馏产品更有用?更值钱?

5.重油有什么用途?

6.重油在催化裂化过程中,以十六烷为例,为什么刚好断成8个碳两种烃,可不可以断成7个和9个碳的烃,或者其他数量碳原子的烃,会不会断裂生成三种烃?

学生的提问到此就再也没有了,这些问题同学之间可以相互回答,不能解决的可以通过网络,还需要教师,而我最想得到的学生提问是如何引出这一课时的主题乙烯,始终没有同学能够想到要提问。此时我引导学生想,十六烷在催化剂等限定条件下断裂共价键,又怎样形成辛烷和辛烯呢(如图1)?

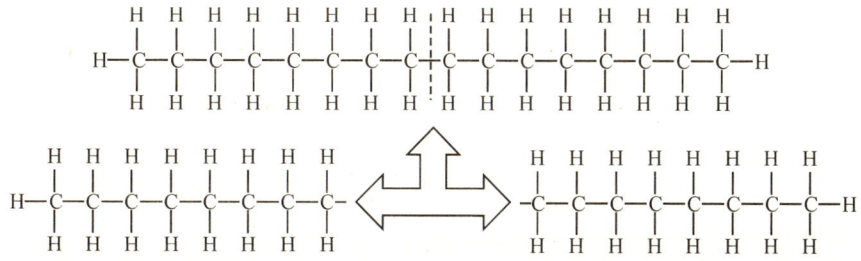

图1

两个8碳原子的烃基碳原子上各有一个未成键的电子,此时有半个烃基必然要给另一半一个氢原子,让其形成一个稳定的烷烃结构,这部分烃基就会少了两个氢原子,使得两个碳上各有一个未成对电子或一个碳上有两个未成对电子,无法形成稳定结构,学生可以想出很多种可能的断C—H的可能,如图2所示:

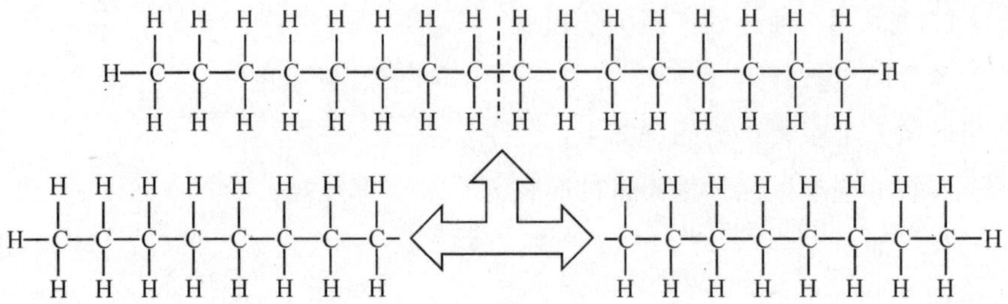

图 2

1.按图1首尾碳原子相连接形成环辛烷;2.这种连接方式没有;3.按这种连接方式形成辛烯;4.这种类似连接都会形成环烷烃,也是可以的,只要给定催化剂等限定条件。

辛烷、辛烯碳链变短,断裂更加困难,怎样让它继续断裂?在老师的引导下,学生此时同样会提出各种不同的断裂方式,继续断裂,出现了小于等于4个碳原子的烃,就有了深度裂化(裂解)的意义,由此引出第二个教学内容乙烯。

【片断二】认识乙烯的结构

请学生阅读教材第63页第四、五段两段内容,让学生提问,学生基本只关注了两种模型、分子式和结构式。基本很难提出问题,此时怎么办?

展示乙烷的球棍模型,怎样由甲烷来搭建乙烷?此时我请了同学来搭建实践活动,在我这个问题引导下,学生提出问题:怎样由乙烷变成乙烯呢?当学生实践时发现C—C不能弯,此时教师提示用软连接来代替C—C键。经过这个过程,学生感受了乙烯的结构特点,才真正认识到共平面的原子,如果教师此时再取出丙烷来搭建丙烯,学生对共平面原子认识会更加深刻。

在这个过程中有一位同学提出如果乙烯再去掉两个氢原子,将两个碳原子用软连接,则又形成什么结构?剩下的四个原子又是什么样的空间构型?在实践中,学生的提问和思考帮助学生建立C—C、C=C、C≡C对有机物空间结构的影响。

这个教学过程也为后面断键埋下伏笔,因为弯过来才形成的C═C、C≡C,往往容易断裂形成C—C,从而形成较稳定的结构。

【片断三】烯烃、炔烃的化学性质

阅读教材第64页第一、二、三段的内容,并给出三种化学键键能:C—C,348 kJ/mol;C═C,615kJ/mol;C≡C,812kJ/mol;C—H,413kJ/mol[3]。让学生讨论和思考后,学生提问。

1.碳碳双键的键能为什么不是碳碳单键的2倍,碳碳三键也不是碳碳单键的3倍?

2.C—C单键的键能最低,理应最容易断裂,为什么前面学习时都说烷烃更易断裂C—H键,发生取代反应?

3.乙烯被酸性高锰酸钾氧化了,生成了什么物质?为什么乙烷不会被酸性高锰酸钾氧化?

教学中教师不仅在和同学一起讨论这些问题,还从科学本质上帮助学生理解,让学生知道在C═C、C≡C中存在Π键和σ键,Π键能比其他σ键键能要低很多,所以最容易断裂。所有的教学都围绕σ键和Π键能否断裂,怎样断裂为本质进行研究。我随即在上面标出σ键和Π键。乙烯通入溴的四氯化碳溶液发生反应的方程式就能理解了,如果遇到的是Br—Br呢?H—H呢?H—Br呢?H—OH呢?乙烯和它们反应有什么样的定量关系?当我和同学一起完成这些过程的时候,学生不仅理解了什么是加成反应,还知道了怎样进行加成,加成后产物有什么特点。此时有同学提出,如果丙烯遇到H—Br会产生什么物质?如果有两个双键的烯呢?当学生提出这些问题时,已经对Π键有了较深的认识,因为在加成和乙烷变成乙烯过程中,认识到Π键对氢原子个数的影响。我基于些提出这类烃叫单烯烃,简称为烯烃,请同学们帮助我写通式,并尝试写二烯烃通式……有了这些铺垫,对炔烃、二炔烃等知识都会有深刻的认识与理解。正当我以为教学已经完成之时,却有一位同学提出了,乙烯使酸性高锰酸钾溶液褪色是不是也是Π键断裂了?那又加上了什么原子呢?形成什么物质?还有一位同学提出能否让乙烯发生取代反应,C—H也可以断裂的。这一系列问题的提出,正是我的教学所需,让学生的思维"生成",不只是生成,而是唤醒了,学生思维开阔了,提出了只有结论而不知道为什么的科学问题,这样的教学对每一位常态智商同学来说不会有困难,而并非我们平时所说的是不是挖得太深了,是不是教得太专业了,我觉得这才是真正的化学课堂,才是真正的教学。如果仅是生活化的知识不加理解地识记,那只会把我们的学生教死,教笨。

4 教学思考

4.1 引发学生的提问与解决是教学核心

博比特认为,"教育实质上是一种显露人的潜在能力的过程,它与社会条件有着特殊的联系",教学中怎样让学生的潜在能力显露出来呢,最好的方法就是引发学生提问,让学生思维"生成",因为随着提问和思维生成,随着问题的深入,学生的理解也会越来越接近科学本质,人的潜能就会不断地被激发与展露出来。老师要做的就两件事,第一,寻找怎样的材料,创设怎样的情景,让学生有兴趣思考、提问,并相互解答,最好能让同学之间的思维不断碰撞而升华;第二,在学生无法解决的问题面前,挪低自己的知识起点,和学生一起找方法,做实验,动脑筋,让自己的思维牵引和碰撞学生的思维,这样学生会从老师这里找到牵引点、成就感和方法论。我们没有能力教完所有的知识,但能让学生在解决生活问题过程中找到一种显露自己的潜能的方法和途径,这就是课堂的亮点。

4.2 科学本质的理解才是学生思维的"生成"

三个片断的教学中,教师都非常注重学科本质教学,而非纯化学知识与情景剥离的教学识记,特别是乙烯的结构与化学性质推广到烯烃、乙炔、炔烃的思考之路,让学生从化学键结合的本质上理解物质及物质发生化学反应的原理。从甲烷到乙烷,再到乙烯、乙炔,它们的结构空间构型的变化,都是让学生从教材到模型,从想象到动力实践,从情景到问题,从感性认识到定量数据分析。烷、烯、炔的结构认识的学习,让学生从自由度很高的碳碳单键到自由度相对低的碳碳双键,再到自由度更低的碳碳三键,从三维的空间到二维的平面,再到一维的直线。这样的学习过程,学生从实践到思维的形成才是真正的研究,真正的学习。而对化学键的认识过程还有定量的键能数据,更加直观地告诉同学,碳碳双键、碳碳三键中的化学键不一样,是有差异的,也为后面苯分子结构中大Π键的存在伏笔。

当我完成了教学的设计、实践以后,且教且思,泰勒在《课程与教学的基本原理》中所提出的四个基本问题在大脑中再现,它们是:学校应该达到哪些教育目标?提供哪些教育经验才能实现这些目标?怎样才能有效地组织这些教育经验?我们怎样才能确定这些目标正在得到实现[4]?当我们做到这些,就一定能实现"让学生思维生成成为课堂亮点"。

参考文献

[1]中华人民共和国教育部.普通高中化学课程标准(实验)[M].北京:人民教育出版社,2003:13.

[2]中华人民共和国教育部.普通高中化学课程标准(实验)[M].北京:人民教育出版社,2003:27.

[3]王祖浩.物质结构与性质(第二版)[M].南京:江苏教育出版社,2009:49.

[4]泰勒.课程与教学的基本原理[M].北京:人民教育出版社,1994:2.

第二部分
教学设计与认知思维

　　教育的两个最重要目标是:促进保持和促进迁移。保持是事后将教学时的材料原封不动地记住的能力。迁移是运用所学知识去解决新问题、回答新问题或促进新材料学习的能力。换言之,保持重在过去,而迁移重在将来。

　　——L. W. 安德森《学习、教学和评估的分类学》

　◇什么是认知思维?
　◇认知思维在化学学科发展中怎样体现?
　◇怎样组织学习才能促进学生认知思维的发展?
　◇认知思维发展中教师反思些什么?

基于问题的教学设计与课堂实证*

摘　要　以问题解答为载体,根据预设问题的思考、讨论和实验探究,促成学生对强电解质与弱电解质概念辨析和理解,并学会合理控制变量进行探究活动方案设计,引导学生思考、提出问题,利用课堂生成的问题促进学生对概念的理解。

关键词　概念　理解　问题设计　课堂实证

1　设计思想

教学的核心就是让学生参与到富有成效的学习活动之中,怎样设计一系列适合学生做而又值得去做的学习任务,是教师需要仔细思忖的事情。在化学课堂上,透过学习任务的观察与分析,我们可以清晰地看出教师对于学生学化学概念、对于如何教化学概念的理解。化学教师对化学概念、化学概念教学、化学概念学习的看法直接影响他们在课堂中采用怎样的行为,会给学生提供怎样的学习机会,达成怎样的目的。

在化学概念的教学中,给出定义→科学验证→练习巩固是常用的教学方法,往往以对概念进行完整描述与关键词解读,然后通过习题进行辨析。

＊发表于《化学教学》2012 年 7 月;人大复印资料《中学化学教与学》2012 年 11 月全文转载。

常常这样教学学生会感到枯燥,化学学习兴趣会减退,甚至还不能很好理解概念,我在进行教学时采用了一种以习题解决为载体的问题设计,引导学生科学探究,建构化学概念,促进学生对化学概念的理解。下面以苏教版选修4《化学反应原理》"强电解质与弱电解质"为学习内容为例进行实证。

2 教学目标

1.复习电解质与非电解质的概念,在实例判断中巩固判断的方法。结合金属与电解质导电原理来认识电解质导电能力与离子浓度与所带电荷相关。

2.以等浓度的盐酸和醋酸为例,试着学习控制变量的方法来进行实验设计,并在实践中比较 HCl 和 CH_3COOH 在水中电离能力的差异,得出强弱电解质定义与判断方法,学习科学探究的一般方法,培养提出问题、探究问题和解决问题的能力,获得成功的喜悦。

3 教学过程分析

3.1 教学环节一:强弱电解质概念与判断的问题与课堂实证

【活动一】实验测定等体积、$0.1mol·L^{-1}$ HCl 与 CH_3COOH 溶液中电流,学生读数分别为 2.5A 和 10mA。

问题:为什么电流不一样,说明了什么问题?溶液导电性由什么因素决定?

教师	学生
师:为什么电流不一样,说明了什么问题?溶液导电性由什么因素决定?	生:两溶液导电性不一样,HCl 溶液比 CH_3COOH 溶液的导电性强。自由移动的离子。
师:导电性的强弱呢?	
师:就这么一个因素吗?还跟什么因子有关?	生:自由移动的离子的浓度。(生答不出)
师:我问你一个问题,等物质的量浓度的氯离子和硫酸根,哪个导电性强?	生:硫酸根。
师:理由是什么?	生:一个硫酸根离子有两个电荷,而一个氯离子只有一个。
师:那说明还跟什么有关系?	生:离子所带的电荷数不同。

结论一:等物质的量浓度的 CH_3COOH 与 HCl 溶液导电性不相同!盐酸更强一些。

师:盐酸和醋酸的离子都带一个单位的电荷,从这个实验说明哪一个溶液的离子浓度大?

生:盐酸。

师:等物质的量浓度的盐酸和醋酸中,盐酸的离子浓度更大一些。这就说明什么?

生:盐酸比醋酸的电离程度更大。

结论二:等物质的量浓度的 HCl 溶液比 CH_3COOH 溶液中离子浓度更大,HCl 比 CH_3COOH 电离程度更大!

问题:通过精确测定(pH 计),得 $0.1 mol·L^{-1}$ HCl 溶液中 $c(H^+)=0.1 mol·L^{-1}$。这说明了什么问题?

师:精确实验测出来 H^+ 浓度是 $0.1 mol·L^{-1}$,说明盐酸怎么样?

生:完全电离。

师:盐酸的电离程度是不是比醋酸更大,那醋酸呢?

生:不完全电离。

师:由上述实验得出的结论,我们可以知道 HCl 和 CH_3COOH 分别称为什么电解质?在水溶液中有什么特点?

生:强电解质、弱电解质,强电解质在水中是完全电离,弱电解质不完全电离。

结论三:在水溶液中完全电离的电解质称为强电解质;在水溶液中只能部分电离的电解质称为弱电解质。

【活动二】设计与讨论:请你思考并与周围的同学讨论更多其他实验方案证明 HCl 比 CH_3COOH 电离程度更大并写在纸上。

学生进行设计并与周围的同学积极讨论,将设计的方案写在纸上,并相互点评设计中的不足。

生1:测导电性。(演示的实验)

生2:测 pH。[教师与学生交流后测 $0.1 mol·L^{-1}$ HCl 与 CH_3COOH 溶液的 pH,换算成 $c(H^+)$]

生3:可以用锌。取等物质的量浓度的盐酸和醋酸与锌反应产生气泡的速率。

生4:与碱反应。中和反应看放出能量的多少。等物质的量浓度的 HCl 与 CH_3COOH 与等物质的量的碱反应。(教师与学生对话后补充完整条件)

生5:用等物质的量浓度的盐酸和醋酸和等物质的量浓度的氨水,氨水滴加到盐酸里能产生白烟,而滴加到醋酸里不会产生白烟。(教师讨论后否

定了此方案)

问题:在科学研究过程中,涉及多种变量如何进行设置和比较呢?

生:当实验中有多个反应变量时,为比较某一因素(变量)差异,则其他变量都要一样才可以。

【活动三】表面积大小相同的镁与 $1mol·L^{-1}$ HCl 和 CH_3COOH 反应,观察气球胀大的快慢。

师:盐酸。(倒醋酸)醋酸。然后呢?这是镁带,我刚擦过,再擦一下。取量呢,应该取一样。我用手就可以弄断了。说明镁条很软。然后把它装在气球里面。(把镁条装进气球)这个是醋酸(把气球扎到锥形瓶上),这是盐酸。一起放镁条。(醋酸的镁条先掉进瓶里)这个先放进去的。

(学生观察实验现象,装盐酸的锥形瓶气球很快胀大,而过了约2分钟后装醋酸的锥形瓶气球才胀大)

实验证明了 HCl 溶液比 CH_3COOH 溶液电离程度更大。

【活动四】问题讨论:强电解质与弱电解质溶液导电能力与判断方法。

问题设计	课堂教学实录
1.强电解质溶液导电能力一定强吗?	师:$BaSO_4$ 是强电解质吗?$BaSO_4$ 溶液导电性强吗?强电解质溶液导电性一定强吗? 生:不一定,这与离子浓度与带电量有关。
2.难溶物一定是弱电解质吗?	师:离子带电量就是离子带电荷数。 生:根据溶液中电离程度来判断。溶液中完全电离的是强电解质,不完全电离的是弱电解质。
3.强电解质溶液导电能力一定强于弱电解质溶液吗?	师:弱电解质怎么定义的? 生(杂乱):不完全电离的电解质。 师:难溶物是不是完全电离的? 生(凌乱):是。(也有答不是) 师:它溶解的部分也是完全电离的。 师:盐酸溶液导电能力一定强于醋酸溶液的导电能力吗? 生(杂乱):不一定。(学生思考) 生:应该要考虑质量百分比浓度。 师:你刚才讲什么浓度?
4.实际运用,通常有哪几类物质是强电解质?哪些又是弱电解质呢?	生:氢离子的物质的量浓度。等物质的量浓度。 师:氢离子物质的量浓度,如果盐酸中物质的量浓度是 $0.0001mol·L^{-1}$ 和 $1mol·L^{-1}$ CH_3COOH 溶液导电能力是盐酸强还是醋酸强? 生:醋酸强。 生:强酸、强碱、大部分盐和金属氧化物。 生(全体):水、弱酸、弱碱。(投影出现弱电解质种类)

教学点评:在实验过程中通过定量的大小判断与离子浓度与电解质浓度大小关系,理解电解质在水溶液中可以发生完全电离与部分电离,在实验结论基础上推理得出强、弱电解质概念。在自主设计与合作讨论的过程中获得实验方案设计与变量控制思想运用。以 $BaSO_4$ 为物质载体,连续设问中巩固强电解质定义与溶液导电性之间的关系。

电解质根据是否完全电离分为强电解质和弱电解质,下面通过一道习题来辨别电解质与非电解质的定义与判断方法。

3.2 教学环节二:电解质与非电解质概念与判断的问题与课堂实证

例:a.铜丝　b.H_2O　c.石墨　d.NaCl　e.盐酸　f.蔗糖　g.CO_2　h.NaOH　i.氯化钠溶液　j.冰醋酸　k.碳酸　l.CaO　m.熔融的氯化钠　n.AgCl　o.NH_3

问题设计	课堂教学实录
1.上述物质是化合物的有哪些?上述化合物中能导电的有哪些?	生:bdef……除了 a 和 c 师:除了 a 和 c 其他都是,是吗? 生:b 是、d 是、f 是、g 是的、h 是的、k 是的…… 师:冰醋酸是不是?
2.上述物质中,既是电解质又能导电的有哪些?	生:是的。 师:能导电的有哪些? 生:NaCl、NaCl 溶液…… 师:还要是化合物。
3.NaCl、氯化钠溶液和熔融的氯化钠有什么区别?	生:水、氢氧化钠、冰醋酸、熔融的氯化钠能导电。 (教师帮助一个个纠正) 生:(学生思考一会儿)m 是的。 生:(教师指着第一个)是晶体,(第二个)是混合物。
4.上述电解质中,通常属于哪一类物质?我们怎样做出判断呢?	师:第三个是熔融态的氯化钠。 生:(指着第三个)它既是电解质又能导电。 师:哪几类物质是电解质? 师生(一起说):酸、碱、盐、水、金属氧化物。

教学点评:在学生思考回答问题过程中复习了电解质与非电解质概念,关注了电解质、电解质溶液、熔融电解质、能导电的电解质、物质或溶液的导电之间的关系,加深了对电解质的认识并理解了原理,在实践中学会从物质的类别上判断电解质与非电解质。

3.3 教学环节三:实践中对强、弱电解质概念的理解

【活动五】练习:请选择给定的物质回答问题:

a. NH_3　b. H_2O　c. $NH_3·H_2O$　d. $NaCl$　e. 盐酸　f. 蔗糖　g. CO_2　h. $NaOH$　i. 氯化钠溶液　j. 冰醋酸　k. 碳酸　l. CaO　m. 熔融的氯化钠　n. $(CH_3COO)_2Pb$

强电解质有_____;弱电解质有_____;非电解质有_____。

问题设计	课堂教学实录
1.强电解质有哪些?	生1:(经过师生、生生交流对话)dhlm。 生2:abc……jkn。 师:abcjkn,a与c有区别吗?
2.弱电解质有哪些?	生(杂乱):有。 师:有什么区别? 生:c是弱电解质。
3.非电解质有哪些?	师:a呢? 生:a不是,a是非电解质。 生:abfgi(停顿)a是的,i好像不是。
4.强电解质与弱电解质有哪些差异?	师:大家告诉他。 生:abfg,(下面大家在说b不是)哦,afg。 师:强弱电解质电离程度有什么差异? 生:强电解质是完全电离,弱电解质是不完全电离。 师:溶质以什么微粒存在? 生:离子(停顿约10秒)还有化合物,强电解质是离子。 师:弱电解质呢? 生:也是离子,还有溶质。 师:离子和溶质分子。

教学点评: 这是课堂小结部分,通过习题解答,让学生再一次巩固电解质与非电解质、强电解质与弱电解质差异,加深理解。

【活动六】拓展延伸

拓展练习	课堂实录
思考：学习中我们已经知道 HCl 是强电解质而 CH_3COOH 是弱电解质，因为在水溶液中 HCl 是完全电离而 CH_3COOH 是部分电离的。 1. 若在液氨中，CH_3COOH 也能完全电离，还是弱电解质吗？ 2. 我们知道 HCl、H_2SO_4、HNO_3 是强电解质（强酸），若在冰醋酸中，电离程度也一样吗？ （学生交流讨论）	生：它还是弱电解质。因为强电解质、弱电解质一定是在水溶液中，而本题是在液氨中，不适用的。 师：如果定义就是液氨作溶剂，怎么判断？ 生：如果规定在液氨中全部电离，那它是强电解质。 师：也就是说强、弱电解质关键是看在这个溶剂中能否完全电离。第二个问题呢？ 师：这三种是强酸，我们都叫它强电解质的。如果在冰醋酸当中是否完全电离？或者它们的电离程度是否完全相同呢？或者说它们的酸性是否一样呢？这个问题留待我们课后思考。

4 教学反思

4.1 怎样的问题能促进学生理解

课堂教学中有两类问题，一类是预设的问题，另一类是生成的问题。预设的问题需要我们在课前认真思忖和设计，如强、弱电解质概念得出，通过比较两种不同物质的电离程度差异，设计问题如下：等物质的量浓度的一元酸比较离子浓度，等物质的量浓度一元酸测 pH，等物质的量浓度的一元酸与活泼金属或碳酸盐反应产生气泡快慢等，当这些问题都理解了，自然地知道了电离程度有差异，则得出盐酸与醋酸不同之处，同时得出研究过程中如何限定变量的问题。生成的问题是灵动的，有学生提出的，有教师根据学生困惑提出的，还有问题解决中出现的认知冲突等，这需要因时、因题而解决。这样的问题有明显的层次，在解决问题过程中不仅实现了概念理解，而且获得了比较研究中变量控制的思考点。问题设计还要表述准确、指向明确，如：

> 教材中问题：你认为醋酸与盐酸电离程度有差异吗？请说出理由。你能设计实验验证你的猜想吗？请写出实验方案并与同学交流。

这样的描述虽然有科学探究的目的，但学生无从回答，更不知道怎样去

设计实验方案,要注意什么。所以我教学实践中将问题改为:

> 新设计:等物质的量浓度的盐酸与醋酸导电性相同吗?请说出理由。如果不同,说明了什么问题,如果相同呢?还有其他方法证明盐酸与醋酸的电离程度有差异吗?请同学们设计实验方案并互相交流。

4.2 对习题选择与设计的思考

在复习旧知建构新知过程中,习题也是一种很好的学习载体,选择和设计怎样的习题能很好地吻合教学需要呢?我在实践中进行了下列的思考:一要考虑学生已有的学科知识,例如:电解质与非电解质概念是高一已经学习过的内容,高二的学习是复习巩固过程,但要有所提升,金属氧化物、非金属氧化物与氢化物是不是电解质,这样有新的内容,不同学生都有新的认识。二要考虑学生分辨提取信息的能力,对于学习能力较强的学生,可以将被选择内容设置复杂一点,干扰因素也可以多一点,上述习题设置中可选择的物质有16种,涉及的物质种类尽可能的多。三要围绕目标、重点和难点,进行有效的组合,突出核心知识与概念的理解,如这一课时重要是理解强、弱电解质概念及掌握判断方法,习题中选择冰醋酸,$NaOH$、H_2O 和 $AgCl$ 等。四要有明确的比较对象,在判断方法学习上就有作用发挥,如 CaO 和 CO_2,冰醋酸与 HCl,$NaCl$,熔融的 $NaCl$ 和 $NaCl$ 溶液等。

参考文献

[1]吕锋.尝试以"实验组"整合教学素材——"钠的性质及其用途"教学设计[J].中学化学教学参考,2012,1-2:35—37.

[2]李发顺.基于课堂实证的问题设计[J].教育研究与评论,2011,12:78—82.

促进高认知思维发展的问题设计
——以《苯的结构与性质》为例*

摘　要　本文以苯的结构与性质教学内容为载体,从客观事实、科学数据证明苯分子的合理结构,并以性质来加深对苯分子结构的理解,建构学习物质结构与性质的知识和方法,学会分析和运用获取的科学方法解决新问题。

关键词　理解　分析　运用　促进　问题设计

传统教学中,学生的学习重视的是对知识的回忆、复述和简单应用,而建构主义则要求学生通过不断的搜集信息、处理信息等高级思维活动来学习,这一过程就是发展学生高认知思维的过程。

《苯的结构与性质》学习是苯分子结构证明、化学性质的预测与证实的方法研究与实践。学生通过高一的学习已经知道苯的凯库勒结构,这一课时学习则是证明凯库勒结构不能真实表达苯的结构并得出合理结构,据此推测苯可能的化学性质——发生取代反应,并通过科学方法来加以证明。

"学起于思,思源于疑",思维总是在一定的"问题情景"中产生,思维过程就是不断地发现问题和解决问题的过程。在课堂上,教师通过实验让学生质疑苯的凯库勒结构,促使学生积极主动地提取头脑中的已有知识,结合

---

* 发表于《教学月刊·中学版(教学参考)》2012年7月;人大复印资料《中学化学教与学》2012年10月全文转载。

提供的信息,做出合理判断,从而得出苯的合理结构,从而使学生的思维能力在解决问题的过程中得到不断的发展。

1 原设计:围绕学习目标的问题设计

这节课,设定的教学目标是:①通过客观事实重新认识苯的结构,加深对苯的结构理解;②学会从能量变化角度判断苯分子结构特点;③初步学会用科学探究的方法证明苯的取代反应。

整堂课老师以苯的结构的证实及化学性质的预测与证明为教学主线,选取其中三个教学任务,分析怎样围绕学习目标设计问题。

任务一	课堂教学记录
苯分子结构确认。 1.写出苯环结构并动手搭建凯库勒结构。 2.苯分子交替结构的证伪与合理结构的得出。 3. ⌬CH₃/CH₃ 和 ⌬CH₃/CH₃ 是什么关系?	师:凯库勒提出的苯环结构是什么样子的? 生:单双键交替的结构。 师:请同学们动手搭建苯的结构模型。 学生分成四人小组进行搭建(有同学无事可做) 师:你能说出证明苯不是一种单双键交替结构的事实依据吗? 生:它不能使酸性高锰酸钾褪色。 师:(教师演示实验)还有其他什么物质可以证明? 生:溴水、溴的四氯化碳溶液。 师:你有没有其他方法? 生:苯的邻二氯代物只有一种。 师:我给了两个邻二甲苯,那么这两种物质之间你认为是什么关系呢? 生齐答:同种物质。 师:如果它是同种物质就能很好地说明苯不是单双键交替的一种结构。

教师从苯的分子结构动手搭建到得出苯的凯库勒结构,从能不能使酸性高锰酸钾溶液褪色、二取代物的种类来分析苯的凯库勒结构不合理性。从上面课堂教学记录中不难发现:教师的设计目的是通过学生搭建过程认识苯的凯库勒结构及不合理性,知道苯是一种均匀的离域键结构,至于为什么是这样的结构,该如何去研究等分析问题的方法无从发展。

任务二	课堂教学记录
从能量变化角度判断苯分子结构中不存在碳碳双键与单键交替结构。 信息：碳碳双键加氢时总要放出热量，且热量与双键数目大致成正比。 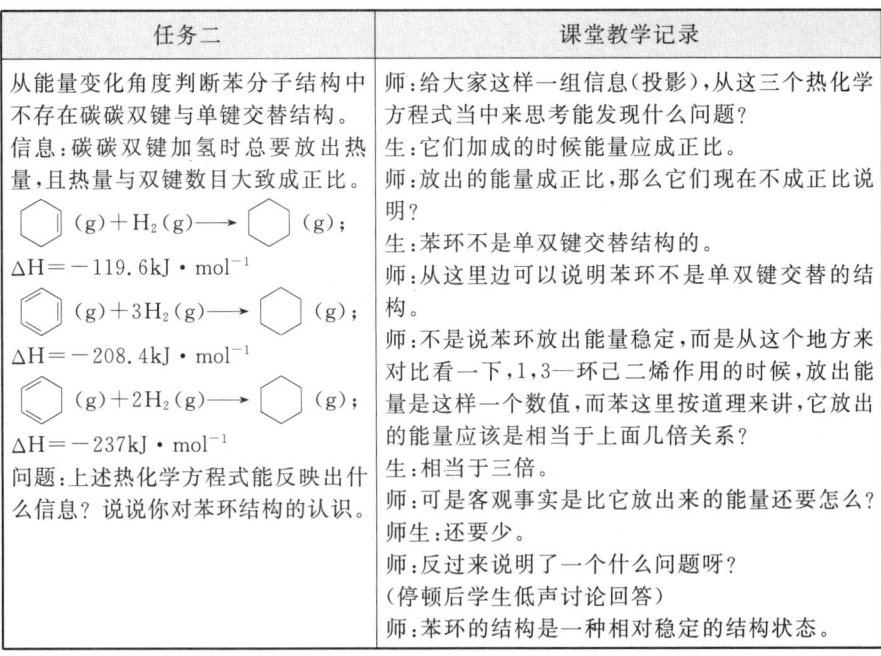 问题：上述热化学方程式能反映出什么信息？说说你对苯环结构的认识。	师：给大家这样一组信息（投影），从这三个热化学方程式当中来思考能发现什么问题？ 生：它们加成的时候能量应成正比。 师：放出的能量成正比，那么它们现在不成正比说明？ 生：苯环不是单双键交替结构的。 师：从这里边可以说明苯环不是单双键交替的结构。 师：不是说苯环放出能量稳定，而是从这个地方来对比看一下，1,3-环己二烯作用的时候，放出能量是这样一个数值，而苯这里按道理来讲，它放出的能量应该是相当于上面几倍关系？ 生：相当于三倍。 师：可是客观事实是比它放出来的能量还要怎么？ 师生：还要少。 师：反过来说明了一个什么问题呀？ （停顿后学生低声讨论回答） 师：苯环的结构是一种相对稳定的结构状态。

任务二的教学也仅是有机物结构的一种判断方法，包括根据后面的键长、键能来判断结构，都只是为学生增加两种证明苯分子结构的方法而已，并不能发展学生研究物质结构的分析判断能力。不妨将这一内容以习题形式来巩固苯分子结构的理解。

任务三	课堂教学记录
苯与液溴的反应为取代反应。 请尝试写出苯与液溴在铁粉作用下可能的反应方程式。如何设计实验证明苯的溴化是取代反应而不是加成反应？如何检验产物 HBr？	师：苯跟液溴在铁作催化剂的条件下发生了取代反应，怎么样证明？大家参与，有没有方法验证。 生：因为反应生成溴化氢，溶于水呈酸性，证明有酸性物质生成就可以。 师：怎样证明有酸性？ 生：用紫色石蕊试液。 师：可以用紫色石蕊，除此之外，还有没有其他的试剂？（学生思考） 师：如何验证溴化氢？用什么方法，方法是不是唯一的？（学生思考约 30 秒）不是的，都忘记了，我们在讲 Br^- 离子检验的时候还记得吗？可以加什么？ 生：硝酸银。 师：特征现象是什么？ 生：淡黄色的沉淀。 最后教师演示实验让学生观察。

任务三的设计是教师怎样引导学生判断苯与液溴发生了取代反应,回忆有哪些方法可以检验 HBr,而缺少从结构上与烷烃、烯烃比较、分析,从而推测可能发生什么反应,怎样去证明。感觉与前面内容缺少融合与关联,为完成学习内容而展开教学,并没有利用实验现象得出的化学性质,利用性质反映结构的原理,促进对苯分子结构的理解。

2 新设计:促进学生思考的任务设置

如何帮助学生认识到苯的凯库勒结构的不合理之处,并实现结构与性质的关联,是侧重于识记结构和判断方法,还是发展学生思考、推理和解决问题的能力?实践中,教师围绕促进高认知思维发展为目标,根据学生课堂的表现和后测访谈中学生的反馈,重新将学习任务分解规划,将问题进行如下改进。

2.1 同一任务不同的呈现提升学生分析、判断能力

任务一和二其实都是证明苯分子结构中不存在碳碳单键与双键的交替,而是一种离域键的结构。事实证据与理论证据怎样组合使用呢?施教者将两任务合并后,将客观事实与问题解决结合重新设计,以促进学生动手、动脑、交流、讨论,以学生主体来进行研究与学习。不同层次的学生都可以根据自己的理解找到合适的证据证实,并通过同学之间的互动解答习题问题获得比较、判断的思维能力发展。

同一任务,因为呈现方式不同,学生参与机会与主体性发挥的增多,理解、分析、判断能力有较明显的提升。

2.2 在实践体会"结构与性质"的关系,进一步理解苯分子结构

为加深对苯的合理结构的理解,以苯与液溴反应的实验为内容,如果发生取代反应则证明不存在碳碳双键,如果发生加成反应则证明存在碳碳双键结构,将原实验及问题重新设计,将锥形瓶中水溶液中滴加 $AgNO_3$ 溶液或紫色石蕊试液,实验中请同学观察锥形瓶中溶液颜色变化,从而来分析判断苯与液溴发生了什么反应,进一步证实苯的离域键结构的合理性。我们

的学习不是为学习苯的性质而学习,而是加深对苯结构的理解,同时促进学生对结构与性质关系的理解。为更好理解苯分子结构与性质关系,新增任务三,促进物质结构与性质关系的理解与分析。

做出上述改进后,进行的教学任务设计意图是:始终以苯分子结构认识为中心,在巧妙的证明、问题解决和科学实验中,使学生理解苯的结构特点及结构与性质之间的关系,让学生懂得物质研究的程序与方法,促进学生的理解能力与分析综合能力的发展。

新设计:新的教学任务及设计意图

教学任务	设计意图
新任务一:请同学们写出苯分子的凯库勒结构,分组搭建结构并实验苯与溴水或酸性高锰酸钾溶液反应。信息:环己烯、1,3—环己二烯和苯与 H_2 加成反应放出的热量关系,说明了什么? 补充任务:我们已经知道苯的结构是 ⌬ ,从这一结构特点看,碳碳键长、键能相同吗? 巩固练习: (邻二甲苯) 和 (邻二甲苯) 是同分异构体吗?苯的二取代物有几种?	每组同学从最熟悉的凯库勒结构书写与苯环球棍模型搭建开始,并用酸性高锰酸钾溶液和溴水检验;信息:环己烯、1,3—环己二烯和苯与 H_2 加成反应放出热量关系,让学生认识到苯分子结构中不存在碳碳单键与双键交替,补充任务为巩固理解,用邻二取代苯是不是同分异构体进行判断。
新任务二:苯与液溴混合,观察到什么现象?加入铁粉,观察到什么现象?锥形瓶中滴加 $AgNO_3$ 的水溶液有什么现象?说明苯与液溴发生了什么反应?还有其他证明方法吗?为什么会发生取代反应而不发生加成反应?	希望学生在实验过程中,通过观察现象,推测反应类型,得出化学性质,反映结构特点,在思考和推理中理解苯分子结构特点。
新增任务:想一想,写一写,苯还能发生哪些化学反应?请用化学方程式表示。对比苯的几种反应类型所需条件,结合苯环的结构,说明苯发生这些反应的难易程度。	提供机会使学生对"结构与性质"之间的关系有更进一步的理解,更加深刻地理解苯分子结构特征及研究物质的方法,发展学生想象能力与分析综合能力。

3 课堂实施:发展学生高认知思维

课堂中的学习任务是与教师的对三维目标的理解与设计,实践中教师与学生的行为相互作用又临场而变的。因此,课堂中呈现的学习任务不仅是课本上或者教师备课中出现的问题,而且是在学生对问题的理解和解决所进行的课堂活动之中变化。教师设置的学习任务,如何为学生提供更多的思维、推理、问题解决和学习交流的机会,发展学生的高认知思维,则是课堂中教师需要深思熟虑的。当我们将新设计运用到课堂中时,还会出现新的问题,需要教师随堂控制与改进。

3.1 从问题设计到课堂实施要关注什么

改进后的课堂实施中,我们还是发现:一即使有正确的凯库勒结构式,还是有近三分之一的小组在三分钟的时间内没有完成搭建;二是尽管学生知道苯分子的合理结构,当看到"两种"邻二甲苯时,仍然有少数学生认为是同分异构体。这说明学生大脑中未能很好地理解"结构与性质"的关系,仍旧停留在识记苯的分子结构特殊与有哪些化学性质。

课堂中老师因少数学生的"理解"进行了实时的调整,如果 和 是同分异构体,则说明两个"—CH_3"相连的两个碳原子之间存的共价键不同,也就是说一个是碳碳双键,另一个是碳碳单键,由此说明,苯分子中存在单键与双键交替结构,键长、键能也不会相等,与前面我们客观实验相矛盾,在这个矛盾冲突中加深对苯环结构的理解。

显然,这种因学生的问题解决来改变的课堂,促进了学生对知识的理解和分析判断能力的提升。学生不只是知道了苯的结构,而是真正地理解了苯分子结构。

3.2 促进思维发展的问题延伸

完成苯的结构与取代反应之间关系的学习后,教师布置了新增任务,苯还可以发生什么化学反应?因结构不同,发生反应的难易程度、反应条件有什么差异?这两个问题的解决是物质结构与性质关系的深刻理解与运用,在脑中建构"结构预测性质、性质反映结构"的科学知识与方法。实证如下:

师:(板书取代)这个反应是容易发生的吗?

生:(集体)容易。

师:苯还能发生哪些化学反应?

生:(集体)加成。

师:还有什么?

生:(集体)氧化。

师:(投影显示加成与氧化反应方程式)注意看这两个反应。(指着加成反应)这个条件18MPa。比标准大气压大很多吧,那么说明加成反应容易进行吗?

生:(集体)不容易。

(投影显示:易取代,难加成,能氧化)

生:(集体大声)易取代、难加成、能氧化。

在实施任务解决的过程中,学生和教师都被认为是任务执行的协作者,尽管学生的认知参与程度最后总决定了他学了什么,但是教师对学生思维和推理的支持方式和程度是决定高水平任务最终命运的一个重要因素。设计问题并教学实施,理解学科本质,促进思维发展,是课堂的关键。

参考文献

[1] L. W. 安德森等. 学习、教学和评估的分类学[M]. 上海:华东师范大学出版社,2008:56—80.

[2] 王祖浩,张天若. 有机化学基础(高中化学教学参考书)[M]. 南京:江苏教育出版社,2006:45—55.

重构学生主体课堂的思考

问题:让课堂留有余香
——《硫和含硫化合物的相互转化》教学思考*

摘　要　《硫和含硫化合物的相互转化》一课,是其同单元前两个课时《二氧化硫的性质和作用》、《硫酸的制备和性质》的复习再提高,课堂引入便从学生错误的前概念出发,以看似简单的两个小问题引入主题。在课堂探究环节,共设计了三个实验,引导学生在实验中分析问题、解决问题。课堂小结时,再立足三个问题,延伸学生的思维,让课堂教学留有思考,留有余香。

关键词　教学起点　教学分析　教学过程　教学反思

教学的目的是促进教学主体认知思维发展,学生获得的不只是科学知识,更重要的是学习知识的方法与能力,从布鲁姆的教育分类学来说,不仅是事实性知识,还有概念性知识、程序性知识和反省认知知识[1]。教学主体与教学起点是教学成功的两个方面,且紧密相连。新课程标准明确提出,教学要以学生为主体,教师为主导,尊重课程标准,整合教材,提升公民科学素养。据此,笔者觉得要实现教育的目的,关键要处理好三个关系:一是尊重课程标准,整合教材;二是突出学生主体,发展认知思维;三是找准教学起点,厘清思维。

* 发表于《教育研究与评论(中学教育教学)》2013 年 2 月;人大复印资料《中学化学教与学》2013 年 5 月全文转载。

1 课标与教材分析

苏教版《化学1(必修)》专题4第一单元主题是含硫化合物的性质和应用。课程标准中的描述如下：通过实验了解硫及其化合物的主要性质，认识其在生产中的作用和对生态环境的影响，初步树立可持续发展的思想。以酸雨的防治为例，体会化学对环境保护的意义。浙江省根据实际，制订《浙江省普通高中学科教学指导意见(2012)》，其基本要求如下：(1)了解硫的主要性质，认识二氧化硫的主要性质和作用。(2)实验探究硫酸型酸雨的形成过程，了解二氧化硫对空气的污染，知道硫酸型酸雨的形成原因和防治办法，培养良好的环境保护意识。(3)知道工业生产硫酸的基本原理，认识浓硫酸的特性，了解硫酸的应用。(4)知道硫及其化合物之间的转化关系。教材中主要分为3个课时，分别是二氧化硫的性质和作用、硫酸的制备和性质、硫和含硫化合物的相互转化。第三课时的教学内容是基于前两个课时的复习再提高，更重要的是整合系统化，但又区别于以往的教材中硫、第ⅥA元素的学习，教学中不能拓展到O_3、第ⅥA元素相似性、递变性等[2]。

基于课标、省学科指导意见和教材的特点，将本课时的教学目标设定如下：(1)通过实验、分析、类推，让学生在观察推理过程中理解含硫物质之间的相互转化及反应条件选择。(2)从学生易错问题入手，把学生的思维带入思辨状态，激发学习的热情。(3)在实验装置设计、试剂浓度选择、反应条件选择中巩固物质的化学性质，同时培养学生实验中的环保意识。(4)从CO_2性质与制取类比SO_2、H_2S的制取与性质，学会迁移，获取解决问题的程序性知识。(5)学会以化合价、物质类别为分类依据，归纳不同类型反应中含硫化合物的转化规律。

2 教学设计思路

教学设计如下：以SO_2的制取方法为问题展开，组合实验巩固SO_2的性质，并通过氧化还原反应将$(S^{2-})H_2S \leftarrow S \leftarrow SO_2 \rightarrow SO_3(SO_4^{2-})$ S的不同价态的化合物串接起来，从SO_2是酸性氧化物特点，将$SO_2 \rightarrow H_2SO_3 \rightarrow Na_2SO_3 \rightarrow NaHSO_3$将同价态不同种类物质间连接，以此类推，不同价态S及其化合物之间的转化，将不同价态的物质填写出来，最后形成一个联系图。$\overset{+4}{S}$和$\overset{-2}{S}$相互反应与转化,通过 SO_2 与 H_2S 反应、SO_3^{2-} 和 S^{2-} 反应的实验实证。

3 教学设计

【课堂引入】从学生错误的前概念出发。

问题 1:CO_2 通入 $BaCl_2$ 溶液,有什么现象?若是 SO_2 呢?

问题 2:写出 $BaSO_3$ 与盐酸反应化学方程式,Na_2SO_3 可以与盐酸反应吗?用 H_2SO_4 可以吗?怎样才能让 SO_2 逸出来?

问题 1 来源于学生前一课时的作业,而且在批阅过程中发现,出错率非常高,原因是什么呢?原来学生存在的前概念是 $BaCO_3$ 是一种不溶于水的白色沉淀,当通入时,学生只关注产生 $BaCO_3$ 在而忽视了同时还会产生 HCl,而这两种物质会完全反应,所以正反应无法进行。教学中我就让学生写反应方程式(假设能发生复分解反应),$CO_2 + H_2O + BaCl_2 = BaCO_3\downarrow + 2HCl$,当我指着 HCl 时,学生就发现问题了,$BaCO_3$ 能与盐酸反应而溶解,说明逆反应可以进行,故此反应不存在。问题 2 就直接让学生根据刚才的分析写出 $BaSO_3$ 与盐酸反应,替换用 Na_2SO_3 与 H_2SO_4,怎样才能让 SO_2 逸出?看似简单的一问,但重要的是学生是否会运用 SO_2 的溶解性知识,进入了物质制备过程中试剂和条件选择的学习。以此引入教学主题,虽然没有丰富的图片、视频,但思维活动量非常大。

【课堂探究】实验中找学习起点,发挥学生主体作用

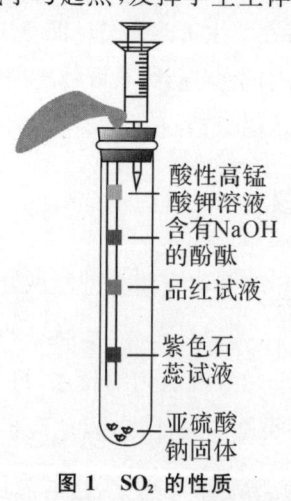

图 1　SO_2 的性质

【实验1】如图1所示:玻璃导管中均用脱脂棉沾有相应的试液,将注射器中的浓硫酸注入大试管中,观察现象。

问题1:试解释出现这些现象的原因。能用化学方程式表示的用化学方程式表示。颜色变化体现了 SO_2 什么性质?

学生在回答过程中很顺利,但在写方程式时遇到一个问题,即 SO_2 使酸性高锰酸钾溶液褪色的化学反应方程式怎样写。这个时候教师不要急于去板书与演示,此时提问同学,紫红色是什么微粒?褪色后产生了 Mn^{2+},发生了什么反应? SO_2 被氧化成什么物质?再让同学写,此时约有半数的同学能写出,然后再分析讲评没有写出的原因。

问题2:实验中选用了浓硫酸,能否用稀硫酸呢?为什么不可以?是否可以用浓盐酸呢?为什么?

问题2中稀硫酸不可以的原因,学生困惑不解,原因是定势思考稀硫酸与亚硫酸钠不反应,而忽视了另一个原因,产生的 SO_2 易溶于水。换成浓盐酸后,浓盐酸的易挥发性导致上述现象失真,无法判断是否是 SO_2 导致的变色。通过这两个问题的讨论,不只是简单重复地复习了 SO_2 的性质,而是以实验和问题解决的方式,促进了学生对 SO_2 性质的理解。

问题3:为什么还要接一只气球呢?还可以用其他什么装置?盛装什么试剂?

让学生思考实验中废气排放前要考虑环境保护问题,树立运用化学知识解决实际问题的环保意识。

【过渡】工业上可以用 S 或 FeS_2 被氧化产生 SO_2,实验室少量使用可以用亚硫酸盐与较浓 H_2SO_4 反应制取。自然界中硫单质除了能与 O_2 反应之外,能不能与 H_2 反应?若反应会产生什么气体?产物中 S 的化合价是多少?这种产物有什么样的化学性质?

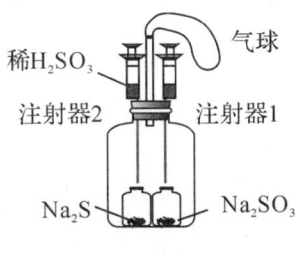

图2 实验装置

【实验2】如图2所示:将注射器1中的稀硫酸加入到亚硫酸钠中,观察现象;再将注射器2中的稀硫酸注入硫化钠固体中观察现象。

问题1:为什么开始气球能鼓起,后来又瘪下去,且在广口瓶中出现黄色固体?发生了什么反应?体现了 SO_2 什么性质?

问题2:稀硫酸没有强氧化性,与硫化钠反应会产生什么气体?试写出反应方程式。实验中为什么不用浓硫酸呢?

问题1是让学生认识到 SO_2 能与 H_2S 发生氧化还原反应,体现了虽然 SO_2 有很强的还原性,也有一定的氧化性。由这个反应更进一步说明,$\overset{-2}{S}$ 的还原性更强。问题2再一次突出 $\overset{-2}{S}$ 的还原性,所以制取 H_2S 时不能用浓硫酸,以防止被氧化,只能用没有强氧化性的稀硫酸或盐酸。

【过渡】SO_2、H_2S 之间能发生反应生成 S 单质,亚硫酸盐与硫化物之间能发生反应吗?

【实验3】反应条件的选择与产物判定。

在大试管中加入一药匙亚硫酸钠固体,再加入两药匙硫化钠固体。(1)混合均匀,观察现象;(2)加水溶解,再观察现象;(3)加入 6mol/L 盐酸 2mL,观察现象;(4)加入 6mol/L NaOH 溶液 2mL,振荡观察现象;(5)加热,观察现象。

在加入盐酸后,溶液中出现了淡黄色浑浊,产生了 S 单质,可以从加入盐酸后,亚硫酸钠能产生 SO_2,硫化钠能产生 H_2S,二者反应生成 S 单质解释,实则亚硫酸钠与硫化钠只有在酸性条件下反应产生 S。而(4)加入 NaOH 溶液后,未出现明显变化,当加热时,淡黄色沉淀消失,溶液变澄清,则说明硫与强碱溶液可以在加热条件下发生反应。讨论到这里请同学们写出上述产生淡黄色沉淀和淡黄色沉淀消失的反应方程式。第一个比较容易写出,而第二个反应却不知道怎样写了,原因是不知道产物是什么,有同学说是 S^{2-} 和 SO_4^{2-},也有同学说的 S^{2-} 和我 SO_3^{2-},老师肯定了同学从歧化反应原理分析可能的产物,接着就问有什么方法检验是哪一种可能产物呢?下面有同学零散地提出再加入酸溶液试试。老师再一次向澄清的溶液中加入盐酸,又出现了淡黄色沉淀。学生一下子全明白了 S 与 NaOH 反应产生了什么物质。这最后一次的实验起到了点睛之笔。

【课堂小结】在课堂教学中主板书如图所示：

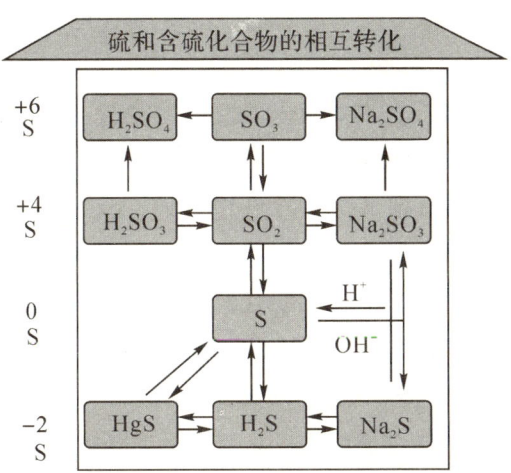

图 3　硫和含硫化合物的相互转化板书

问题 1：实现 $H_2S \rightarrow S \rightarrow SO_2 \rightarrow SO_3$ 的转化，发生什么反应？需要加入什么试剂？写出实现 $Na_2SO_3 \rightarrow SO_2 \rightarrow H_2SO_3$ 之间的转化的反应方程式。

问题 2：自然界中的硫存在：含 S 矿物、S 单质、大气中的 SO_2、硫酸盐之间的怎样循环？

问题 3：SO_2 是既是一种酸性氧化物，又是一种强还原剂。将 SO_2 气体通过 Na_2O_2 固体，可能产生什么固体？请设计实验方案进行验证。

课堂小结的三个问题为实现课堂的小结而设计，问题 1 巩固不同价态硫的化合物之间转化的条件与氧化剂选择，问题 2 是想告诉学生自然界的元素物质是循环的、守恒的，问题 3 则是以 SO_2、亚硫酸盐、硫酸盐为载体科学探究思想的运用。这既是知识的运用，更是开放性的问题解决能力的实践。

4　教学反思

教学过程中以三个实验为核心展开讨论，突出学生的主体性，找准学生认知的起点，让学生不会的问题写出来，不会写的问题说出来，在师生、生生之间的交流和纠错中，发展学生的认知思维。教师在不断实践的过程中提升专业水平的同时，对硫和含硫化合物的课堂教学的认识与理解也更为深刻。

4.1 体现学生主体作用

学生是课堂教学的对象,更是教学的主体,只有学生主体作用得到充分发挥,课堂才会有所收获。实验 1 的教学设计中就充分体现了这一点,在 SO_2 与紫色石蕊、品红溶液、含有氢氧化钠的酚酞试液、酸性高锰酸钾溶液作用的性质复习巩固中,教师只是准备了实验,而实验操作、现象描述、原因解释、方程式书写都由学生完成,教师只是在学生每一个困难面前进行引导与点拨,特别是学生易忽视的 SO_2 与反应产物 Na_2SO_3 的继续反应,而在 SO_2 使酸性高锰酸钾溶液褪色实验中,都知道是 SO_2 的还原性,当学生用方程式表示时遇到了困难,教师没有急着去写(告知),而是引导从颜色变化推断 MnO_4^- 发生什么变化,SO_2 被氧化后产生什么,逐步深入,直至学生写出反应方程式,进行点评。

4.2 找准学生知识起点

课堂引入与教学中问题的设计起点判断是否正确,直接影响课堂氛围,影响学生参与意识,所以找准学生教学起点显得尤为重要。例如本课的引入,从 CO_2 通入 $BaCl_2$ 溶液是否有沉淀产生开始,这是中学课堂中极易出现的错误,引导学生利用复分解反应原理写出反应方程式,发现产物 $BaCO_3$ 和 HCl 同时大量存在,违背学生已有知识,$BaCO_3$ 与盐酸反应可以生成 CO_2,引导 SO_2 也不会与 $BaCl_2$ 反应生成沉淀,而逆向反应可以完成,借此引出用亚硫酸盐与强酸反应可以产生 SO_2。再比如说,SO_2 的性质是这一单元教学重点,虽然第一课时已经学习,但还是要再提升和巩固,问题的起点从学生已知的 SO_2 性质展开,在写方程式过程中,较容易写出 SO_2 与 H_2O、与 NaOH 反应的化学方程式,也能解释使酸性高锰酸钾溶液褪色的原因,但在写出 SO_2 与 NaOH 反应后却没有想到 SO_2 还能继续与产物 Na_2SO_3 反应,运用氧化还原反应原理书写 SO_2 与酸性高锰酸钾溶液反应的化学方程式。但在写出前面几条后再写时,学生成功感已经较强,会努力思考,抑或同桌讨论,如若简单的性质都是让学生复述,直接写 SO_2 与 Na_2SO_3、$KMnO_4$ 反应的方程式,学生会束手无策,有可能直接放弃,坐等答案,如同体育比赛前需要热身一样。实验 2 设计的问题也一样,因为有 Na_2SO_3 与 H_2SO_4 反应

产生 SO_2 气体的铺垫,容易将产生 H_2S 反应类比想象,搭建成功的脚手架。

4.3 促进认知思维发展

"符合学生的认知规律"是一项重要的教学原则,教学的目的是让学生获得知识与方法,发展认知思维,促进能力提高。认知思维是一种建立在证据和逻辑推理基础上的思维方式,它的特点就是"有据有理",充满逻辑性。在真实的实验现象的基础上进行逻辑分析、得出结论[3]。实验1、2、3的教学中都从实验现象限实验事实出发,有据;在实验现象基础上推测发生的化学反应,分析推理出化学性质,有理。特别是 SO_3^{2-} 与 S^{2-} 在酸性条件下的反应和 S 单质与强碱反应及产物的检验过程,如若没有充分的事实证据,仅进行原理分析和说教,也许多次的教学也无法达成。实验辅助更能帮助学生建立逻辑思维。课堂上有学生能当堂运用 SO_3^{2-} 和 S^{2-} 在酸性条件下反应产生淡黄色沉淀,以此判断 S 和强碱反应产物让我感觉欣慰。课堂小结中问题 3 是对学生分析解决问题的再实践,在课堂学生联想 CO_2 与 Na_2O_2 反应原理写出产物是 Na_2SO_3 和 O_2,当我提出分析 Na_2SO_3 中 S 的化合价时,下面就有同学答出 SO_3^{2-} 会继续被氧化产生 Na_2SO_4,在这个回答过程中学生的思维被激活了,而且教师还开放性地让学生设计实验方案检验到底产物是 Na_2SO_3、Na_2SO_4,抑或二者的混合物。课堂教学留有思考,留有余香。

参考文献

[1] L.W.安德森等.学习、教学和评估的分类学[M].上海:华东师范大学出版社,2008:41—55.

[2] 王星乔,包朝龙.基于课程标准的教学:教师教学的原点[J].中学化学教学参考,2012,7:27—29.

[3] 保志明.对元素化合物实验教学功能的思考[J].中学化学教学参考,2012,6:20—21.

实验与推理互助　感性与理性融合
——"沉淀溶解平衡"教学与思考*

摘　要　文章以"沉淀溶解平衡"内容的教学为载体，设计引导学生深入思考的问题，借助实验现象感性认识，实际计算推理理性思考，从而解构化学观念(微粒观和转化观)和研究化学问题的方法。

关键词　沉淀溶解平衡　实验与推理　感性与理性　解构

学生能否科学地、准确地在大脑中建立起难溶物质的沉淀溶解平衡关系，是理解和运用沉淀溶解平衡解决生活生产问题的关键，更是化学学习中理性思维发展的要求。在教学中以实验为载体，让学生动手实验—观察现象—科学推理—建构观念，将微观世界的粒子之间的解离与结合通过宏观的实验现象展现出来，既是化学研究中微粒观思想的体现，又是转化观思想的表达。因此，在化学课堂教学中借助概念原理的建构帮助学生形成化学基本观念(微粒观和转化观)的过程，就是帮助学生深入理解化学本质、发展理性思维能力的良好实践载体。课前教师精心设计便于课堂开展的探究实验和富有层次、逻辑、理性的探究问题；课中才能使学生主动参与到深层次的思维活动，才能体验学科特色，建构科学原理。这样的学习如同沿梯登

---

*发表于《化学教学》2012年9月。

峰,拾级而上。

沉淀溶解平衡的教学中,两个问题比较典型,一是教材上实验只能说明部分原理,如苏教版《化学反应原理》第 87 页的"活动与探究"只能说明 PbI_2 能溶解且电离出 I^-,而无法表明存在沉淀溶解平衡,抑或是学生"已知结论"的验证;二是突出科学数据推理,学生对概念原理的建构是通过科学推理达成。二者之间没有很好地互相支持与说明,无法将感性认识与理性推理相融合。笔者在自己的教学实践中从生活中的实践出发,设计了实验与问题的组合,引领学生由浅入深,科学推理,在实验与推理相互支持下建构"沉淀 $\rightleftharpoons$ 溶解"平衡。

1 难溶电解质存在沉淀溶解平衡吗?

初中的学习我们知道过饱和溶液中晶体与溶质之间存在结晶与溶解过程,而且知道在过饱和溶液中晶体的溶解速率与溶质微粒结晶速率相等,这一科学事实可以通过宏观的观察晶体形状和称量晶体质量确认。而难溶电解质是否完全不能溶解,抑或少量溶解? 也就是说即使溶解,溶液中形成的离子浓度也很小,如何才能将少量的微观粒子及转化展现出来呢? 动画演示效果固然好,但也有一定的虚假性,毕竟不是现场实践。围绕"难溶电解质存在沉淀溶解平衡吗"这一问题进行了如下的教学实践。

问题 1:怎样知道难溶物存在沉淀溶解平衡?

因为难溶电解质溶解度小于 0.01g/100g 水中,如果仅从难溶物质质量或体积来判断很困难,除非你有一个非常大(如 100L)的容器,即使如此溶解量的变化也不会超过 10 克,这在课堂实验中难以实现。如果仅从溶解度的定义提供的科学数据入手,学生直接面对未理解的数字会感觉无味,怎么办? 换个角度思考,难溶电解质溶解后电离产生的离子怎样检验? 并将离子浓度的变化通过宏观的实验现象展示出来。

[实验]取三支试管编号为 1、2、3,用针筒各注入 0.01mol·L^{-1} $AgNO_3$ 1mL,再各注入 0.01mol·L^{-1} KSCN 溶液 1mL,静置有白色浑浊,三支试管各滴加 2 滴浓 $Fe(NO_3)_3$ 溶液,直至出现红色;向试管 2 中逐滴加入 1mol·L^{-1} $AgNO_3$ 溶液,直至褪色,静置后与试管 1 对照观察溶液颜色变化;再向试管 3 中滴加饱和 KI 溶液 5 滴,与试管 1 对照,观察溶液颜色变化。

这里用到的两种试剂同学比较熟悉，混合后出现了白色沉淀，学生可以根据复分解反应原理写出反应的离子方程式，根据用量计算知道 Ag^+ 比 SCN^- 物质的量相等，恰好生成 AgSCN 白色沉淀。溶液中存在 SCN^- 离子吗？滴加浓 $Fe(NO_3)_3$ 溶液 2 滴，若未出现红色则继续滴加，直至出现红色，由此说明溶液中存在 SCN^-，但由于其浓度较小，随着滴加 Fe^{3+} 溶液增加，产生的 $Fe(SCN)_3$ 逐渐增多，溶液颜色加深。这一实验现象让学生直观地认识到 AgSCN 虽然难溶，但还是溶解了很少一部分。是否存在溶解平衡呢？向试管 2 中滴加 $0.1mol·L^{-1}$ $AgNO_3$ 溶液，与试管 1 对比观察溶液颜色变化；再向试管 3 中滴加饱和 KI 溶液，与试管 1 对比观察溶液颜色变化。经历了实验现象感性的认识后，学生知道加 $AgNO_3$ 溶液后，溶液中 SCN^- 浓度减小，而加 KI 溶液后，溶液中 SCN^- 浓度增大，就说明难溶电解质 AgSCN 存在沉淀溶解平衡。

2 难溶物的溶解能力怎样表示？

知道了难溶物存在沉淀溶解平衡后，这就需要用理性的科学数据来解释与证明感性的实验现象，则难溶电解质的溶解能力怎样表示呢？这就是限度问题。限度问题通常可以用平衡常数（溶度积）或转化率（溶质浓度）来表示。二者之间有什么样的联系？两种表示方法能否仅从数据大小知道某难溶电解质溶解能力大小呢？

问题 2：溶度积小的物质溶解度一定小吗？

【教学设计】25℃，已知：$Ksp(AgCl)=1.8×10^{-10}$，$Ksp(AgI)=8.5×10^{-17}$，$Ksp(Ag_2CrO_4)=9.0×10^{-12}$，溶解度可以用什么微粒的浓度来表示？是多少？Ksp 大小一定能反映溶解度大小吗？

这一教学过程需要根据溶度积表达式计算溶液中难溶电解质溶液的物质的量浓度和电离产生离子的浓度，难溶电解质的溶解度可以用 100g 水中溶解难溶电解质的质量表示，也可以用溶质的物质的量浓度来表示，由于受离子效应影响，还可以用某种离子物质的量浓度表示。在计算过程中建立溶解度与溶度积关系，通过计算与比较得出，溶解度大小可以直接表示出难溶电解质溶解能力，而溶度积常数大小表示溶解能力大小时还需要比较难溶物的构型。

在这个环节教学中暴露出很多问题,如溶解度在学生大脑中的前概念就是在该温度下,每 100 克水中最多溶解的物质的质量;二是从 100 克水中溶解难溶物的质量到溶质的物质的量浓度来表示换算时不知道溶液的密度,该怎么处理;三是计算中溶度积表达式中离子浓度带入出错。这都说明科学数据处理能力需要我们在学科教学中保持关注。

通过问题解决过程中科学数据计算、比较与分析,学生不仅能学会溶解度的不同表示方法,还能从科学本质上建构溶解度与溶度积之间的关系。更重要的是建立一种观念,同一性质不同方法表示时要关注概念的内涵与外延。

3 难溶电解质之间可以转化吗?

在前面内容的教学学生知道了难溶电解质溶解量非常少,而且难溶电解质的溶度积也有较大的差异,难溶电解质之间可以相互转化吗?如果能转化,需要什么样的条件?怎样判断?为解决这一教学难点,笔者想方设法将这一内容以宏观实验现象进行展示和证明。

问题 3:AgCl 沉淀与 AgI 沉淀之间可以相互转化吗?

[教学中投影 25℃,$K{sp}(AgCl) = 1.77 \times 10^{-10}$,$K{sp}(AgI) = 8.51 \times 10^{-17}$],AgCl 能转化为 AgI 吗?

【实验】取一支试管,向其中加入 1mL 0.1mol·L^{-1} NaCl 溶液,然后向其中滴加 1mL 0.1mol·L^{-1} AgNO$_3$ 溶液,观察现象,向试管中滴加 0.1mol·L^{-1} KI 溶液,观察试管中沉淀物颜色变化。

试管中先出现大量的白色浑浊,滴加 KI 溶液后,白色浑浊逐渐转化为黄色沉淀。这说明起初生成的是 AgCl 沉淀,后来又转化成 AgI 沉淀,为什么会这样转化呢?恰好完全反应生成 AgCl 沉淀时,溶液中 $c(Ag^+) = c(Cl^-) = 1.35 \times 10^{-5}$ mol·L^{-1},加入 0.1mol·L^{-1} KI 溶液,$Q = c(Ag^+)c(I^-) = 1.35 \times 10^{-5} \times 0.1 > K{sp}(AgI) = 8.51 \times 10^{-17}$,产生 AgI 沉淀,随着 KI 溶液的加入量增加,AgCl 会更多地转化为 AgI 沉淀,出现黄色浑浊。

AgI 沉淀可以转化为 AgCl 沉淀吗?我们可以通过计算分析在 AgI 悬浊液中,$c(Ag^+) = c(I^-) = 9.22 \times 10^{-9}$ mol·L^{-1},若要产生 AgCl 沉淀,则 $c(Cl^-) \geq K{sp}(AgCl)/c(Ag^+) = 0.020$ mol·L^{-1},此条件完全可以达到,所

以 AgI 也是可以转化为 AgCl 沉淀的,最后用实验加以验证。

整个教学过程既有科学探究的过程,又有演绎推理和实验验证,学生既有感性的实验过程,又有理性的科学计算推理,帮助学生建立了难溶电解质之间是可以相互转化的,而且还能通过计算知道转化中需要怎样控制外加试剂的浓度。为帮助学生巩固初次建构在大脑中的沉淀溶解平衡转化的关系,设计下面问题让学生解决。

问题 4:怎样除去水垢中含有的 $CaSO_4$？已知:25℃,$Ksp(CaSO_4)=7.10×10^{-5}$,$Ksp(CaCO_3)=5.0×10^{-9}$。

问题 5:重晶石(主要成分是 $BaSO_4$)是制备钡化合物的重要原料,但 $BaSO_4$ 不溶于酸,能否将 $BaSO_4$ 转化为相对较易溶解 $BaCO_3$,然后用酸溶解呢? 已知:25℃,$Ksp(BaSO_4)=1.07×10^{-10}$,$Ksp(BaCO_3)=2.58×10^{-9}$。

上述问题解决中实现了难溶电解质之间的相互转化,但也不是所有的难溶电解质之间都可以相互转化,当计算出转化所须加入离子浓度超过配制溶液时所能达到的最高浓度时,沉淀的转化就无法实现。

4 沉淀溶解平衡在物质分离提纯中的应用

怎样合理运用化学平衡移动原理将不同的离子混合溶液分步转化为沉淀而除去? 需要运用沉淀溶解平衡原理合理地控制实验条件达成。下面的设计基于学生实践基础,在解释说明宏观现象过程中解构沉淀溶解原理。

问题 6:怎样除去硫酸铜溶液中混有的少量铁离子?

Cu^{2+} 和 Fe^{3+} 混合溶液由于水解呈酸性,若向其中加入碱,则两种离子都会产生沉淀,很难将两种离子分离,工业生产中又是如何分离的呢? 教学中有的同学提出加入过量的氨水,Cu^{2+} 转化为 $Cu(NH_3)_4^{2+}$,Fe^{3+} 则生成 $Fe(OH)_3$ 沉淀,过滤可除去 Fe^{3+},$Cu(NH_3)_4^{2+}$ 又怎样转化为 Cu^{2+} 呢? 再加酸,殊不知又引进了 NH_4^+;还有同学提出用层析的方法,但层析后如何从层析纸上再得到 Cu^{2+} 呢? 这一问题又解决不了。

【实验】在浓度均为 0.1mol·L^{-1} Cu^{2+} 和 Fe^{3+} 混合溶液中,逐滴加入氨水,观察溶液中的变化。

此时教师引导学生观察在加氨水过程中出现沉淀的颜色变化是怎样的。学生发现,先出现红褐色沉淀,后出现蓝色沉淀,能否在红褐色沉淀最多时进行过滤除去,剩余的溶液中是否就不含 Fe^{3+} 且 Cu^{2+} 未沉淀呢?当溶液中 $c(OH^-)$ 达到多少时 Fe^{3+} 开始沉淀,多少时 Fe^{3+} 沉淀完全(溶液中该离子浓度小于 10^{-5}), Cu^{2+} 呢?〔已知:25℃, $Ksp[Cu(OH)_2]=2.2\times10^{-20}$, $Ksp[Fe(OH)_3]=2.6\times10^{-39}$〕,学生在教师引导下计算后发现,当 pH=1.5 时, Fe^{3+} 开始沉淀,pH=3.5 时, Fe^{3+} 沉淀完全;而 Cu^{2+} 开始沉淀的 pH=4.7,我们只需要将溶液 pH 调节至 3.5~4.7 之间,就可以使 Fe^{3+} 沉淀完全过滤除去,但 Cu^{2+} 无损失。所以完全可以通过调节溶液 pH 来分离 Cu^{2+} 和 Fe^{3+}。但调节 pH 时加入试剂不要引进新的杂质,因此此问题中不能用氨水来调节,而要用 CuO、$Cu(OH)_2$ 或 $Cu_2(OH)_2CO_3$ 来实现。

这个问题解决过程中从实验现象的观察来获知分离性质相近离子的方法——调节溶液 pH。用实验将工业问题和科学原理联系起来,使学生理性思维的发展建立在感性的实验过程之中。

5 教学思考

上述六个问题在难度、逻辑方面是逐步提升的,从客观存在证明、科学计算表达、深入原理理解到实际运用这一过程中,帮助学生建构了实验与推理结合研究化学原理的一种理性思维方式。

化学研究的微观世界我们看不见摸不着,微量转化难直观观察,怎样将微观世界的转化以明显的宏观现象展示出来,再结合科学分析与推理进行逻辑证明,在大脑中建构微观世界粒子之间的转化观?我们更加需要的不只是学到了沉淀溶解平衡的知识,而获得这一知识的过程却更加重要,只有这样,学习才是超越了知识的观念建构。如果在教学中关注了理性思维的培养与发展,就不会将"化学思想"当成新的"知识"教学,就不仅仅为教"沉淀溶解平衡"而教。

参考文献

[1]保志明.理性思维帮助形成基本观念——"分散系及其分类"的教学与思考[J].中学化学教学参考,2012,4:10—12.

[2]毕华林,辛本春.促进"观念建构"的化学教学策略[J].中学化学教学参考,2011,7:3—5.

尊重认识：让课堂灵动自主
——苏教版"硅酸盐矿物与硅酸盐产品"的教学思考*

摘 要 文章以苏教版《化学1》第三单元"硅酸盐矿物与硅酸盐产品"教学过程为载体，详细论述从学生感兴趣的硅酸盐产品展开，体现学生主体性；以硅酸盐矿物成分的表述为教学起点，理解硅酸盐产品生产原理，建构科学原理。并用工业生产、化学实验为情景，体验化学物质在生活中的广泛应用。

关键词 生活世界 尊重学生认知 学生主体 科学原理 体验真实

上周宁波北仑区教研室决定由我与另一位老师对"硅酸盐矿物与硅酸盐产品"进行同课异构。接到任务后，我对苏教版《化学1》这一单元内容进行了仔细阅读，并结合2012版《浙江省教学指导意见》的要求，做了详细的分析，遇到两个困惑：之一是教学内容化学味道（科学原理）不是十分浓厚，更多是人文气息与产品认识，我思前想后，总想弄一个什么实验（化学学科特色）来丰富课堂，更重要的是帮助重难点知识的理解，经过考虑，决定在硅酸钠性质研究中设计与盐酸、与CO_2反应和滴加无色酚酞三个实验来加深对硅酸胶状物的认识；之二是在教学设计中学生主体的体现与新颖性方面，教

---

* 发表于《中学化学教学参考》2013年11月；人大复印资料《中学化学教与学》2014年3月。

材是从形形色色的硅酸盐产品展开,图片介绍其氧化物的表示形式,顺序介绍了硅酸钠、水泥、陶瓷和玻璃,并将分子筛作为拓展视野介绍新型硅酸盐产品,引导学生认识硅酸盐产品就在身边,这样的教学我感觉太过平淡,而且更多是教教材,无法很好地整合教材、体现学生主体性。基于上述两点,我将教学目标进行了重新设定并对教材也进行重新整合,突出学生主体。

教学目标确定:其一是从生活中的硅酸盐产品入手,了解工业生产需要的原料、设备及成分,从原料到产品成分变化理解玻璃生产的科学原理;其二是理解将复杂硅酸盐改写成氧化物的原理和方法,并学会二者之间的转化书写;其三是理解硅酸钠的性质与用途,在实验中感知硅酸胶状"沉淀"的特点;其四是从硅酸盐产品的发展感受社会文明与人类进步。

我的教学设计:学生说身边的硅酸盐产品→从某一种(水泥、玻璃、陶瓷)入手展开讨论,链接到硅酸盐与氧化物书写转化方法学习→学生自主还希望了解什么硅酸盐或其产品(现代陶瓷、分子筛、硅酸钠)→硅酸钠性质教学与用途介绍→以解决两个问题来小结学习内容。

1 将学生的生活世界作为教学的始点

教学的最终目的是要帮助学生从无知走向有知,怎样的教学始点能着眼于学生已有的知识,适当地丰富他们的认知[1],而不是用我们已掌握的知识去填补他们的无知呢?这就要从尊重学生和丰富学生认知的角度进行教学设计,才能真正理顺教与学的关系。基于这样的思考,我对课堂的引入进行了设计,生活中每位同学无时无刻不在接触硅酸盐产品,只是没有用心地观察与体会,当我提出让学生说出身边的硅酸盐产品时,学生说到了水泥、玻璃、陶瓷、碗等等,但有一位同学回答时说到了水晶,另有一位同学提到了石灰石,我就问同学,水晶、石灰石的主要成分是什么?很快他们回答出是二氧化硅和碳酸钙,接着问了,二氧化硅是盐类物质吗?碳酸钙含有硅元素吗?刚才说错的两位同学很快就意识到自己的错误了。这个提问限定性小,学生回答自由度比较大,而且生活中接触得多,更何况我已经将第二课时二氧化硅与硅提前教学了。虽然没有丰富神奇的情景,但有亲身的体验,起点低,迅速就将全体同学带入核心课堂。

2 以学生的意志为转移体现学生主体

课堂引入后,图片展示了硅酸钠晶体、水泥、陶瓷、分子筛等新型硅酸盐材料和玻璃,同时还配了文字。教师问同学们,你们最希望了解哪一种硅酸盐产品?大部分同学选择放在第五个位置上的玻璃。在成分表示时,我故意将其成分写为 $Na_2CaSi_6O_{14}$,学生看到后感觉到好复杂,成分是什么呢?从此链接到复杂硅酸盐可以写成氧化物形式,当然也可以将氧化物写成硅酸盐的形式,辅之以课堂的训练巩固获得的方法。之后学生依次要求了解分子筛等新型材料、陶瓷、水泥和硅酸钠,并没有按教材的教学顺序,也没有按老师设想的顺序,而是以学生愿望为转移进行的教学。当然在设计时我利用了PPT的交互性,不论玻璃、水泥、陶瓷都会遇到硅酸盐物质,以此为链接学习硅酸盐的氧化物表示方法。从学生课堂的表现看来,这样的设计还是能激发学习兴趣的,所以教学中学生主动参与讨论。这样的课堂学生一定不会觉得很累,也不会觉得是老师在唱独角戏。

3 以工业生产为载体引导学生认识科学原理

在玻璃这一硅酸盐产品的教学中,教师带着全班同学从投影里走进了玻璃工厂,直接来到了玻璃熔炉面前,教师问同学,玻璃是用什么原材料来生产的呢?学生已经有过预习,大概知道三种主要原料,只是不知道这些物质在一起形成的玻璃,有什么样的成分和定量的关系,所以没有必要再创设一个复杂的儿童故事将学生拉回到偶遇中来,如同"猫发现了碘"一样神奇。此时,我就让学生回答,熔炉有什么作用,需要什么样的温度。很快有同学回答了要高温。接着就问了,石灰石在高温下能与二氧化硅反应,前面有没有学习过?有同学回答出了高炉炼铁时的造渣反应。类似二氧化硅与纯碱也能发生反应,请同学写出上述反应的化学方程式(找了一位同学板书),学生在问题解决和方程式书写中知道玻璃的生产原理、原料和产品成分中有硅酸钠、硅酸钙,教师补充还含有一定量的二氧化硅并给出定量关系。后面因退火方式不同会产生不同的玻璃引导学生认识形形色色的玻璃,虽然教材没有介绍,但我们生活中有很多,如若不介绍我会感觉教学太拘泥于教材了。这样的教学,学生收获的不只是对玻璃工业的了解,更是一种对化学工业的认识,后面水泥、陶瓷、分子筛等工业就不需要再一一介绍。课堂小结中设置的几个问题学生能轻松地回答就是有力的实证。

设计的练习如下:工业上以石灰石、纯碱、石英为原料制取玻璃。在高温条件下,二氧化硅分别与碳酸钠、碳酸钙反应生成硅酸盐和二氧化碳气体。上述反应在什么设备中进行? 上述反应制得钠玻璃,如果将纯碱换成碳酸钾,则可制得钾玻璃,其氧化物形式怎样表示? 上述反应欲制得钢化玻璃,怎样操作? 如果要制得蓝玻璃呢? 盛放氢氧化钠溶液试剂瓶用什么瓶塞?

4 以实验为载体体验真实的化学物质

化学离不开实验,化学教学也一样离不开实验,虽然这一课时教材没有安排实验,省编实验手册也没有设计,但我一直在想,硅酸钠的用途有做黏合剂、防腐剂、防火剂,而且能制取硅酸胶体,俗称为"泡花碱"和"水玻璃",硅酸酸性比碳酸弱等等。这么多零散的性质,怎样设计才能让学生在实践中有序地整合,科学地建构呢? 经慎重思考,决定通过设计三个实验和两个实验讨论,将硅酸钠的性质与硅酸的性质整合连接起来。

问题讨论1:从纯碱的学习中知道,盐溶液不一定呈中性,怎样测定硅酸钠溶液的酸碱性呢?

学生在下面讨论并凌乱地说,测 pH、用广泛试纸、用指示剂检验……

实验一:教师可以请一位同学上台实验,用洁净的试管取 1mL 硅酸钠无色溶液,滴加一滴无色酚酞,观察溶液颜色变化。

师:根据现象,你能得出什么结论?

生:溶液有较强的碱性。

师:前面也学过一种盐类物质的溶液也呈碱性,是什么?

生:碳酸钠。

师:其俗称是纯碱,以此类推,硅酸钠是否也可以称为"什么碱"?

下面学生凌乱地说俗称为"泡花碱",也有学生不知道。然后请一位同学说一遍并给予肯定,以此让全班同学都知道了硅酸钠溶液俗称为泡花碱。还有同学说在书上看到俗称为"水玻璃",此时是一次学生识记的认知冲突。

师：为什么又俗称为"水玻璃"呢？俗称的背后一定跟某种原因有关，比如：有些是音译词，如海波（hypo）；有些来源于产地，如大理石产自云南大理；有的来源于物质的特性[2]……

学生陷入沉思之中，到底可能是哪一种原因呢？此时可以引导学生从字面猜测，"水"代表什么意思？"玻璃"代表什么意思？进入"愤、悱"之态。基于此状态下，引导学生想象熔融态的玻璃是什么样并与之联系，原来这一俗称是来自其形态。化学俗名既是化学形成、发展、演变的记录，也是化学学科思想、实践经验、人文精神的再现。

问题讨论2：硅酸钠溶液呈碱性，能否与酸发生复分解反应生成新盐和硅酸呢？加入酸的酸性要多强才可以呢？HCl、HNO_3、H_2SO_4、CO_2水溶液这些可以吗？

实验二：用试管取2mL硅酸钠溶液，向其中连续通入CO_2，持续3分钟左右（根据变化可继续通入至析出硅酸凝胶），观察溶液颜色状态变化。

生：无色，没有明显变化。

此时教师将试管倒立过来后，发现无色物质不会流动，也不会倒出。

生：是无色沉淀，胶状沉淀。有明显变化。

这样的过程中学生从实验结果认识了无色液体与无色胶体的区别，事实对改变思维定式——误认为是无色液体有很大的帮助。同时也让学生明白观察实验现象时需要从多角度展开。

请同学们根据现象写出反应方程式。

师：既然CO_2都能使硅酸钠生成硅酸，则说明硅酸酸性很弱，如果用盐酸可以吗？

生：肯定行。

实验三：提供硅酸钠饱和溶液和$4mol·L^{-1}$盐酸，请学生证明盐酸酸性比硅酸强。

结果上来的同学没有得到胶状沉淀，学生对前面的推测产生怀疑。此时教师演示，学生看，同时请同学们注意观察教师的操作，结果产生了白色胶状沉淀。

师：同学们想一想为什么呢？

学生凌乱地在下面说，盐酸滴快了、盐酸滴多了、硅酸钠取多了、滴加是手在抖动、振荡的原因……教师再演示一遍操作，此时学生意识到了原因是滴加时要振荡均匀，而且要控制好酸的用量。

师：同学们很多实验中都有很多细节要注意，所以以后老师演示实验，你们在实验室自己做实验，都要关注这些问题，这样才能取得良好的效果，当然有时也会出现意外，我们不用紧张，只需要认真分析查找原因，逐一解决，就能学到很多化学的精髓。

5 教学反思

教学顺着学生的兴趣有序展开，学生参与积极性也很高，但细细回味，也留下了很多值得思考的地方，这都需要在后面的教学中加以改进和提高。主要有下面三点：

5.1 CO_2 通入饱和 Na_2SiO_3 溶液形成的胶状物怎么是无色的？

因为是周一开课，所以实验准备是在上周五，当时在实验室操作时出现的是白色胶状沉淀，而周一的课堂却出现无色沉淀，是什么原因呢？准备不足？硅酸钠溶液变化？CO_2 通入速率问题？溶液酸碱性还是温度问题？这一直困惑着我，我网上查找了原因，似乎也没有满意的解释，希望同仁能更科学地帮我解答这一疑问。还好我在课堂形成的胶状物能在倒立试管时不流动，当时我想如果带一个单色光发射器就可以检验是不是硅酸胶体了，这也许是生成资源没有很好地利用。因为硅酸胶体前面学习时经常遇到，但学生一直没有见过，如果能用丁达尔现象验证确定为胶体，那才是真正灵动的生本课堂。

5.2 未能充分准备好有趣的化学故事与化学史

在听了另一位老师的课后，我有一些感触，化学故事的运用不足矣。虽然著名教师教育者——上海教科院王洁博士告诉过我，如果能用优美的语言讲故事，激发兴趣，再科学建构原理，能将化学课堂演绎得丰富多彩。但我感觉自己没有用好，这也许是平时不够重视，也可以说备课不够充分，或者说自己的知识不够丰富。化学史在教学中的运用不仅可以增加兴趣，调节氛围，而且可以让学生基于前人科学探索的过程，辨析原理在不同认知基础上的合理性,丰富学生思维活动,辨析、判断得出科学的结论[3]。

5.3 教给了学生什么

教育所给人们的无非是当一切已学过的东西都忘记后所剩下的东西。若干年后,学生在高中学习的很多化学知识都随时间而流逝,植根在他们思想中的是一些化学观点。教学中我们更多的是强调对事实性知识的记忆,而忽视了思维能力或者说方法性(程序性)知识的学习,几乎没有反省性知识的获得,试想这样的教学学生会成为创新性人才吗?今天下午我参加了教师招聘的评委工作,我就问了应聘人员(物理学科),你能回忆高中时老师怎样教你学习"闭合电路欧姆定律"教学的吗?这位老师不仅说不出其内容,也更说不出学习的方法,但很庆幸的是她说出了当时老师举的一个"老公挣钱全家消费,老公相当于电动势,全家人相当于用电器电阻、导线电阻和电池内阻"的实例,我觉得很形象真实。这一直是我们思考的一个问题,学科教学,尤其是理科的教学帮助学生建立的是一种观念,需要情景,需要科学史,更需要科学的研究问题的程序和方法,而不只是事实性知识传授。

参考文献

[1]保志明.从尊重与丰富学生认知的角度设计教学——必修模块"化学能与热能"的教学与思考[J].中学化学教学参考,2012,8:14—15.

[2]燕国松.俗名(别名)——化学史教育中一颗被遗失的明珠[J].中学化学教学参考,2012,4:48—49.

[3]李发顺.高层次思维:教学设计的视角——以《苯分子结构确定》为例[J].教育研究与评论,2012,4:84—88.

基于课堂实证的问题设计
——以《苯的结构与性质》为例*

摘　要　文章是课例研究在高中化学课堂中的展开,研究的主题是发展认知思维的问题设计,利用的载体是《苯的结构与性质》这一教学内容在课堂实证的基础上对教学问题进行设计和改进。文章以改进后有较明显效果的三个任务作为实证展开论述,学生在课堂中解释说明、分析判断和实施运用能力获得了发展。

关键词　课堂实证　认知思维　发展　问题设计

问题设计得要有明确的指向和逻辑关系,方能很好地促进学生认知思维的发展。课例研究的主题是发展学生认知思维的问题设计,以学生对问题表述、指向和层进关系的理解及课堂表现为实证进行改进,以期通过问题教学促进学生认知思维发展。

本次研究以《苯的结构与性质》为载体,设计的问题通过师生之间,生生之间的合作与反馈,进行多次的改进,最后得到较为合理的问题。下面以课堂教学实证进行分析。

---

* 发表于《教育研究与评论(中学教育教学)》2011年12月。

1 课堂实证:围绕目标的问题设计

1.1 苯分子结构确定

苯的结构确定的教学目标设计为:①认识苯的凯库勒结构存在局限性;②知道苯不是单双键交替结构的证明方法并确认苯的结构;③用事实进行证实和证伪,并运用理论进行科学推理。

课堂上老师从苯分子凯库勒结构入手,通过事实依据(①苯不能使酸性高锰酸钾溶液或溴水褪色②苯的邻二取代物只有一种)和理论依据(①苯分子结构中碳碳键长和键能都相等②苯与氢气加成放出热量与碳碳双键与氢气加成放出热量不成正比)进行科学证明。下面对任务一和二进行实证分析。

任务一	课堂教学实录
苯分子结构模型搭建。问题设计:同学们写出苯环结构并动手搭建凯库勒结构。	师:凯库勒提出了苯环结构,请动手写出苯的凯库勒结构。 学生写苯环结构式。 师:写好以后,大家桌子上面放了模型盒,把这个模型盒打开,动手搭建一下你写出来的凯库勒结构。 生:开始搭建自己写出的苯环结构(过了2分20秒) 师:请大家暂时停一下,没有搭建好的课后可以继续搭建。我在这里收到两个模型,下面我观察到大部分同学的这个模型没有搭建成功。凯库勒结构、单双键交替结构应该是什么样子的?刚才我收到的最快的是一分钟不到就是搭建好的,这位同学你讲一下,苯环是怎样结构? 生:是单双键交替结构。

这个任务在执行过程中一共用时约3分12秒,十二组同学(每组4人),只有二组搭建成功,原因有:一是有的同学写出凯库勒结构花时间过长;二是模型盒中各个小球代表什么原子不清,这里实际只需要两种原子,而模型盒中有四种颜色小球,学生不知道怎样选择;三是凯库勒结构中有单键和双键的连接,学生不能合理操作,导致无法成环。

任务二	课堂教学实录
交流讨论分析从能量的角度确定苯的结构中不存在碳碳双键与单键。 信息：碳碳双键加氢时总要放出热量，且热量与双键数目大致成正比。但 ◯(g)+H$_2$(g)⟶◯(g)； $\Delta H = -119.6 \text{kJ} \cdot \text{mol}^{-1}$ ◯(g)+3H$_2$(g)⟶◯(g)； $\Delta H = -208.4 \text{kJ} \cdot \text{mol}^{-1}$ ◯(g)+2H$_2$(g)⟶◯(g)； $\Delta H = -237 \text{kJ} \cdot \text{mol}^{-1}$ 问题：上述热化学方程式能反映出什么信息？说说你对苯环结构的认识。	师：给大家这样一组信息（投影），从这三个热化学方程当中来思考可以说明什么问题？ 生：它加成的时候能量应成正比。 师：放出的能量成正比，那么它现在不成正比说明？ 生：它不是单双键交替结构的。 师：从这里边可以说明苯环不是一个单双键交替的一种结构，那么这种结构的稳定性如何呢？从上述三个方程式当中能否判断苯环和1,3—环己二烯哪个更稳定？讲出你的理由。 生：生成物能量一样，形成稳定状态苯放出能量少，环己二烯放出能量多，苯是更稳定的。 师：放出很多的能量达到稳定状态说明稳定。 生：说明苯环放出能量少，就能达到稳定状态，说明它原本是比较稳定的，能量越低它就越稳定。 师：能量越低越稳定，这句话好，然后从这里面继续把它阐述更清楚点。 生：然后环己烯达到稳定的状态放出的能量比较多，苯达到稳定的状态放出的能量比较少，然后它们都是生成环己烷，环己烷能量是一样的，说明苯原先的能量比环己烯的能量要少一些，说明苯更加稳定一些。 师：不是说苯环放出能量稳定，而是从这个地方来对比看一下，1,3—环己二烯作用的时候，放出能量是这样一个数值，而这个地方按道理来讲，它放出的能量应该是相当于上面几倍？ 生：相当于三倍。 师：可是客观事实是比它放出来的能量还要怎么？ 师生：还要少。 师：反过来说明了一个什么问题呀？（停顿后学生低声讨论回答） 师：说明苯的能量低。是不是呀（学生轻微回答嗯）。说明它们能量低，因此它的结构相对怎样？相对稳定。也就可以非常肯定地说，在这个地方，它的能量低，那么苯环的结构是一种相对稳定的结构状态。

上述过程用时 4 分 46 秒完成,问题没有很好的指向、表述和逻辑,初始学生已经得出苯与氢气加成放出的热量比 1,3—环己二烯少,比较稳定,后面又从具体数值进行反复说明,反而将同学合理清晰的分析和判断搞模糊,到底从体系能量低还是放出热量多来判断?且都是一问一答式,缺少思维容量,而最初的问题又没有明确的指向,学生不知从何答起。

1.2 苯的化学性质

苯的化学性质的教学设计目标为:①运用结构确定性质的方法预测性质;②苯的溴代反应实验研究;③学生通过实验学会科学假设、科学证明、科学推理、得出结论的方法。

课堂上老师从苯的结构入手,联系烷、烯的典型反应,预测苯可能发生的化学反应,重点与学生一起探讨了苯与液溴的取代反应,并就该反应的实验过程与学生共同讨论提高。下面是任务三的问题设计与学生课堂进行实证分析。

任务三	课堂教学实录
苯与液溴的反应为取代反应。 请尝试写出苯与液溴在铁粉作用下可能的反应方程式。 问题:如何设计实验证明苯的溴化是取代反应而不是加成反应?如何检验产物 HBr?	师:苯跟液溴在铁作催化剂的条件下发生了取代反应,怎么样证明?大家参与,有没有好的方法验证? 生:因为反应生成溴化氢,溶于水呈酸性,证明有酸性物质生成就可以。 师:怎样证明有酸性? 生:用紫色石蕊。 师:可以用紫色石蕊,除此之外,还有没有其他的试剂?(学生思考) 师:如何验证溴化氢?用什么方法,方法是不是唯一的?(学生思考约 30 秒)不是的,都忘记了,我们在讲 Br^- 离子检验的时候还记得吗?可以加什么? 生:硝酸银。 师:你们讲特征现象是什么? 生:淡黄色的沉淀。 师:(指着盛硝酸银水溶液的锥形瓶)盛的是什么? 生:像是硝酸银。 师:看到什么? 生:变成乳白色了。 师:变成乳白色了?前面同学看看,其实有一点淡黄啊。

苯与液溴发生了取代反应是苯的化学性质中最重要的一条,在这里师生之间通过 2 分 16 秒的思考与对话,让学生学会设计实验判断苯与液溴发生取代反应。学生回答的第一种方法证明物质有酸性属于对 HBr 酸性的复述水平,而后面从 Br^- 角度检验产生 HBr 是老师提供的答案,学生只是回忆了 Br^- 与 Ag^+ 反应的现象,认知思维层次较低。

2 实证运用:改进后的问题设计

如何帮助学生加深对苯分子结构的理解？怎样判断与证明苯与液溴反应是何种反应类型？是侧重于记忆和使用规则或程序,还是提高学生思考、推理和解决问题的能力？课堂中,教师应该给予学生怎样的学习任务呢？带着这样的思考,我们对如何根据学生的学习目标来匹配相应的教学任务进行了仔细的分析,并对教学任务的实施进行了仔细的规划,形成了新的教学设计。

2.1 明确问题的指向

教学问题设计指向不明时,学生不明确教师问了什么,该从什么角度回答,更加不知道怎么回答。往往出现学生的回答与教师期望的目标不一致,以致教师"主动"参与回答,学生思维停滞,也就得不到发展,导致学生就不再继续回答教师的问题,久而久之,学生就不愿意去思考教师的提问,他们等着讲解。例如上述从能量角度确定苯环结构中问题设计为:

> 问题:上述热化学方程式能反映出什么信息？说说你对苯环结构的认识。

学生看了上述三个热化学方程式,也不知道要谈苯环什么认识,是稳定性还是结构特点,抑或反应热大小？

2.2 问题设计与实施有层次的提升

问题的一次性给出,学生会感觉问题较多而失去信心,或者因为前面的问题没有很好地解决,而造成后面实践无法进行,往往思维得不到发展,实践不能成功,造成对问题的恐惧乃至对学科的失望。例如任务一的问题:

> 问题:同学们写出苯环结构并动手搭建凯库勒结构。

为什么最快的一组 1 分钟便搭建成功,而用了 3 分 12 秒只有两组搭建成功,而另十组都没有成功呢？其中原因之一是没有写出凯库勒结构,当然也有其他的原因。

2.3 给学生思考的时间和讨论的机会

如果问题抛出后,学生没有足够的时间思考,当然不会有认知思维发展,对于较复杂的问题还需要生生之间思维碰撞,思维及时修正,才能使每一位参与者思维受到启迪。而在实践中,由于学生没有时间思考,没有机会交流,而收到的是教师的分析和结论。例如任务三中的问题:

> 问题:如何设计实验证明苯的溴化是取代反应而不是加成反应？如何检验产物 HBr？

这种问题的解决需要学生通过写苯与液溴反应的方程式,交流取代反应与加成反应特点,才会得出从是否产生 HBr 的角度来判断发生取代还是加成反应,设计实验证明过程有理解、分析、实施、判断的认知思维融合其中,需要通过师生、生生的交流才能达成。而教学中却变成了师生的一问一答式,自然出现思维冷场。

根据上述分析,对问题进行如下改进:

教学任务	设计意图
任务一:苯的凯库勒结构搭建 请根据苯的分子式 C_6H_6 写出苯的凯库勒结构式。(一位同学上黑板写,其余同学在纸上写)根据写出的凯库勒结构组内合作搭建模型。 实验:苯与酸性高锰酸钾溶液混合。	这样设计学生在共同的时间内写出凯库勒结构,即使没有写出,黑板上也有正确的结构。搭建过程只涉及两种原子,所以模型盒中只放两种小球,而且有明确的指向,学生搭建过程是一个动手实践过程。同时有同学实验酸性高锰酸钾溶液与苯的混合现象。学生对搭建的凯库勒结构与实验现象之间形成认知冲突。

续 表

教学任务	设计意图
任务二：交流讨论分析从能量的角度确定苯的结构中不存在碳碳双键与单键。 信息：碳碳双键加氢时总要放出热量，且热量与双键数目大致成正比。但 ⬡(g)+H₂(g)⟶⬡(g)； $\Delta H = -119.6 \text{kJ} \cdot \text{mol}^{-1}$ ① ⬡(g)+3H₂(g)⟶⬡(g)； $\Delta H = -208.4 \text{kJ} \cdot \text{mol}^{-1}$ ② ⬡(g)+2H₂(g)⟶⬡(g)； $\Delta H = -237 \text{kJ} \cdot \text{mol}^{-1}$ ③ 问题：苯与氢气加成放出的热量与1,3—环己二烯与氢气加成放出热量不成正比说明什么？反应②—③得到 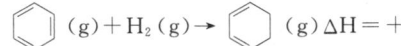 $28.7 \text{kJ} \cdot \text{mol}^{-1}$，说明苯与氢气加成生成1,3—环己二烯时能量怎样变化？哪一种物质更加稳定？（信息提示：物质的能量越低越稳定）	这样的问题设计有明确的指向，希望同学能从反应放热不成正比的角度判断出苯环中不存在三个碳碳双键。同时根据反应②—③的运算得出热化学方程式知道苯与氢气加成生成1,3—环己二烯的反应中吸收能量，从而得出苯的能量比1,3—环己二烯要低，更加稳定。
任务三：苯与液溴的反应为取代反应。请尝试写出苯与液溴在铁粉作用下可能的反应方程式。 问题：如何检验产物HBr？比较取代反应与加成反应不同点，设计实验证明苯的溴化是取代反应而不是加成反应。	问题的设计中先让学生回忆HBr检验方法，再引导学生比较取代反应与加成反应不同，是否有小分子副产物（HBr）产生，学生思考判断时就有了思维的出发点。这一任务解决过程中关键是要给学生思考的时间，然后再是小组讨论，最后请各组同学发言，并相互解答怎样排除其他物质的干扰。

3 任务改进后的课堂实施：发展学生认知思维

课堂中的学习任务是与教师的目标和意图，课堂情境中教师与学生的行为及其相互作为相联系的。因此，课堂中呈现的学习任务不仅是课本上或者教师备课中预设的问题，而且还有问题展开的课堂活动之中出现的非预设的问题。但是在教师为学生布置任务时，如何为学生提供更多的思维、推理、问题解决和科学交流的机会，发展学生的高认知思维，则是课堂中教师需要仔细思量的。当我们将新设计运用到课堂中时，我们发现预设、非预设与生成的问题需要根据课堂表现合理把握。

3.1 认知思维的生长点在哪里

不同的学生知识水平和思维水平是有差异的，第一次课为什么在搭建凯库勒结构花了3分12秒却只有2组搭建成功，原因中就有没有能写出正确的凯库勒结构，而改进后即使学生写不出，也可以在投影中找到，水平高一点的同学根据自己写出的结构搭建，水平欠缺一点的同学可以看正确的结构再搭建。不同水平的同学都能获得新的知识，同时提升思维水平。所以第二次课，学生花了2分10秒就有11组同学搭建成功，而且还完成了苯与酸性高锰酸钾溶液混合的实验。

3.2 问题实施过程中需要时间与交流才有思维的发展

苯与液溴的反应学生写出了两种反应方程式，分别是 ⌬ $+ Br_2 \xrightarrow{Fe}$ ⌬-Br $+ HBr$ 和 ⌬ $+ Br_2 \xrightarrow{Fe}$ ⌬$\genfrac{}{}{0pt}{}{-Br}{-Br}$，不同之处是第一个反应有 ⌬-Br、HBr产生，而第二个反应只有一种产物邻二溴苯，至于到底发生什么反应，需要通过对产物的检验来确定，问题的焦点就集中到了HBr的检验，此时要给学生思考时间和合作讨论机会，然后请各组同学发言、相互补充，通过学生之间的思维交流和碰撞，会设计出很多种检验的方法，每一位同学都能在交流中学会检验HBr的方法，以此判断发生了取代反应，促使认知思维水平的提高。

3.2 问题表述准确、指向明确和层次合理，有效促进学生认知思维的发展

从苯与氢气加成放出热量多少来判断苯环中不存在三个碳碳双键的分析，给出三个热化学方程式后，老师给了学生18秒的思考时间，然后是32秒

的生生之间合作交流,再请一位同学来发言时,这位同学回答有理有据,而且其他同学都在期待他"答错"而自己有机会回答,可惜他分析思路非常清晰准确。当老师根据热化学方程式给出反应②—③得到:⌬(g)+ H_2(g)→⌬(g) $\Delta H = +28.7 kJ \cdot mol^{-1}$,请说明苯与氢气加成生成1,3—环己二烯时能量怎样变化,哪一种物质更加稳定。学生用12秒时间交流,回答也合理正确。同第一节课相比,不仅时间缩短了,学生参与度与回答问题信心和准确性都有明显提升。

综上所述,学生认知思维的发展既与解决问题的知识水平有关,又与问题的表述、指向和层次有关,更与课堂的组织和学生主体作用发挥与否息息相关。

高层次思维:教学设计的视角
——以《苯分子结构确定》为例*

摘　要　文章以《苯分子结构确定》为载体,研究怎样的教学设计能够促进学生的高层次思维的发展,本文以课堂实证为依据,结合学生思维活动与课堂反馈,改进教学设计,以达成研究目标——从教学设计视角促进学生的高层次思维发展。

关键词　高层次思维　教学设计　课例研究　实证研究

教学是为了促进保持和促进迁移,保持是事后将教学时的材料原封不动地记住的能力。迁移是运用所学知识去解决新问题、回答新问题或促进新材料学习的能力[1]。高一学生已经学习了烷烃、烯烃等链状结构的有机化合物,这一课时是学生第一次接触环状结构的烃——苯。为什么会形成环状结构?如何帮助学生理解从链状到环状的转化?通常的教学,老师常常会:用实验证明苯分子中不存在碳碳双键,并告诉学生苯分子的特殊结构。这个过程中,教师更加侧重让学生知道苯分子特殊的结构特征,却忽视得出苯分子结构的过程,学生是接受新知识而非建构知识的过程。失去思考:为什么苯分子结构要写成环状而不写成链状结构?凯库勒结构合理吗?下面

---

* 发表于《教育研究与评论(中学教育教学)》2012年4月。

以《苯分子结构确定》的学习为例,探索烃分子结构确定的思维认知过程和方法。

1 第一次课教学任务分析

这一节课的教学目标是:①从苯的分子式与结构式确定中了解科学发现的意义,学习科学研究的方法。②理解苯的结构特点。了解苯的物理性质、化学性质和用途。③初步学会根据结构预测可能的化学性质,并能从结构进行说明。④巩固根据相对分子质量和元素百分含量求分子式的方法。

根据教学目的要求,可将教学内容分解为三个任务:一是苯分子式计算;二是根据分子式确定结构式;三是苯的性质。

1.1 苯分子式计算

根据给定物质相对分子质量和元素质量分数,通过计算得出分子式。

任务一	师生课堂活动
相对分子质量和元素百分含量确定分子式。	老师请学生看投影。 1.19 世纪 30 年代,煤炭工业蒸蒸日上。 2.人们发现煤气罐里常残留一些油状液体。 3.英国化学家法拉第花了整整五年的时间从这种液体里提取了苯。苯由碳、氢两种元素组成,其中碳元素的质量分数为 92.3%,苯的相对分子质量为 78。计算苯的分子式。 老师请学生计算并指定学生回答。

利用苯的发现史引入新课,提出苯的分子式求算。一方面是渗透科学史的教育,另一方面也是学生是对求算分子式方法的复习。课堂观察发现,很多学生用了设该有机物分子式为 C_xH_y,然后列二元一次方程组求解,而没有用采用更加简单的 $N(C)=(78×92.3\%)/12=6$,$N(H)=(78-12×6)/1=6$ 的方式来求解,也有同学未经过计算直接写出苯的分子式。

1.2 苯结构式确定

根据苯的分子式 C_6H_6,猜测可能结构式,并运用多种方法证实苯分子的结构。

任务二	师生课堂活动
书写C_6H_6可能的结构,用科学方法逐一排除并确定苯分子的结构式。	师:大家想一想已经学习了几种有机物。 生:甲烷、烷烃、乙烯、烯烃、乙炔。 师:C_6H_6有什么特点? 生:与前面这种烃相比,没有单独的碳碳单键和碳碳双键。 师:还有吗? 生:与乙炔相同,有碳碳三键。 师:仿照乙烯、乙炔的结构,试着写C_6H_6的可能结构。(提示碳原子一般形成四条键,同一个碳原子不可能同时连接有两个碳碳双键) 学生板书1:$CH=CH-CH=CH-CH=CH$; 学生板书2:$CH\equiv C-CH_2-C\equiv C-CH_3$; 学生板书3:$H-C\equiv C-H$。 师:请大家判断,这三种结构是否合理? 生:第一、三两个结构中不满足分子式,第二个结构合理。 师:试着写一写其他可能结构。 学生练习书写……(较长时间) 老师投影展示满足C_6H_6的链状、环状和立体结构。

设计这一内容的目的是:试着让学生从链状、环状、立体等不同碳原子连接方式、官能团及位置不同写出C_6H_6可能的结构,并通过实验及其他科学方法逐一证伪不合理结构,证实苯的合理结构。既想通过写C_6H_6的可能结构训练学生发散性思维,又想让学生获得更多的思考问题的方法和练习动手的实践机会。而在实际教学中大部分学生写出了链状结构和凯库勒结构,选择用酸性高锰酸钾溶液和溴水检验可能的结构,并用键参数法得出苯分子的合理结构。为什么没有写出其他较复杂的结构呢?第一,只是学过判断同分异构体,而没有学习书写的方法和规律;第二,课前的预习对学习内容有明确的指向,学生可以很明确地从教材中找到苯分子的凯库勒结构。

1.3 通过实验,学习苯的性质

任务三	师生课堂活动
阅读教材,动手实验学习苯的物理性质与化学性质。 1.苯是不溶于水,密度比水小的一种无色液体。 2.苯与钠不反应。 3.苯不能使酸性高锰酸钾溶液或溴水溶液褪色。	师:通过前面的学习和实验,结合苯分子的结构特点,请写出苯可能有哪些性质,可以同桌交流。 生:物理性质和化学性质。 师:请具体说一说。 生:苯不溶于水,不能使酸性高锰酸钾溶液和溴水褪色。 师:甲烷、乙烯可以点燃,苯能点燃吗?请大家用实验证明。(学生分小组开始操作) 师:请叙述观察到的现象。 生:能燃烧,冒黑烟。 师:大家取一个试管,里面加2毫升苯。放入一小块金属钠。观察现象。 (老师提醒学生钠块取小一点,学生按描述动手实验) 生:苯中加金属钠后,沉入试管底部,无其他明显现象。 师:再加2毫升蒸馏水,注意观察。(等待学生做实验) 生:加水后,液体分层,钠在液体分界面和上层液体中上下浮动。 师:请同学们课后讨论并进行科学解释。

教师设计上述实验,目的是希望学生通过动手实验并观察现象,亲身体验激发兴趣,但教学内容与苯分子结构没有很明显的直接关联,而且这些性质没有帮助学生起到巩固苯分子结构特点的作用,不能促进高层次思维发展,仅有较低层次——记忆苯的一些性质。

这一课时的教学任务有三个:分别是分子式计算、结构式确定和苯的性质。重点是苯分子结构的推测与科学证明。而为性质设置的实验二、三只是学生的操作体验过程,没有很好地把握好与结构的关系,高层次思维未得到体现与发展。根据相对分子质量与元素质量分数计算物质的分子式这一任务,由于问题设置不准确,学生不进行计算也能得到苯的分子式,未能很好地呈现思维过程。

2 第二次改进后教学任务分析

2.1 任务一:苯分子式计算

改进后问题:苯由碳、氢两种元素组成,其中碳元素的质量分数为92.3%,相对分子质量为78。请列式计算该分子中碳原子个数和氢原子个数。

改进理由分析:课堂观察发现,学生已经知道苯的分子式,只是识记内容再现过程。而改进后的问题,让学生呈现理解、运用求解分子式的方法,并且对不同的求解方法进行比较,选择最简单的计算方法。既有求解方法的复习巩固,更有运用程序性知识解决问题过程的展现。

2.2 任务二:苯分子结构确定

改进后设计:分子式→凯库勒结构→证伪和证实→得出合理结构→同分异构体说明苯分子结构。

改进理由分析:因为 C_6H_6 可能结构推测书写,侧重的是同分异构体的书写与判断,试图让学生发散性思维得到训练。课堂观察:学生通过预习,已经知道苯的凯库勒结构;基于学生的这一事实,舍弃原来的设计,直接切入凯库勒结构,将思维重点放在对凯库勒结构不合理之处的证伪和合理结构的得出过程。并对延用凯库勒式的理由及使用的好处进行了解释。

2.3 任务三:苯的性质

改进后设计:学生通过教材自学物理性质;对照已学过的烷烃和烯烃的化学性质,讨论苯可能会发生的化学反应(取代反应和加成反应),再次证明苯分子结构中化学键的特点。课堂实证如下:

任务三	师生课堂活动
苯的性质: 1. 苯的物理性质。 2. 苯的化学性质——取代反应和加成反应。	师:我们已经知道了苯的物理性质。CH_4 与 Cl_2 有取代反应、$CH_2=CH_2$、$CH\equiv CH$ 能被酸性高锰酸钾氧化,能与溴水发生加成反应,猜想苯可能会发生什么反应? 生:取代反应。 师:在苯与溴水混合时,溴水层也褪色了。是不是遇到溴水也发生了化学反应? 生:好像不是,应该是萃取吧。上层是溴的苯层,下层是水层。 师:苯分子中共价键介于碳碳单键与碳碳双键之间,那么它的性质是不是也介于(生嘀咕)之间?书本上有没有苯的相应的反应? 生:(集体)有。 师:是什么反应? 生:取代反应。 师:会不会发生加成反应? 生:可以的。 师:但要给一些特定的反应条件,比如说加热、使用催化剂之类的。

改进理由:原实验设计是老师事先安排好的,学生只需要按老师的设计进行实践,观察现象,记住性质即可,也只有记忆思维。改进后,先预测苯可能的化学性质,分析实验现象,联系苯与硝酸、苯与氢气反应实例,证实苯的化学性质。结构决定性质,性质反映结构,苯能发生取代反应和加成反应再一次证明苯分子结构特征,存在一种介于碳碳单键和双键之间的特殊共价键。

3 反思高层次思维的教学设计

高层次思维是人在发展过程中要获得的一种认知过程和思维能力,随着学习内容和难度的增加,对思维的要求已经发生了变化,即使是记忆能力要求,也从机械记忆向意义记忆转化。对学生在学习过程中理解、运用、分析、评价和创造的要求会越来越多。

3.1 同样的任务,不同的设计可以实现学生不同的思维

两次课都是完成相同的三个教学任务,例如苯分子式计算,问题设计不

同,学生思维层次也不一样,再比如说苯分子结构确定,第一次课设计试图促进思维的发散性,侧重于写可能的结构,第二次课设计主要以科学证明某一结构的过程,学生在课堂中动脑思考比动手实践更多一些。课后,我们做了一些调研,试图发现学生思维的发展。

我们出了一道试题:分子式为 C_8H_8 的有机物,预测其可能的结构,并对写出的可能结构进行证明。这道题目既有理解、运用学习苯分子结构过程的原理和方法,又有分析、判断得出合理结构的过程与实践。

测试题分析:第一次课侧重可能结构推测,所以学生除写出八元环外,写出其他环状和链状结构比第二次课班级多很多。凯库勒式是苯及其同系物特殊的结构,存在的六中心六电子离域键,而其他情况不一定都能形成离域键,所以学生在实施根据烃分子式写结构式这一程序性知识过程中,完全进行正迁移,而不知道是否真正有这样的化学键存在。而很少有同学写苯乙烯 ⌬—CH=CH₂ 和立方烷 ▢。在这些变化过程中不仅是对苯环结构的理解,更加明显的是对烃分子环状结构及碳碳键形成的过程分析,实现对未知物结构确定的思维迁移。

出现上述问题的原因是我们对苯环结构的研究侧重于与乙烯结构的比较,思维碰撞在建立环状结构与链状结构差异,更多的设计都是证伪苯环结构中不存在碳碳单键、双键的交替结构,证实其特殊的共价键。在学生建构苯环结构时,第一将无法连接的电子都用离域键形式成键,第二碳原子超过六个时就将所有的碳原子连接成环状结构,第三苯的分子结构研究中没有写三维结构。

3.2 科学史的运用不只是增加兴趣,可以让学生基于"史的事实"进行思辨

科学史在教学中的运用不仅可以增加兴趣,调节氛围,而且可以让学生基于前人科学探索的过程,辨析原理在不同认知基础上的合理性。丰富学生思维活动,辨析、判断得出科学的结论。例如凯库勒式的得出过程,科学家凯库勒一直致力于对苯分子结构的研究,曾经写出很多种链状的结构,但都被实验一一否定,以此我们可以让学生辨别分子式为 C_6H_6 的各种链状结

构,但每一种结构至少含有碳碳双键或三键,都能使酸性高锰酸钾溶液或溴水褪色,排除了所有链状结构。凯库勒不甘心,一天凯库勒梦见碳链像一条蛇在高速旋转,突然咬住自己的尾巴,惊醒之后,凯库勒写下了环状结构,经过一整天的分析、整理得出苯的凯库勒结构,学生和老师一起研讨科学史的过程中体验凯库勒思考,是比较、分析和创造的过程。

3.3 利用学生的认知冲突,将思维引向深入

认知冲突是一个人已建立的认知结构与当前面临的学习情境之间暂时的矛盾与冲突,课堂教学中有预设的认知冲突与生成的认知冲突,利用好认知冲突,激发学生的思维活力,在外界条件的促使下,建立新的认知结构,将思维引向深入。

例如:凯库勒结构合理吗?

师:凯库勒结构有什么特点?

生:六个碳原子形成一个六元环,单双键交替出现。

师:真的有碳碳双键吗?可以用什么物质检验?

生:有,书本上都这样写的。用酸性高锰酸钾溶液或溴水检验,如果有碳碳双键存在,这两种溶液会褪色。(学生动手实验,发现没有褪色)

生:奇怪,没有褪色,难道没有碳碳双键?(学生认知与实验结果矛盾)

师:经科学测定,苯分子结构六元环中碳碳键的键长(0.140nm)是一样的,也就是说碳碳键是相同的。既不是碳碳单键(0.154nm),也不是碳碳双键(0.133nm)。并画出苯的合理结构 ⬡ ,但凯库勒结构一直沿用至今,一是为纪念科学家凯库勒,二是便于苯发生加成反应时物质用量的计算。

学生在认知冲突中,既知道了凯库勒式的不合理之处且学会了合理表示,又学会在实践中合理运用凯库勒结构。

《苯分子结构确定》一课的学习,不仅使学生获得苯分子式和结构式等事实性知识,同时更多地锻炼了记忆、分类和说明等认知思维。对于计算苯分子式和推理苯分子结构的程序性知识,不仅要记忆和理解,还需要在不同的情境中使用解决问题。证明苯分子结构中碳碳键是介于碳碳双键和碳碳单键之间的一种特殊共价键,并与碳碳双键和单键进行比较,获取本质上的差异,更让学生学会了比较、区分和进行评价的思维能力。从 C_6H_6 分子可

能结构预测与科学证明各种结构得出合理结构的过程,既有自身经验的总结,更是假设和科学推理、发散性思维能力的获取与实践。

参考文献

[1]L.W.安德森等.学习、教学和评估的分类学[M].上海:华东师范大学出版社,2008:56—80.

化学课堂教学中问题设计的若干思考*

摘　要　以模块形式编排教材的新课程实施五年来,教学内容和教学方法都有了新的改变,尤其提倡在课堂上师生积极开展互动进行问题探究,充分调动学生学习主动性,培养学生创造性新思维。问题式教学提出已经十多年了,但真正有效的是要在课堂教学中运用。怎样运用直接关系到教学效果,问题的设计与提出是核心。本文着重从问题设计的目的、问题设计的原则、问题的来源与创设的情境四个角度进行阐述,旨在帮助教师学会设计高质量的问题,在课堂中连环提出,以吸引学生参与到课堂的讨论和探究中来,引起学生的共鸣,从而达成教学目的。

关键词　问题设计　目的　原则　来源　情境

问题式教学是一种以问题为本的教学形式,它能使课堂充满悬念,让学生的思维接受挑战,潜能得到充分的挖掘。有效的提问能使课堂教学达到最优化,因此已逐渐成为课堂教学的重要模式。这种教学模式与方法要求教师以教学相关知识为背景,灵活创设问题的情境,有效进行问题开发与设计,应用多元化的教学资源与手段组织教学,并对教学过程中的语言表达、行为表现进行合理的评价。

---

* 发表于《教育研究与评论(中学教育教学)》2013年8月。

只有当学生接触的问题与原有认知水平不平衡时,学生才会产生急于解决问题的心理动机。而问题情境越真实,越能激发学生对真实世界的探索欲望即思维动机。学生总是把原有的对事物的认知作为思维的开端,然后才是思维延续下去。所以教师问题设计关联、层次、递推是影响教学效果的重要因素,在这里我从问题设计目的、原则、来源与情境创设进行论述。

1　问题设计目的是什么

　　基于问题的教学根本目的就是培养学生高层次思维,通过问题的解决过程来锻炼学生的思维,提高学生在认知、加工问题表征过程中分析解决问题的水平,培养学生自主、合作、探究的能力。如果单纯地传授知识和应试能力培养,则传统的教学优势明显,这就是为什么满堂灌的课堂学生在考试中也能得高分的原因,虽然不能满足课程改革的理念,但有高分的驱动力,所以谁都不愿意放弃这一重要的途径,只是在观摩、评比中给学生讨论、发言的机会。上次教师培训中听到"老师上公开课学生不会发言"的笑话,而这正是传统的教学模式的弊端,一方面教师捕捉问题的敏锐性将大大降低,而他在教学过程中对问题的理解也会变得狭隘,另一方面学生接受的知识将是惰性的和被动的,既挫伤了他们学习的积极性也耽误了学生智能的后期开发,授之以鱼,不如授之以渔。从教育的长远目标来看,不仅要让学生学会,更要让学生会学,这也是教师设计问题的根本目的。

　　例如:实验化学"探究乙醇和金属钠反应的原理"一课,进行如下四个实验:

　　实验一:向小烧杯中加入无水乙醇,再放入一小块金属钠,观察现象,并收集产生的气体。

　　实验二:设法检验实验一收集到的气体。

　　实验三:向试管中加入 3mL 水,并加入一小块金属钠,观察现象。

　　实验四:向试管中加入 3mL 乙醚,并加入一小块金属钠,观察现象。

　　问题1:简述实验二中检验气体的实验方法及作出判断的依据。

　　问题2:从结构上分析,该实验选取水和乙醚做参照物的原因。

　　问题3:实验三的目的是欲证明_____;实验四的目的是欲证明_____;根据实验三和实验四的结果,可以证明乙醇和金属钠反应的化学方程式应为：

$2CH_3CH_2OH + 2Na \longrightarrow 2CH_3CH_2ONa + H_2 \uparrow$

$2CH_3CH_2OH + 2Na \longrightarrow 2CH_3CHNaOH + H_2 \uparrow$

$CH_3CH_2OH + 2Na \longrightarrow CH_3CNa_2OH + H_2 \uparrow$

$CH_3CH_2OH + 2Na \longrightarrow 2CH_2NaCHNaOH + H_2 \uparrow$

……

如果没有通过实验，上述四个方程式书写都可以算正确的，问题设计目的是让同学根据实验现象的对比回答问题3，就能帮助学生理解反应的原理，达成教学目的。

2 问题设计遵循什么原则

2.1 计划性

教师为完成教学目标而对问题的内容结构、提出问题的时机、以及被提问的对象提前进行准备。如果课堂提问的随机性越小那么就越有利于教师进行课堂管理与监控，提高课堂效率，也有利于处于不同学习水平的学生都可以从问题中得到应有的收获。

笔者在"金属钠的性质与应用"一课中对钠的认识的教学，设计了下面的问题：

问题1：请同学们观察实物钠，说一说钠的外观。在书本上找一找有哪些物理性质。

问题2：请画出钠原子结构示意图，说说钠原子有什么样的结构特点。最可能发生什么变化？从钠原子的结构预测，有哪些化学性质呢？

问题3：钠能和HCl溶液反应，是先与水还是酸反应？请写一写化学反应方程式。

问题4：钠可用于从钛、锆、铌、钽等金属的氯化物中置换金属单质。观察反应方程式，说说反应要注意哪些问题。

$TiCl_4 + 4Na \xrightarrow{700 \sim 800℃} Ti + 4NaCl$

以实物为载体，引导学生从感性的物理性质到抽象的原子结构，推测钠的化学性质。帮助学生在课堂掌握知识。

2.2 层次性

问题的设置要由浅入深,能让学生在思考问题的同时不自觉地深化对知识的认识。先设置几个简单的几乎是一目了然的问题,再设置几个开放的、思维要求比较高的问题,让学生充分发散自己的思维。还是以"金属钠的性质与应用"一课中设计的问题为例。

问题1:金属钠的知识我们今天已经探讨了,现在请同学们思考:金属钠为什么要保存在煤油里? 如果有一种性质和钠的活泼性相近,密度为 $0.53g \cdot cm^{-3}$ 的金属锂,保存在哪里呢?

问题2:为什么金属钠不能用手直接去拿呢?

问题3:现有如下实验,在一支试管中,加入 $5mL C_6H_6$,再加入 $5mL H_2O$,将一小块金属钠投入其中,观察现象?

问题4:金属钠的化学性质很活泼,用什么方法来制取呢?

问题5:根据金属活动性顺序,排在前面的金属可以将排在后面的金属从其可溶性的盐溶液中置换出来。例如:我国在西汉时期,就掌握了湿法炼铜技术,其原理就是用铁与硫酸铜反应置换出铜。金属钠与硫酸铜溶液反应结果会如何呢?并简要说明理由并写出化学反应方程式? 如果一定要用钠置换出金属 Cu,要怎么做呢?

上述问题前2个只是简单运用钠的一些物理和化学性质,而问题3就要结合物理和化学性质来思考问题了。问题4的提出希望同学根据初中已有的知识,结合钠的化学性质特别活泼的特点,解决现实生产中钠的制取难题,比前面三个问题难度有一定提高。而问题5是对前面四个问题的一个综合性的运用。显然这些问题在一堂课中提出有明显的层次性,知识逐步上升,也利于不同学生知识的接受和能力的培养。

2.3 针对性

教学问题应该针对教学目标、教学重点及学生的能力,具有定向性、限制性和指导性。定向性是指教师要考虑问题是否立意鲜明,符合教学内容。限制性是指问题宽度和深度要考虑学生原有的基础知识和能力水平,同时预测学生可能达到的思维结果。当然,学生的主观能动性往往会使问题的结果超出教师的预期,教师的灵活机动性也是很重要的。指导性是指问题设计是否有层次和关联性,以便于学生的思维保持连贯,从而帮助学生构建系统化的知识。如在盐的水解教学中,教师考虑到学生已具备电解质的电离、水的电离、平衡移动原理和 pH 等相关知识,可以有意识地让学生参与测定氯化铵、醋酸钠、硫酸钠溶液的 pH,引导他们从原有知识出发,分析、对比、联想、迁移,找出三种溶液 pH 不同的原因,问题由浅入深,层层递进,就是为了总结出盐类水解的本质和规律。问题设计如下:

问题 1:水的电离平衡是怎样的? 酸和碱如何影响水的电离?

问题 2:盐的组成有何特点? 在水中的电离情况如何?

问题 3:它们溶于水后对水的电离平衡有影响吗? 怎样影响? 结果如何? 怎样表示?

问题 4:你能比较分析上述三种溶液 pH 不同的原因吗?

问题 5:试总结一下盐溶于水后的变化规律。

2.4 启发性

教师在教学中提出问题,启发学生思考,这是教师在课堂教学中必须进行的一个过程,设计恰到好处的教学问题可以诱发学生深思,使学生很快进入思维状态中。教学问题是否具有启发性并真正促进学生的能力发展,是衡量教学效果的重要标准。教师要善于从各种教学资源寻找与教学内容相关的具有启发性的问题,直观教具、文字材料、图表、实物或模型、实验、生活生产实际均是教师提炼问题的良好素材。如我们通过镁粉加入到氯化铵溶液中产生气体和泡沫灭火器原理启发学生学习盐的水解规律,通过钠与水的反应现象启发学生学习钠的性质,通过乙醇和甲醚的组成与结构测定启发学生学习醇与醚的性质以及同分异构,通过原电池原理启发学生学习金属的腐蚀与防腐等等。这样的问题举不胜举,关键是教师要善于挖掘。

3 问题从哪里来

要选择贴近学生的情境,避免选择远离学生实际的情景。化学与人类社会息息相关,因此,教师可以有意识地联系自然,社会生活和生产实际来设计问题。例如:你知道糖尿病人的血液和尿液含有什么吗? 医生是如何进行检测的？我们带的变色镜为什么会变色？馒头为何越嚼越甜？铁锅为何会长红斑？铜丝放在酒精灯上加热为什么变黑等等。对于这样的问题学生有真实的体验，学习兴趣浓厚，通过学习既使学生学有所得，又让学生学有所用。

  教师可以从课本的文字材料中挖掘问题。课本对于知识的描述往往是直接的，学生恰恰弄不明白的就是为什么是这样，教师通过问题的提出引导学生更深入地研究，既能学到知识，又能学会研究问题的方法。如在硫酸工业制备流程的叙述中，教师可以提出一系列的问题：为什么黄铁矿在煅烧前要粉碎？反应物没有液体怎么要称造气设备为沸腾炉？炉气为什么要净化？为什么要用热交换器？为什么二氧化硫氧化时选择了常压而不是高压？为什么不直接用水吸收三氧化硫？等。

  教师也可以从学生的练习反馈中重新提炼问题。练习可以反映出学生在某些方面认识上的缺陷，教师要迅速对错误信息进行重组加工，引导学生发现错误，纠正错误，重新获取正确的信息。高三二轮复习中在习题讲评课中体现更加明显，比如说防倒吸装置和使用的改进，学生大脑中已经归纳和存在就有很多种了，如果提出氨气溶解如何防倒吸，可以从装置角度，也可以从试剂角度进行设计，类似问题在我们课堂中很多很多……

  问题还可以从实验中来。铜与浓硫酸反应中因为会产生 $CuSO_4$、SO_2 和 H_2O，通过自己的实验，我们会观察到很多教材中未提到的问题。例如：实验需要对装置进行气密性检查吗？尾气需要吸收吗？用什么吸收？会倒吸吗？试管底部出现的少量白色固体是什么，黑色固体又可能是什么？为什么会出现这种现象？怎样检验呢？

  教师还应鼓励学生发问，从他们的口中得到问题。这就要求教师要给学生提供一个十分民主的课堂气氛，还要积极培养学生问题意识。提出一个问题比解决一个问题更重要，这样的课堂既对学生提出了高要求，同时也给教师教学增加了难度。教师的知识面要宽广，学科专业要深厚，因为教师随时可能面对突如其来的问题。

4 问题情境创设与描述

  遇到需要教师或者学生表演时一定要全情投入，否则很可能由于表演的失败而起到反作用。实验是化学学科的基本特征,实验既是获取知识的一种方式,也是探究未知的一种手段。问题可以从实验中产生,也可以从实验中得到解决。所以实验往往是教师设计问题的最常见的情境。实验中问题主要源于学生对物质性质的理解,对实验现象的困惑,对实验装置的疑问,对实验步骤的反思。如乙酸乙酯的制取中:为什么乙醇加入的较多?为什么硫酸不能最先加?为什么导气管不伸入接受液的内部?为什么不用氢氧化钠溶液吸收而用饱和的碳酸钠溶液?为什么导气管要较长?在这些问题之间我们要规范完整地进行乙酸乙酯的实验操作过程,不用太多的语言描述的教师叙述就能很清晰地提供实验情境。观察仔细的同学还能够在教师实验操作中提出一些问题。学生提问是思维过程和吸取知识的反应;教师提问则是启发诱导和执教反馈的手段,要培养创新意识,师生不能不首先具有问题意识。

  问题情境创设中仅仅老师和学生全情地投入也是不足的,有些问题情境需要用图片展现和语言描述。情景的描述要言简意赅,不要拖沓冗长。有时情境创设缺乏深度与厚度,着眼点仅在情境的新奇有趣,过于关注情境的现场效果,停留于情感和情趣的共鸣,缺乏引人深思的内涵发掘,缺少深层次思维矛盾激发和高水平的思维参与的引导,这种课堂生动而无质量,例如,"晶体结构"中教师大量展示精美的晶体图片,却不深入分析其结构到底美在哪里,这种观看,并无思维活动,感觉的刺激不能自动转化为思维的活动。有些课堂刻意将课外情境引入课堂,却忽视由课内向课外延伸的过程,只是情境展示,而无教学实效。例如,"氯气",老师播放运输氯气的槽罐车事故,氯气泄漏的新闻报道,旨在说明氯气泄漏给人类带来的危害,现场的恐怖场面和对人类和环境的影响与危害,能影响学生的情绪,但教师并没有分析怎样抢险,如何保护生命财产安全,运用什么原理,这样就大大降低了情境的价值。有些课堂创设情境形式化,单纯地为营造课堂气氛去创设情境,却不注重课程内容和教学目的的关联。更有些课堂老师创设的情境学生不感兴趣或者学生不熟悉,与学生生活经验脱离,情境功能无法得到展现,反而会干扰课堂教学的主体。

  问题的提出与设计离不开设计的目的、要求、来源与情境,更有一些课堂中生成的问题,抑或是学生提出的问题,这正是我们在教学中不容忽视的问题。而我们的教学,却很少考虑这些要素,尽管教学改革层出不穷,可绝大多数只是形式上热闹。在提问方式上,教师提问缺少"悬念",问题之间缺少层次感。从问题主体来看,教师提问"以我为主",缺少让学生思考、发问的时空和氛围,甚至缺少"今天的课还有问题吗?"这类征询性的启发引导。这正如浙江省高中化学教师新课程展评中董君老师对课堂评价的总结一样,我们老师更多地关注对教师、对教材的评价,而缺少对学生的评价。问题式教学中问题的来源也一样,不能只有老师准备的,而课堂生成的问题,学生提出的问题也要适时地进行交流和探讨。相信问题式教学法运用,一定会使课堂更加精彩!

参考文献

[1]丁永霞.化学探究教学问题情境创设的实践与策略[J].中学化学教学参考,2010,8:33.

发展学生高认知思维问题设计的研究与实践 *

摘　要　文章以《苯的结构与性质》为教学内容,以课例研究为载体进行实践,促进对高认知思维的理解。什么样的问题能发展学生的高认知思维？执教者如何设计发展学生高认知思维的问题？笔者通过课堂实证及时对问题进行改进,以期能更好地在教学实践中发展学生的高认知思维。在实证中,笔者不仅得到表述清晰、指向明确、层进关系的问题,还学会了在设计这些问题时思考切入点与设计方法。

关键词　发展　高认知思维　问题设计　实践研究

1　问题提出的背景和意义

1.1　研究主题与内容的确定

课例研究是行动研究的一种,在开展研究前,需要确定明确可行的研究主题,并选择好合适的教学内容,通过团队的实践获得共同的提高。在研究小组成员的酝酿、讨论和导师的指导下,进行了论证,最终确定研究主题和相应的教学内容。

---

* 发表于《春又暖,花又开》(上海教科院课例汇编)。

1.1.1 研究主题确定

课例研究要有一定的主题,也需要合适的教学内容,在实践中观察、记录、分析研究预设的问题和生成的问题。结合前一段科学组集体研究的主题——促进高认知思维的发展,在学习和实践中对高认知思维有了一定的了解,且在第一次研究中我担任上课老师的角色,感受到教学问题设计的科学性、表述的准确性、目标的指向性和问题的逻辑关系对学生认知思维发展起到了重要作用,当然问题提出的时间,问题的出现顺序等都会影响到学生的参与和高认知思维的发展。在导师的指导与科学组学员的共同论证,并与我校研究小组成员进行讨论,初始我确定了发展学生高认知思维的"问题组"设计,但在实践中发现每一个问题组内问题之间怎样建立逻辑关系,问题组之间的逻辑关系又怎样建立,这两个问题在我的研究中无法达成,也没有体现,最终将研究的主题确定为"发展学生高认知思维的问题设计"。

1.1.2 教学内容选择

由于研究主题是在第一次集体研究主题的子问题,即促进高认知思维的教学问题设计,且以学生课堂反馈作为设计与改进的依据,原主题的研究对象是高一(下)的学生,内容是苏教版必修2《今天我们认识苯》。本次主题的研究对象是侧理的高二(上)学生,内容是苏教版选修五《苯的结构与性质》,这一内容正是上一内容的延续、深入与拓展。学生认知能力提升与教学要求的提高相结合,有利于学生认知思维的发展,所以最终确定《苯的结构与性质》为教学内容展开课例研究实践。

1.2 国内相关研究

1.2.1 有关课堂提问与问题思维层次的研究

国内有关课堂提问的研究还是比较多的,我阅读了大量的有关这方面的研究文章,进行归纳比较后,发现这些研究有相似地方也有不同之处,现将已有的研究归纳为下面八点:

(1)问题认知水平与学生回答认知水平之间关系研究。

即课堂提问与学生已有知识能力的关系,太容易的问题学生思维含量低,久而久之,会失去兴趣;太难的问题,学生找不到思考的阶梯。这里的研究则是告诉我课堂预设的问题要以学生已有知识为基础进入。

(2)提问与追问的关系研究。

预设的问题教师若能有效控制,也能发展学生的认知能力,关键是预设问题运用时,生成的问题与追问时机的把握。但在出现新情境、新问题时该如何处理?追问什么样的问题?问到什么层次能发展学生的认知思维尚处在空白?追问会不会使课的教学目标发生变化等。

(3)问题的表达中对问题的要求研究。

课堂问题的内容需要控制一定的范围,不能太宽,容易导致学生无法回答或者是问题的核心无法很好体现,预设的问题要求良好、准确地表达。

(4)问题的种类与认知思维关系的研究。

问题的提出侧重于"是什么"、"为什么""对不对",这样的问题回答起来简洁,表面热闹,好像提问的对象多,但思维较少,很难引发高认知思维,也不会引发质疑。

①问题种类与思维发展。

对于提问,有很多不同的分类方法,很难在提问的分类上找到一种截然不同的分类方法。(Richards & Lockhart,1994)一些研究课堂教学的学者提议从问题发挥的引导作用这一角度来看待教师的提问。Sinclair & Coulthard(1975)提出,教师提问具有告知、确定、赞同、评价、重申、澄清等六种功能的引导。另外,一些研究者提议从学生回答问题的思维方式对课堂提问进行分类。Barnes(1969)根据他在英国的中学课堂所观察到的情况,把问题划分为开放式问题和封闭式问题。教师通常用封闭式问题来确定学生是否已经掌握了某些知识。开放式问题可以激发高层次的思维活动,鼓励学生推理、判断、评价、表达意见以及讨论某件事,收集例证、做出判断,开放式提问还能引发学生做出个性化的、具有创造性的、与众不同甚至"出圈"的回答[1]。

②问题的思维层级。

记忆—理解—运用型问题:这种问题向个体提示与当初学习情景中遇到的相似的刺激、符号或暗示,使学生几乎是用一种非常接近于当初遇到的观念或现象的形式,对具体信息或语法规则进行回忆,考查学生对知识的最低层次的理解,以及在某些特定的和具体的情境里使用规则。例如:课堂上根据原电池的反应原理回答变换电极材料后的电池电极。

分析—综合—评价型问题:这类问题属于高认知水平的问题,用于考查学生抽象思维能力,检验他们高水平的认知加工能力,并且往往能在学生的内心引发新知识。这类问题要求学生将交流内容分解成要素或进行组合,弄清各种观念的层次,弄清所表达的各种观念之间的关系。这些分析旨在澄清交流内容是怎样组织的,指出设法传递交流内容的效果、根据和排列的方法。如根据 NH_3 性质与铵盐和氨水的性质,分析制取 NH_3 的方法并选择仪器,对不同的方法进行评价、优化与选择。

(5) 有关提问时机和设计点选择的研究。

比如在知识衔接处、重点难点处、思维疑惑处、思维转折处、新旧知识的联系处、教学环节的关键之处和思维的"盲区"设计问题或随机提出问题,有利于课堂活跃且丰富,有效果。

(6) 有关学生知识构建的化学问题情境创设的研究。

从创设问题的基本原则、主要形式和途径,到不同类型的课堂和课堂的不同时间段来研究设计什么样的化学情境,何时运用问题,来达成问题效率最大化,学生知识水平得到发展。

(7) 有关课堂提问原则与策略的研究。

①客观性原则:"客观性"是指问题的设计必须从学生的实际出发,应根据学生的原有水平,为学生设计合理的、能引发思考的各种问题。

②指向性原则:"指向性"是指问题的设计必须针对本节课的教学目标,并要相对集中于本节课的重点和难点。利用指向性原则设计问题,可明确学生的学习目标,科学、合理地分配学生的注意力,使学生的学习更具有时效性和针对性。

③可变性原则:"可变性"是指问题的设计必须要从不同的角度、不同的层面去思考。

④散序性原则:"散序性"原则是指问题本身要体现发散性和开放性,而问题之间要尽可能地体现渐变性和有序性。

⑤问题的角度和切入点要具体而准确,问题设计中需要解决的一个难点是怎么样问才能使学生引起足够的注意力,使学生能经过思考或讨论找出解决问题的方法。

⑥问题的难度控制是问题设置的关键因素。问题太难,导致课堂"僵局",学生处于启而不发的状态;问题太易,导致课堂"闹市"或"冷场"。[2]

(8)引发学生思维的几种常见有效的提问研究。

①课堂导入式提问:把本节课的最关键的问题首先摆在学生的面前,让学生带着问题进入学习,使学生处于积极思考、主动求证的状态,激发学生的求知欲,提高课堂效率。

②类比提问:化学教学课堂问题中最常见的问题方式,通过类比提问使学生的思维得以发散,所学知识得以巩固,提高学生思维过程中的类比能力。

③梯度提问:就一个问题,教师设置一个由浅入深,由表及里的阶梯性的问题系列,在课堂里,根据学生的回答,依次提问,让学生层层深入地分析,从而使学生的思维由表象到本质,由简单到复杂步步展开,它具有锁链性、延伸性,能很好地培养学生的发散性思维。华生的行为主义观点认为:有什么样的"刺激",就会有什么样的"反应"。梯度提问实际上解决了强度等同的"刺激"得到的"反应"平淡,产生的效果差,学生思维没有高潮的问题。同一低层次的问题,会使学生往往感到单调、乏味、枯燥,而同一高层次的问题,会使学生产生畏惧、放弃的情绪。梯度提问正好解决了以上这两个问题,能切实地培养学生的发散性思维。

④一题多变的提问:主要在习题课中进行,通过一题多变的系列提问,使学生的思维变得活跃、发散,达到一题多练之效果,从而避免学生盲目解做大量的练习而效果差的现象,减轻了学生的课业负担。

⑤逆向性思维的提问:逆向思维和正向思维是思维活动中的两个不同方式,它们的思维的角度是不相同的,正向思维有时又可称为习惯性思维,教师的陈述、讲解易培养学生的正向思维,而学生逆向思维的形成则必须通过教师有意识地培养,设置巧妙的问题是培养学生逆向思维的有效途径。

1.2.2 有关高认知思维界定的研究

布卢姆分类学将认知思维分为以记忆为主的低认知思维和以理解、运用、分析、评价和创造为主的高认知思维。本研究以高中化学课堂中学生高认知思维发展与促进为目标,在课堂教学中设计怎样的问题才能有效达成目标? 通过前后测试、课堂观察、学生访谈来分析认知维度与问题设计的关系与有效性,认知维度在问题设计中的体现及实践中学生获得的思维能力,促进高认知思维发展。高认知思维的有效教学成果(Kozloff,2002)是学生熟练掌握他们所学的内容,并可以综合运用几种不同的简单技能去解决复杂的问题,也可以长时间掌握这些技能,并可以在新的、类似的情景和问题中概括化运用所学的知识,以进行独立学习,以促进认知思维的发展[3]。

教育的两个最重要目标是:促进保持和促进迁移(迁移的出现又是有意义学习的标志)。保持是事后将教学时的材料原封不动地记住的能力。迁移是运用所学知识去解决新问题、回答新问题或促进新材料学习的能力(Mayer&Wittrock,1996)[4]。学习知识时记忆只是对事实性知识和概念性知识的保持(记忆),而解决问题时更多的要迁移运用程序性知识,对一些概念性知识的理解和事实性知识的关联,同样需要发展高认知思维(理解、运用、分析、评价和创造)。化学学科的学习,不能仅停留在保持的基础上,而要学会迁移运用已有理解知识、分析问题的方法和原理来探索未知世界。

认知理论关注学习者的认知结构在学习活动中是如何变化的,认知理论强调,无论学什么,都是以形成认知能力为根本出发点,认知能力是个体适应环境的关键要素。认知理论还强调各种学习策略与思维发展,都需要结合学科内容,搭建脚手架并设计合理的问题通过师生交流得以达成。

苏联认知心理学家维果茨基认为:学生的可能发展区,就是超越靠近已知基础求知的境地,将学生置于"接近全知而又不能全知"的境地,在教师辅助下从事新知识的学习。在可能发展区的教学,除了带领学生在已有知识上学到新知识之外,更因学生面对新知识时需要新的认知思维方式,从而需要通过提问启发学生的智力。高中学生已有一定的逻辑推理能力,心智已经发展成熟,处于形式运算阶段。浅层次的低认知思维水平的问题已经不能适应学生的认知发展的需要。因此,高中教师在课堂中不宜过于频繁地使用低认知思维水平的问题。

1.3 课例研究的创新点

这一课例研究的创新点是:一是在原有有关课堂提问的问题设计基础上,贯穿发展学生高认知思维这一主题,预设的教学问题中不只是知识的获取,更重要的是发展学生高认知思维,且以是否达成这一主题为问题设计是否合理的判断原则,突出三维目标中学生在过程与方法实践中认知思维能力的获得;二是根据课堂的实际,会产生很多教学问题,合理选择并利用好临场的认知冲突来发展学生的高认知思维。在课例研究的三次改进课中,通过观察、测试和访谈,得出我们的改进是否有效,创新点是否达成。

2 研究的过程、步骤与方法

2.1 研究过程中人员与日程安排

行动研究过程需要一个团队的参与且团队成员有合理的分工,选择合理的观察点。同时需要安排好研究时间并处理好研究与教学时间关系。

1. 组员确定:李发顺、朱成明、倪升龙、胡键、倪艳、徐宁霞、张晓琴、叶斌、黄文松、黄未明

2. 授课班级:安吉县高级中学高二理科班

3. 授课老师:徐宁霞老师和李发顺老师

4. 时间安排表

表 1

时间		活动内容	关键词
9月16日		集中与分散学习知识维度和认知思维度	学习
9月16日上午第五节		①协商分工和时间安排;②研修内容与人员安排及课堂观察视角准备。	策划准备
9月19日		上午第四节(214班)	熟悉内容
9月20日		上午第三节(206班)	熟悉内容
21/9(三)	上午	▲第二节课8:40:上课老师说课(教学楼会议室) ▲第二、三节课间:课前测试:了解学生学习现状【有前测卷】 ▲第三节(207班):课堂观察(上课):观察课堂教学 ▲第三、四节课间:课后测试:诊断学生的学习效果【有后测卷】	学习研修技术
	下午	★小组合作:完成实录(下午15:00前) ★(15:40~17:00)讨论课堂教学,形成框架,提出改进建议	依据证据提出建议
	晚上	教学设计修改与前、后测试卷修改	及时改进
22/9(四)	上午	▲第二节8:40:上课老师说课 ▲第二、三节课间:课前测试:了解学生学习现状【有前测卷】 ▲第三节(205班):课堂观察(上课):观察课堂教学 ▲第三、四节课间:课后测试:诊断学生的学习效果【有后测卷】	行为跟进
	下午	★小组合作:完成实录(下午15:00前) ★讨论课堂教学,形成框架,提出改进建议	依据证据分析比较
	晚上	教学设计修改与前、后测试卷修改	及时归纳

续 表

时间		活动内容	关键词
23/9	上午	第三节(209班)——李发顺老师上课	
	下午	实录	
26/9 (一)	上午	▲第二节 8:40：上课老师说课 ▲第二、三节课间：课前测试：了解学生学习现状【有前测卷】 ▲第三节(210班)：课堂观察(上课)：观察课堂教学 ▲第三、四节课间：课后测试：诊断学生的学习效果【有后测卷】	行为跟进
	下午	★小组合作：完成实录(下午 15:00 前) ★讨论课堂教学，形成框架，提出改进建议	及时改进
27/9		下午第二节(212班)上课	
24、25/9		整理自己观察到的内容	
1～7/10		写课例研究文章，7号晚上交	
8～15/10		修改课例研究文章或感想，15号晚上交	
16～20/10		请导师修改研究文章	

5.任务分工：(见下表)

表 2

分组情况	任务说明
活动召集人(朱成明)	负责活动前学习、活动过程时间和人员的保证
活动设计人(李发顺)	负责活动内容、活动主题，相关理论的学习、分工
教学设计组(组内老师都参与讨论,4人) 徐宁霞　黄文松　叶斌　倪艳	由执教老师，依据集体讨论思路共同设计教学；并在上课前提交教案和课件电子稿
前后测试题命题测试组(4人) 李发顺　倪升龙　胡键　朱成明	负责设计前后测题目(2～3道题目)以及访谈提纲；并整理前后测数据以及访谈内容
教学环节观察(环节记时)与录像：　朱成明 提问与反馈：问题数量记录：　　胡键 　　　　　问题认知层次：　　　李发顺 　　　　　问题表述与问题指向：黄文松、倪升龙 教师提问方式：　　　　　　　叶斌 学生回答方式与类型：　　　　倪艳、张晓琴 教师评价方式：　　　　　　　黄末明	按照要求在课堂里做观察记录；并整理完成该观察角度的微型报告

续 表

分组情况	任务说明
课后访谈组(朱成明 李发顺 倪升龙 胡键)	课后对主干知识学会与印象感知与学生交流
资料收集(教案准备、记录单准备、实验准备、记录整理)李发顺 朱成明 倪 艳 徐宁霞	负责准备教案、实验、记录单、讨论记录及其他资料收集整理
实录分析组全体(00:00～05:00 李发顺)(05:00～10:00 胡键)(10:00～15:00 朱成明)(15:00～20:00 倪升龙)(20:00～25:00 倪艳)(25:00～30:00 张晓琴)(30:00～35:00 黄文松)(35:00～40:00 黄未明)	根据要求整理关键性教学片段的实录,并做相关分析;完成微型文字分析报告

2.2 研究的内容

根据研究主题要求和《苯的结构与性质》教学目标,从下述几个方面进行观察记录,分析学生在问题出现后的表现与理答情况,评估问题设计是否达成研究主题。

2.2.1 问题的表述与指向

教学问题的表述与指向会影响学生的理解与回答,一是语句太长,不知道问题的内容;二是语句太深,难领会问题的题意;三是指向不明,找不到回答的起点;四是范围太宽,容易偏离问题的目标。

2.2.2 问题的认知思维

从学生发展来分析,对课堂中的教学问题进行整理,并对每一个问题进行解析,属于什么层次的思维,学生在课堂活动中达成情况如何,这些问题的认知思维是否能合理地组合。

2.2.3 问题的出现顺序与方式

从学生课堂活动表现分析,课堂中的教学问题出现后学生的反馈,出现顺序与出现方式是否要改变,怎样改变能更好地发展学生的高认知思维。

2.3 研究的步骤与方法

2.3.1 研究的步骤

(1) 组织学习

课题组成员共同学习课例研究的方法与实例,结合学生认知水平、知识基础及能力现状,选择适合高中化学研究的领域与方向,综合讨论并确定发展学生高认知思维作为研究的方向,在教学实践中怎样通过课堂实现,关键是课堂问题设计源于思维品质与认知维度的结合。安排九月两次关于高认知思维的学习,参考书为《学习、教学和评估的分类学》、《课例研究,让我们一起来》和《有效教学》,并确定徐宁霞、李发顺老师为这次课例研究的上课老师,以徐宁霞老师为中心进行教学设计,胡键老师为前后测试题命制与实施组负责人,李发顺老师为教学观察组负责人,叶斌老师为研讨组负责人。

(2) 共同观课与实录

在研究小组教师的共同准备下,集体观课,并根据各自的分工,明确自己观察的侧重点和要求记录,并在课后进行分类汇总,归纳整理,在集中研讨时向组内教师汇报。上课的当天中午进行分段实录,每位参与老师都放弃休息、积极参与,前后测试的老师还进行分类统计与对照。

(3) 集中研讨

上课的当天下午15:00～17:00为集中研修的时间,研究小组老师聚集在会议室,先听各观察组老师汇报,分析课堂中问题出现后学生的反应,并提出改进意见,如问题该如何描述,设计这个问题的目的是什么,问题指向上是否不清,问题的思维层次水平,要求上课老师按研究小组老师提出的建议进行改进。一是可以帮助上课老师从多个角度观察自己课堂问题设计是否能达成主题;二是以课例研究为载体的行动研究,能促使学生高认知思维的发展;三可以让每位研修老师的智慧进行碰撞,引发同行对高认知思维发展的思考;四是通过研修促使每一位研修老师学会课例研究。

(4) 总结提升

要求研修老师每天都进行总结,并记录在研修本上,在四次课完成后写出对发展学生高认知思维问题设计的观点和课例研究的感受,总结在这个过程中自己的收获和疏漏之处,并对自己的行动研究提出修正建议,在研讨会上进行交流。

2.3.2 研究方法

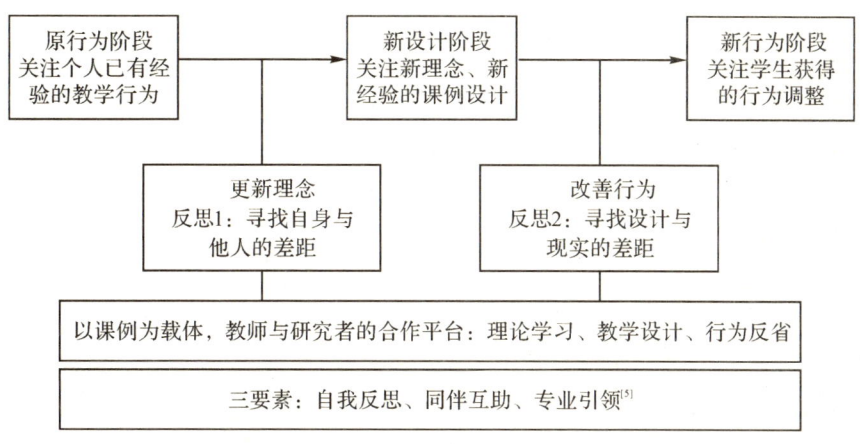

图 1

2.3.3 研究程序

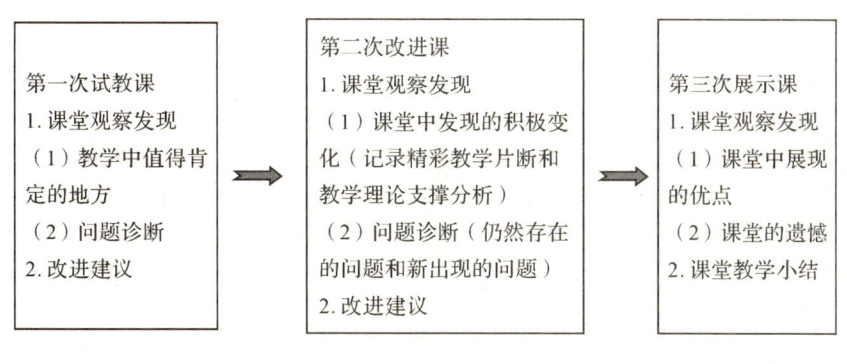

图 2

3 发展高认知思维任务问题设计

3.1 围绕学习目标的任务问题设计

这节课，设定的学习目标是：①通过客观事实重新认识苯的结构，加深对苯的结构理解；②学会运用能量变化知识分析苯分子结构特点；③初步学会用科学探究的方法证明苯的化学性质之一——取代反应。

整堂课老师以苯分子结构的证实为教学主线，选取其中三个教学任务，分析怎样围绕学习目标设计问题。

任务一：苯分子结构确认

表3

任务一	课堂教学记录
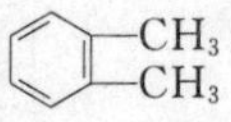 苯分子结构确认。 1. 写出苯环结构并动手搭建凯库勒结构。 2. 苯分子交替结构的证伪与合理结构的得出。 3. 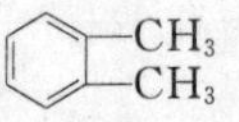 ![邻二甲苯] 和 ![邻二甲苯] 是什么关系？	师：凯库勒提出的苯环结构是什么样的？ 生：单双键交替的结构。 师：请同学们动手搭建苯的结构模型。 学生分成四人小组进行搭建（有同学无事可做） 师：你能说出证明苯不是一种单双键交替结构的事实依据吗？ 生：它不能使酸性高锰酸钾褪色。 师：（教师演示实验）哪还有其他什么物质可以证明？ 生：溴水、溴的四氯化碳溶液。 师：还有没有其他方法？ 生：苯的邻二氯代物只有一种。 师：我给了两个邻二甲苯，那么这两个物质之间你认为是什么关系呢？ 生齐答：同种物质。 师：如果它是同种物质就很好说明苯不是单双键交替的一种结构啊。

教师从苯的分子结构动手搭建到得出凯库勒结构；从能不能使酸性高锰酸钾溶液褪色、二取代物的种类等事实来证明凯库勒结构不合理性。分析课堂教学记录不难发现：教师的设计目的是通过学生搭建过程认识苯的凯库勒结构及不合理性，知道苯是一种均匀的离域键结构，至于为什么是这样的结构，该如何去研究、分析问题的方法无从发展。

任务二:能量变化确认苯分子结构

表 4

任务二	课堂教学记录
运用能量变化知识判断苯分子结构中不存在碳碳双键与单键交替结构。 信息:碳碳双键加氢时总要放出热量,且热量与双键数目大致成正比。但 ◯(g)+H_2(g)⟶◯(g); $\Delta H = -119.6 kJ \cdot mol^{-1}$ ◯(g)+$3H_2$(g)⟶◯(g); $\Delta H = -208.4 kJ \cdot mol^{-1}$ ◯(g)+$2H_2$(g)⟶◯(g); $\Delta H = -237 kJ \cdot mol^{-1}$ 问题:上述热化学方程式能反映出什么信息?说说你对苯环结构的认识。	师:给大家这样一组信息(投影),比较这三个热化学方程式,可以说明什么问题? 生:它与H_2加成的时候能量应成正比。 师:放出的能量成正比,那么它现在不成正比说明什么? 生:它不是单双键交替结构的。 师:从这里边可以说明苯环不是单双键交替的结构。 师:不是说苯环放出能量稳定,而是从这个地方来对比看一下,1,3—环己二烯作用的时候,放出能量是这样一个数值,而这个地方按道理来讲,它放出的能量应该是相当于上面几倍? 生:相当于三倍。 师:可是客观事实是比它放出来的能量还要怎么? 师生:还要少。 师:反过来说明了一个什么问题呀? (停顿后学生低声讨论回答) 师:苯环的结构是一种相对稳定的结构状态。

任务二的教学也仅是有机物结构的一种判断方法,包括后面的根据键长、键能来判断结构,只是为学生增加两种证明苯分子结构的方法,并不能发展学生研究物质结构的分析判断能力。不妨将这一内容以习题形式来巩固苯分子结构的理解。

任务三：苯与液溴的取代反应

表 5

任务三	课堂教学记录
苯与液溴的反应为取代反应。请尝试写出苯与液溴在铁粉作用下可能反应的化学方程式。如何设计实验证明苯的溴化是取代反应而不是加成反应？如何检验产物 HBr？	师：苯跟液溴在铁作催化剂的条件下发生了取代反应，怎么样证明？ 生：因为反应生成溴化氢，溶于水呈酸性，证明有酸性物质生成就可以。 师：怎样证明生成溴化氢？ 生：用紫色石蕊试液。 师：可以用紫色石蕊，除此之外，还有没有其他的试剂？（学生思考） 师：如何验证溴化氢？用什么方法，方法是不是唯一的？（学生思考约 30 秒）不是的，都忘记了，我们在讲 Br^- 离子检验的时候还记得吗？可以加什么？ 生：硝酸银。 师：特征现象是什么？ 生：淡黄色的沉淀。 最后教师演示实验让学生观察。

任务三的设计是教师怎样引导学生判断苯与液溴发生了取代反应，回忆有哪些方法可以检验 HBr，而缺少从结构上与烷烃、烯烃比较、分析，从而推测可能发生什么反应，怎样去证明。感觉与前面内容缺少融合与关联，为完成学习内容而展开教学，并没有利用实验现象得出的化学性质，利用性质反映结构的原理，促进对苯分子结构的理解。

3.2 促进学生思考的任务问题设置

如何帮助学生认识到苯的凯库勒结构的不合理之处，并实现结构与性质的关联，是侧重于识记结构和判断方法，还是发展学生思考、推理和解决问题的能力？实践中，教师围绕促进高认知思维发展为目标，根据学生课堂的表现和后测访谈中学生的反馈，重新将学习任务分解、补充与组合，将问题进行如下改进。

新任务一:同一任务不同的呈现强化联系新旧知识

任务一和二其实都是证明苯分子结构中不存在碳碳单键与双键的交替,而是一种离域键的结构。事实证据与理论证据怎样组合使用呢?施教者将两任务合并后,将客观事实与问题解决结合重新设计,以促进学生动手、动脑、交流、讨论,以学生主体来进行研究与学习。不同层次的学生都可以根据自己的理解找到合适的证据证实,并通过同学之间的互动解答问题获得比较、判断的思维能力发展。

表 6

教学任务	设计意图
新任务一:请同学们写出苯分子的凯库勒结构,分组搭建结构并实验苯与溴水或酸性高锰酸钾溶液反应。信息:环己烯、1,3—环己二烯和苯与 H_2 加成反应放出热量关系,说明了什么? 补充任务:我们已经知道苯的结构是 ⌬ ,从这一结构特点看,碳碳键长、键能相同吗? 巩固练习: [邻二甲苯] 和 [邻二甲苯] 是同分异构体吗? 苯的二取代物有几种?	每组同学从最熟悉的凯库勒结构书写与苯环球棍模型搭建开始,并用酸性高锰酸钾溶液和溴水检验;信息是为了让学生知道反应过程中能量变化也可以用来分析物质结构特点;补充任务为巩固理解,用邻二取代苯是不是同分异构体进行判断。

同一任务,因为呈现方式不同,学生参与机会与主体性发挥的增多,理解、分析、判断能力获得有较明显的提升。

新任务二:在实践中体会"性质反映结构",进一步理解苯分子结构。

为加深对苯的合理结构的理解,以苯与液溴反应的实验为内容,如果发生取代反应则证明不存在碳碳双键,如果发生加成反应则证明存在碳碳双键结构,将原实验及问题重新设计。锥形瓶中盛装滴有 $AgNO_3$ 溶液或紫色石蕊试液的蒸馏水,实验中请同学观察锥形瓶中溶液颜色变化,从而来分析判断苯与液溴发生了什么反应,进一步证实苯的离域键结构的合理性。我们的学习不是为学习苯的性质而学习,而是为了加深对苯分子结构的理解,同时促进学生对结构与性质关系的理解,以便更好地理解苯分子结构与性质的关系。

表7

教学任务	设计意图
新任务二:苯与液溴混合,观察到什么现象?加入到铁粉中,观察到什么现象?锥形瓶中滴有 $AgNO_3$ 的水溶液有什么现象?说明苯与液溴发生了什么反应?还有其他证明方法吗?为什么会发生取代反应而没有发生加成反应?	希望学生实验过程中,通过观察现象,推测反应类型,得出化学性质,反映结构特点,在思考和推理中理解苯分子结构特点。

以问题解决为入手,通过性质进一步理解苯分子结构特点。

新任务三:促进物质结构与性质关系的理解与分析。

做出上述改进后,进行的教学任务设计意图是:始终以苯分子结构认识为中心,在巧妙的证明、问题解决和科学实验中,使学生理解苯的结构特点及结构与性质之间的关系,让学生懂得物质研究的程序与方法,促进学生的理解能力与分析综合能力的发展。为此设计新任务三,促进学生进一步理解"结构与性质"之间的关系。

表8

教学任务	设计意图
新任务三:想一想,写一写,苯还能发生哪些化学反应?请用化学方程式表示。对比苯的几种反应类型所需条件,说明苯发生这些反应的难易程度。	提供机会使学生对"结构与性质"之间的关系有更进一步的理解,更加深刻地理解苯分子结构特征及研究物质的方法,发展学生想象能力与分析综合能力。

上述新任务三的设计,学生在理解"结构决定性质、性质反映结构"的过程中学会从性质入手研究结构,巩固新任务二对苯分子结构推测的合理性,也是苯分子结构特点决定的性质反映。

3.3 课堂实践中关注什么

课堂中的学习任务是与教师对三维目标的理解与设计,实践中教师与学生的行为相互作用会临场而变。因此,课堂中呈现的学习任务不仅是课本上或者教师备课中出现的问题,而且会在学生对问题的理解和解决所进行的课堂活动之中生成。教师设置的学习任务,如何为学生提供更多的思维、推理、问题解决和学习交流的机会,发展学生的高认知思维,则是课堂中教师需要深思熟虑的。当我们将新设计运用到课堂中时,还会出现新的问题,需要教师随堂控制与改进。

3.3.1 学生的思维水平引发的认知冲突运用

改进后的课堂实施中,我们还是发现:一是即使有正确的凯库勒结构式,还是有近三分之一的小组在三分钟的时间内没有完成搭建;二是尽管学生知道苯分子的合理结构,当看到"两种"邻二甲苯时,仍然有少数学生认为是同分异构体。这说明学生大脑中未能很好地理解"结构与性质"的关系,仍旧停留在识记苯的特殊分子结构与其化学性质。

课堂中老师因少数学生的"理解"进行了实时的调整,如果 [苯环-CH₃,CH₃] 和 [苯环-CH₃,CH₃] 是同分异构体,则说明两个"—CH₃"相连的两个碳原子之间存的共价键不同,也就是说一个是碳碳双键,另一个是碳碳单键,由此说明,苯分子中存在单键与双键交替结构,键长、键能也不会相等,与前面我们客观实验结果相矛盾,在这个矛盾冲突中加深对苯环结构的理解。

显然,这种因学生的问题解决来改变的课堂,促进了学生对知识的理解和分析判断能力的提升。学生不只是知道了苯的结构,而会运用知识进行论证。

3.3.2 "结构决定性质,性质反映结构"是研究物质性质的方法

完成苯的结构与取代反应之间关系的学习后,教师布置了新增任务,苯还可以发生什么化学反应?因结构不同,发生反应的难易程度、反应条件有什么差异?这两个问题的解决是物质结构与性质关系的深刻理解与运用,在大脑中建构"结构决定性质、性质反映结构"的科学知识与方法。

在实施任务解决的过程中,学生和教师都被认为是任务执行的协作者,尽管学生的认知参与程度最后总决定了他学了什么,但是教师对学生思维和推理的支持方式和程度是决定高水平任务最终命运的一个重要因素。设计问题并教学实施,理解学科本质,促进思维发展,是课堂的关键。

4 结论与展望

4.1 问题设计与实践

4.1.1 明确问题的指向

教学问题设计指向不明时,学生不明确教师问了什么,该从什么角度回答,更加不知道怎么回答,往往出现学生的回答与教师期望的目标不一致,以致教师"主动"参与回答,学生思维停滞,也就得不到发展。久而久之学生就不再继续回答教师的问题,学生就不愿意去思考教师的提问,他们等着教师的讲解。例如上述从能量角度确定苯环结构中问题设计为:

> 问题:上述热化学方程式能反映出什么信息?说说你对苯环结构的认识。

学生看了上述三个热化学方程式,也不知道要谈苯环什么认识,是稳定性还是结构特点,抑或反应热大小?

4.1.2 问题设计与实施有层次的提升

问题的一次性给出,学生会感觉问题较多而失去信心,或者因为前面的问题没有很好地解决,而造成后面实践无法进行,往往思维得不到发展,实践不能成功,造成对问题的恐惧乃至对学科的失望。例如任务一的问题:

> 问题:同学们写出苯环结构并动手搭建凯库勒结构。

为什么最快的一组1分钟便搭建成功,而用了3分12秒只有两组搭建成功,而另十组都没有成功呢?其中原因之一是没有写出凯库勒结构,当然也有其他的原因。

4.1.3 给学生思考的时间和讨论的机会

如果问题抛出后,学生没有足够的时间思考,当然不会有认知思维发展,对于较复杂的问题还需要生生之间思维碰撞,思维及时修正,才能使每一位参与者思维受到启迪。而在实践中,由于学生没有时间思考,没有机会交流,而收到的是教师的分析和结论。例如任务三中的问题:

> 问题:同学们写出苯环结构并动手搭建凯库勒结构。

> 问题:如何设计实验证明苯的溴化是取代反应而不是加成反应？如何检验产物 HBr？

这种问题的解决需要学生通过写苯与液溴反应的方程式,交流取代反应与加成反应特点,才会得出从是否产生 HBr 的角度来判断发生取代还是加成反应,设计实验证明过程有理解、分析、实施、判断的认知思维融合其中,需要通过师生、生生的交流才能达成。而教学中却变成了师生的一问一答式,自然出现思维冷场[6]。

4.2 解释与说明

4.2.1 问题设计的基点

促进高认知思维发展的问题设计时,一要考虑学生已有知识水平和认知思维能力;二要考虑这个知识属于什么类型的知识,事实性知识以识记为主,概念性知识以理解、分析和判断为主,而程序性知识主要在运用中实践,反省认知知识是学生策略的研究;三要考虑思维的品质属性,如敏捷性、严密性、整体性和创造性[7];四要考虑解决这个问题有什么样的实际意义,得出什么样的结论,从何处入手;五要考虑学习的三维目标。

4.2.2 实践证明

根据学生基础、认知水平和学习目标要求,在问题设计时表述准确、指向明确和层次合理,在实践中就能有效促进学生高认知思维的发展。从苯与氢气加成放出热量多少来判断苯环中不存在三个碳碳双键的分析,给出三个热化学方程式后,老师给了学生 18 秒的思考时间,然后是 32 秒的生生之间合作交流,再请一位同学来发言时,这位同学回答有理有据,而且其他同学都在期待他"答错"而自己有机会回答,可惜他分析思路非常清晰准确。当老师根据热化学方程式给出反应②—③得到：⌬ (g)+H_2(g)→⌬ (g)(ΔH=+28.7kJ·mol^{-1}),请说明苯与氢气加成生成1,3—环己二烯时能量怎样变化？哪一种物质更加稳定？学生用 12 秒时间交流,回答也合理正确。同第一节课相比,不仅时间缩短,学生参与度与回答问题信心和准确性都有明显提升。

4.3 问题讨论

4.3.1 认知思维的生长点在哪里

不同的学生知识水平和思维水平是有差异的,第一次课为什么在搭建凯库勒结构花了3分12秒却只有二组搭建成功,原因就有没有能写出正确的凯库勒结构,而改进后即使你写不出,也可以在投影中找到,水平好一点的同学根据自己写出的结构搭建,水平欠缺一点的同学可以看正确的结构再搭建。不同水平的同学都能获得新的知识,同时提升思维水平。所以第二次课,学生花了2分10秒就有11组同学搭建成功,而且还完成了苯与酸性高锰酸钾溶液混合的实验。

4.3.2 问题实施过程中需要时间与交流才有思维的发展

苯与液溴的反应学生写出了两种反应方程式,分别是 ⌬ $+Br_2 \xrightarrow{Fe}$ ⌬$-Br$ $+HBr$ 和 ⌬ $+Br_2 \xrightarrow{Fe}$ ⌬$\genfrac{}{}{0pt}{}{-Br}{-Br}$,不同之处是第一个反应有HBr产生,而第二个反应只有一种产物邻二溴苯,至于到底发生什么反应,需要通过对产物的检验来确定,问题的焦点就集中到了HBr的检验,此时要给学生思考时间和合作讨论机会,然后请各组同学发言、相互补充,通过学生之间的思维交流和碰撞,会设计出很多种检验的方法,每一位同学都能在交流中学会检验HBr的方法,以此判断是否发生了取代反应,促使认知思维水平的提高。

参考文献

[1]舒白梅,黎敏玲.高中英语课堂提问的认知思维导向研究[J].山东外语教学,2008,2.

[2]夏泽林.对新课程背景下化学课堂提问有效性的思考[J].时代教育,2007,10.

[3]莫兰,马洛特.实证教育方法[M].北京:中国轻工业出版社,2006:8.

[4]L.W.安德森等.学习、教学和评估的分类学[M].上海:华东师范大学出版社,2008:56.

[5]王洁,顾泠沅.行动教育[M].上海:华东师范大学出版社,2007.

[6]李发顺.基于课堂实证的问题设计[J].教育研究与评论,2011,12:78—82.

[7]盛国庆,吴思杰.中学化学新课程与教学研究——特级老师解读新课程[M].杭州:浙江大学出版社,2008:31—52.

"做中学"思想在高中化学课中的运用
——"碳酸钠的性质与应用"例示[*]

摘 要 杜威作为20世纪进步教育的代表人物和伟大的教育家,其教育思想几乎涵盖了教育领域的方方面面。杜威的"从做中学"也就是"从活动中学"、"从经验中学",通过这种学习方式,使个人的经验不断改组和改造,并使个人的经验不断生长。在"做中学"的基础上,杜威还提出了有名的"思维五步"法,即疑难—问题—假设—推断—验证。显然,这种教学方式对于改变单一的灌输式教学方式和单一的接受式学习方式,培养学生创新意识和勤于动手、勇于实践的精神是大有裨益的。"做中学"因此成为新课程推崇的先进理念之一,新课程背景下怎样在高中化学课堂中实施"做中学"将成为教学研究的新热点。

关键词 新课程标准　　化学课　　实施"做中学"

新课程提倡学生"做中学"。其实质就是把学习的主动权还给学生,让学生在做中学习并建构自己的学科知识体系[1]。高中化学是在初中科学基础上分支出来独立的一门学科,和生活息息相关,学生学习兴趣较高,这给实施"做中学"提供了较好的前提条件。下面以苏教版化学教材专题一第二

---

[*] 发表于《教学月刊·中学版(教学参考)》2007年4月。

单元"碳酸钠的性质与应用"为例,来谈谈"做中学"在高中化学课中的运用。

首先,创设学习情境,激发学生的求知欲是"做中学"运用的"激发态"。

【创设情景一】侯德榜(1890~1974)资料:福建人,早年留学美国,1920年获哥伦比亚大学研究院化学工程博士学位,1921年回国,创办了我国第一家民族制碱企业。1925年国产"红三角"牌纯碱在美国费城博览会上荣获金质奖章。撰写世界上第一部有关纯碱工业生产的专著《制碱》一书,1933年在美国出版。1939年,侯德榜首先提出了联合制碱法的连续工程,在世界上被称为"侯氏制碱法",对制碱和化肥工业做出了杰出的贡献。侯德榜是世界著名的制碱专家,被誉为中国化学工业之父。他一生谦虚谨慎,平易近人,总是认真听取别人的意见,善于从大家的智慧中吸取积极的因素来充实、完善自己的设想。他为发展我国的化工事业鞠躬尽瘁[2]。

其次在课堂上巧设提问,积极开发开放思维和创新实践。

【提出问题1】侯氏制碱法的原料是什么?涉及哪些化学反应?主要反应符合复分解反应原理吗?最终产物有哪些?

【学生提问】$NaCl+NH_3+H_2O+CO_2 = NaHCO_3+NH_4Cl$ 这个反应不满足复分解反应的原理,为什么能进行?在这里学生特别难理解。此时老师根据自己设计的实验让同学操作并观察现象,用事实证明确实析出了白色固体。帮助学生理解"侯氏制碱"原理。

【活动设计】

第一步:如图所示1,将大量的氨气通入到一杯饱和食盐水,然后再不断通入过量的CO_2,观察现象。为什么会析出晶体?

第二步:过滤析出的晶体。

第三步:取滤纸上的晶体放入试管中加热,观察现象。将产生的气体通往到澄清的石灰水中,观察现象。

体验微缩的"侯氏制碱"的过程,了解了侯氏制碱法的原料和产品。

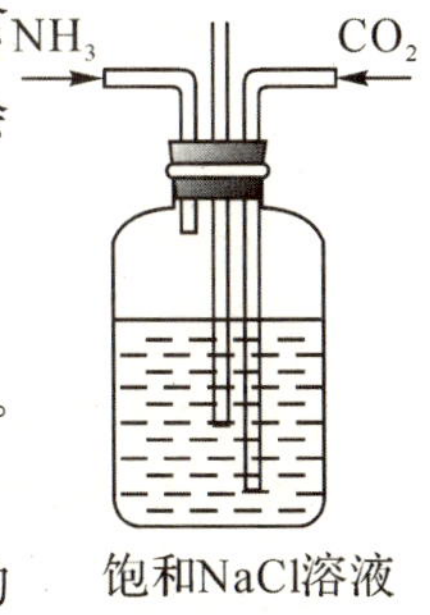

图1

【学生提问】事实上确实有固体析出了,通过对白色固体加热分解进行验证,证明确实是$NaHCO_3$,那么这个反应是怎样进行的呢?是不是我们知道的复分解反应的条件不合理呢?

【课堂研究】既然能够析出 $NaHCO_3$,这也就说明产生的 $NaHCO_3$ 不能完全溶解,所以才会析出,一旦饱和之后,产生的 $NaHCO_3$ 就会全部析出,这里也说明一个问题,$NaHCO_3$ 溶解度比较小,那么和 Na_2CO_3 相比,哪一种物质溶解度小一些?

【活动设计】

同学们有哪些方法可以用来比较 $NaHCO_3$ 和 Na_2CO_3 溶解度的大小?

【讨论发言】

同学甲:用量筒各量取 10mL 水于两支试管中,然后各称取 20g $NaHCO_3$ 和 Na_2CO_3,慢慢地加入两支试管中,并振荡,待不能继续溶解时,称量剩余固体的质量,剩余越多,溶解度越小。

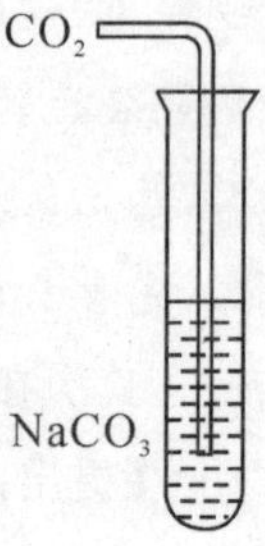

同学乙:用量筒各量取 10mL 水于两个烧杯中,将烧杯放在托盘天平的两盘中,向烧杯中加 $NaHCO_3$ 和 Na_2CO_3,直至固体不能再溶解为止,天平偏向哪边,该物质溶解度就大一些。

同学丙:取一支试管,加入 10mL 水,加入 Na_2CO_3,直至不再溶解为止,然后向试管中慢慢通入 CO_2 气体,一段时间后,发现有白色固体在试管底部析出。该同学已经预习了 Na_2CO_3 溶液中通 CO_2 会转化为 $NaHCO_3$。

图 2

上述过程师生共同参与,感受、尝试,体现了"做中学"的实践思想。

【创设情景二】我们在家里洗碗时,用洗涤剂清洗餐具后干净且清洗方便等,这些生活经验告诉我们,碱性物质有去油污的作用,如果加热效果会更佳。

【提出问题2】碳酸钠溶液是中性的吗?碳酸钠能够溶解油污吗?还是其他原因使得污染溶解了?

【活动设计】

第一步:将试管中的固体移入小烧杯加水溶解,用 pH 试纸测 pH。

第二步:在烧杯中加入 50mL0.5mol/L Na_2CO_3 溶液,用酒精灯将 Na_2CO_3 溶液加热至沸腾。用镊子将一块沾有油污的铜片浸入 Na_2CO_3 溶液中,静置约 2min 后从溶液中取出铜片,用冷水冲洗干净,观察铜片表面油污还存在吗?

从实验中感受 Na_2CO_3 溶液显碱性,从而合理地解释了为什么碳酸钠俗称为纯碱。

【创设情景三】复分解反应能够发生的三大条件——生成挥发性物质，难溶物或难电离物质。实验室利用大理石(碳酸钙)与稀盐酸反应制取二氧化碳。

【提出问题3】作为碳酸盐，碳酸钠能否与盐酸反应生成二氧化碳呢？如能反应，反应属于什么类型？

【活动设计】

如图 3 所示，取 $5mol/L Na_2CO_3$ 溶液 10mL 于广口瓶中，将滴管中的浓盐酸加入烧瓶中，观察现象。

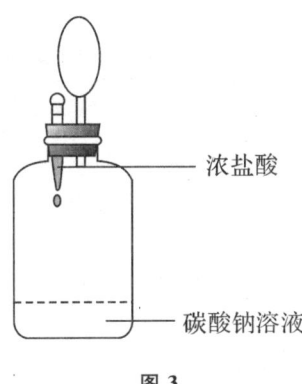

图 3

【提出问题】反应中使用的酸必须用盐酸吗？

【活动设计】改用 H_2SO_4、CH_3COOH 做上述实验，同样观察到上述现象，所以用其他的酸也能与碳酸盐反应。

【提出问题】根据复分解反应发生的其他条件，推断碳酸钠还能发生什么反应。

【活动设计】

在两支洁净的试管中分别加入 2～3mL 澄清石灰水和氯化钙溶液，再分别向上述两支试管中滴加第四步配制的溶液，振荡，观察实验现象？

知道碳酸钠与盐酸的反应。亲身体验 Na_2CO_3 与上述两种溶液的反应。碳酸钠的性质进行实验探究和小结，培养学习物质性质的方法。

在整个活动过程中充分体现了以学生的经验和生活为核心，基于学生的兴趣，在教师指导下动手实验，发挥学生的主体性的学习方式。

通过自主探究,学生们不仅掌握了本节教学内容的知识点,更令人高兴的是学会了用实验研究未知知识的方法。

在课堂实践"做中学"的思想,给学生动手做的机会,感受实验过程,获取新知识。在"做中学"中,所设计的教学活动应该源于学生的生活实践和经验,以利于激发学生的兴趣。在选题时,老师要知道如何研究,知道研究整个课题的过程和步骤是怎样的[3]。在活动中,老师要善于诱导学生发现问题并对问题进行主动和更深层次的思考,使学生在亲身体验中真正有所感悟。

参考文献

[1]周娟鹏.新课程背景下怎样践行"做中学"[J].新课程研究,2006,8.

[2]王祖浩.高中化学新教材情境设计[M].南京:江苏教育出版社,2006,4.

[3]吴恩来.高中生物课中的"做中学".新课程研究.2006,8.

从实际出发,促认知发展
——"生活中变价铁"教学思考*

摘　要　文章描述了笔者在新课程实施地区进行现场教学时遇到的问题,一是原设计是新课程实施多年且使用苏教版教材实验区面向高一初学者的教学,二是现场教学面对的是尚未使用新课程且已经学过相关内容的高二优秀学生,基于这两点考虑,临时将教学设计进行了改进,从引课实例、教学载体选择和问题设计等角度阐述笔者的教学设计及思想。

关键词　新课程　认知思维　教学评比　教学思想

4月17～20日中国化学会化学教育专业委员会在广西柳州举行了全国化学新课程实施成果交流大会,从全国各地提交的四百余节录像课中选取20节课参加现场教学评比,笔者有幸参加了这次活动。笔者提交的录像课是苏教版《化学1》(必修)专题3第二单元第二课时"铁、铜的化学性质"新课的教学内容,当我到了柳州高级中学了解了教学对象是高二学生(全柳州市最优秀的学生),他们使用的还是新课程实施前的人教版教材,已经基本完成了高中所有课程的学习,进入了复习阶段,如何才能将这一内容在课堂中展示,既不让学生感觉到内容重复,从学生已有知识基础出发,又发展学生

---

* 发表于《教育研究与实验》2014年第4期;全国优质课(现场课)评比一等奖。

认知思维,达成有效课堂呢?基于这样的考虑,笔者将教学内容进行了临时调整,下面针对教学设计中的问题进行讨论。

1 为何对引课内容进行调整?

原设计	新设计
1.老百姓眼中的五金是什么? 2.图片展示人体血红蛋白结构。 3.展示削好的苹果会发黄,同学们有什么办法让削好的苹果不变黄?	展示血红蛋白链结构,突出Fe^{2+},介绍Fe^{2+}在人体中的作用,人体缺铁怎么办?

原设计从学生对金属没有认识,以更多生活中的事例为载体,介绍生活中息息相关的金属——铁进行突破,从血红蛋白到发黄的苹果变化原因让学生认识到铁的常见价态是+2价,且在自然界中主要以化合态存在。而新设计是基于学生已有这些知识,直接从人体血红蛋白结构,突出Fe^{2+}入手,介绍人体对+2价铁的需要,从缺少+2价铁入手引入要解决的问题。

这样的改进是基于学生对铁有一定的认识,并能及时从突出的血红蛋白结构中观察到+2价态,怎样补铁,与人的生活相关,学生会关注课堂,踊跃发言,在此基础上,教师出示了"速力菲"——琥珀酸亚铁。后面的问题讨论就围绕这一药物为中心展开讨论。

2 为何选择"速力菲"为载体?

"速力菲"说明书部分内容摘录:

【规格】每片含琥珀酸亚铁0.1g

【组成与性状】内含Fe^{2+} 34.0%~36.0%的无水碱式盐,为薄膜糖衣片

【适应症】用于缺铁性贫血症预防及治疗

【用量用法】成人预防量0.1g/日,治疗量0.2g~0.4g/日;小儿预防量30~60mg/日,治疗量0.1g~0.3g/日

【储藏】在避光、密封、阴凉处保存

【药物相互作用】与维生素C同服,可增加本品吸收量

"速力菲"是一种亚铁盐,且易氧化生成Fe^{3+}。教学中既进行Fe^{2+}和

Fe^{3+}检验方法的复习巩固和拓展,又可以研究相互转化的氧化剂和还原剂选择,从氧化剂的氧化性和还原剂还原性强弱的感知,巩固氧化性、还原性强弱对氧化或还原产物的影响。正是基于这样的考虑,才选择"速力菲"作为教学实验的载体展开研究,不露痕迹地实现新课和复习的有机整合,更促成了学生认知思维的发展。教学问题如下:

【问题1】"速力菲"为什么要在避光、密封、阴凉处保存?为什么要用糖衣薄膜?

【问题2】为了检验某药店出售的"速力菲"是否被氧化,请你回忆检验的试剂和方法。

【问题3】若为了检验"速力菲"溶液中存在Fe^{2+},可选用哪些常见试剂?

【问题4】为什么Fe参与的反应,往往生成Fe^{2+}而不是Fe^{3+}呢?

【问题5】怎样能使红色的$Fe(SCN)_3$褪色,实现Fe^{3+}转化为Fe^{2+}呢?加入什么试剂又会变红,实现Fe^{2+}转化为Fe^{3+}呢?

【问题6】选择怎样的还原剂能实现Fe^{2+}转化为Fe,实现Fe^{3+}转化为Fe?

平时我们总在说,我们的化学课堂有点零散,缺少有效的载体建立联系,其实并非如此,像"速力菲"这样突出的载体,就能很好地实现对Fe^{2+}和Fe^{3+}检验及相互转化的关系,略作拓展就实现铁三角的有效巩固性的复习。只要我们用心发现与思考,又何尝没有"铝三角"、"铜三角"、"硅三角"……

3 为何要从学生兴趣出发?

兴趣是最好的老师,这句话相信大家一定听过,但在我们的教学中,你是否真的考虑过从学生的兴趣出发呢?下面是我在复习完Fe^{2+}与Fe^{3+}检验与转化之后的教学设计,共有五个待学生选择的问题需要解决,但没有按难易程度设计一定的教学顺序,让学生跟着老师逐一解答,我将五个问题设计为"想一想"、"试一试"、"做一做"、"升华"和"课外活动",让学生选择进行尝试解决,每一节课学生选择都会不一样,一般我都会与学生一起讨论他们感兴趣的2~3个问题,这一次现场评比学生,选择了"升华"和"课外活动"

【升华】生活中常见的铁锈中铁元素主要是以什么价态存在呢?如何检验?

※现有一铁的氧化物,分子式为Fe_xO_y的化合物,欲探究铁元素的价态,如何设计实验进行研究?

第一个问题是简单复习Fe^{3+}的检验,而第二个问题就有三个可能性需要探究:只有+2价;只有+3价;+2价和+3价同时存在。在实验验证过程中还需要检验其中一价态,同时还要考虑另一价态的干扰,怎么排除干扰。第二个问题的解决过程不仅是科学探究活动过程的学习和巩固,获得解决问题的程序性知识,更是学生逻辑认知思维的提升,对大部分同学都有一定的挑战性。

【课外活动】已知:在$FeCl_2$溶液中滴加NaOH溶液,会出现下列现象:产生白色沉淀,迅速变为灰绿色,最后变为红褐色。请通过查阅资料思考产生上述现象的原因,并通过实验探究如何让白色沉淀保持更久。

这是Fe^{2+}用强碱溶液检验时出现的现象,学生观察到了实验现象,但并不清楚为何出现这一变化,灰绿色的物质是什么?留给学生的是课外活动,意味着同学们课后还有很多思考,可以通过上网、图书馆查阅获取解决,拓宽学生获取知识的途径,更重要的是学习过程延伸到了课外。知道颜色变化的原因后,就能设计出更多的防氧化的试剂、仪器和操作方法。

学生自主选择学习内容,给学生自主的空间,真正落实学习主体性。教师为学生发展提供知识支撑与引导,并且还要做好更多的预设与准备,成为学生的学习伙伴。

4 为何Fe^{2+}与Fe^{3+}转化要用同一溶液进行?

实验1:取一支试管,加入$2mL FeCl_2$溶液,滴加2滴KSCN溶液,然后滴加溴水,观察试管中溶液颜色变化。

实验2:在上述试管中加入铜粉,振荡,观察溶液颜色变化。

实验3:取上层清液于试管中,滴加新制氯水(必要时可再滴加2滴KSCN溶液),观察溶液颜色变化。

实验4:在上述试管中加还原性铁粉,振荡,观察溶液颜色变化。

实验5:取上层清液,滴加H_2O_2(必要时可再滴加2滴KSCN溶液),观察溶液颜色变化。

实验6:在上述试管中加还原性锌粉,振荡,观察溶液颜色变化。

这个过程中使用的原试剂相同,在 Fe^{2+} 和 Fe^{3+} 之间反复进行转化,KSCN 为指示剂,用来观察 Fe^{3+} 的存在,这个实验过程从外面看好像魔术一般,更重要的是实验过程从 Fe^{2+} 转化为 Fe^{3+} 需要加入氧化剂实现,而 Fe^{3+} 转化为 Fe^{2+} 需要加入还原剂实现。在加入三种氧化剂的过程中出现的现象不一致,特别是加入 10% 的 H_2O_2 时,出现了大量的气泡,学生从现象中得出结论 H_2O_2 分解了,但为何在试剂瓶中没有分解,而滴加到含 Fe^{2+} 溶液中会大量分解呢?新课程实施地区都很强调金属离子对 H_2O_2 分解的催化作用,出现气泡实际为反应生成的 Fe^{3+} 催化与 H_2O_2 的分解。在加入三种还原剂的过程中出现的现象也不一致,学生也产生了疑惑,加入 Cu 粉、Fe 粉时,溶液为蓝色或浅绿色,而加入 Zn 粉时,溶液却褪成了无色,教师抓住这一点提出思考问题,在交流过程中学生认识到了不同的还原剂还原 Fe^{3+},得到的还原产物也不一样。

同一溶液中进行实验有四个优点:一能更加让学生确信实验的真实性;二是同一溶液中进行实验有一个更加明显的前后变化对照;三是试剂的用量相同,不会因用量、浓度不同而带来不同的影响;四可以节约试剂的用量,以免造成浪费,有时也能减少污染物的排放。

结语:学与教的主体分别是学生与教师,新课程实施的今天,怎样发挥学习主体作用,体现教师主导地位是教学设计的关键,本节课的教学设计因为面授对象是未使用新课程的地区且已经学习过相关内容的学生,教师的设计既要考虑学生已有知识结构,又要考虑新课程实施与推广需要。所以教师在进行教学设计时选择的出发点是从学生实际出发,促进学生认知思维的提升与发展。

参考文献

[1]李发顺.促进高认知思维发展的问题设计——以《苯的结构与性质》教学为例[J].教学月刊中学版,2012,7:3—5.

[2]李发顺.基于问题的教学设计与课堂实证[J].化学教学,2012,7:28—30.

基于学生认知发展的"化学平衡"分层实施的教学研究

摘 要 基于对"化学反应限度"、"化学平衡状态"和"化学平衡移动"已有的研究,并对"化学平衡移动"本质原因的分析,对苏教版《必修2》、《选修4》和《选修6》相应的教学内容进行了解读,系统地梳理了限度、平衡状态、平衡移动之间的关系,设计"化学平衡"教学内容进行分层实施的方案,实践中以实验与定量数据为实证、反应速率变化为视角、图像变化为辅证,帮助学生理解可逆反应的限度及影响平衡的移动原因和移动方向。

关键词 学生认知发展 限度 平衡状态 平衡常数 平衡移动 分层实施

化学反应是研究新物质的合成问题,对其认识有两个角度,分别是速率问题和限度问题。化学平衡的研究是化学反应条件的重要部分,而化学反应条件是研究化学科学的核心问题。因此,化学平衡的学习奠定了学习化学动力学的基础,运用平衡移动原理解决化学问题也具有实践意义。

在中学阶段,化学平衡相关知识主要分布在《必修2》模块、《选修4(化学反应原理)》模块和《选修6(实验化学)》模块,同一内容在不同模块、不同学习阶段出现,而且是逐层提高,分步实施。而三个阶段的出现目标定位必然不同,对学生的认知发展价值也有较大的差异。但由于在实际教学中,老师往往忽视这一差异,没有很好把握这一点。《必修2》的教学中只是要求认识到反应是有限度的,存在化学平衡状态,此时正逆反应速率相等,但学生并不知道正反应速率和逆反应速率怎样衡量或表示。《选修4》的教学中不仅要知道反应要有方向,还要知道怎样来表示反应的限度,更重要是从反应速率变化视角理解平衡状态的建立与移动。而《选修6》则是外界条件对化学平衡影响的实践,不只是停留在$[Co(H_2O)_6]^{2+}$与$[CoCl_4]^{2-}$之间因温度的改变在粉红色和蓝色之间转化,而要对$CoCl_2 \cdot 6H_2O$晶体在受热失水量不同而显示的不同颜色来体现不同物质间多个平衡的移动,乙酸乙酯的合成条件选择与方案设计则是更深一层地运用平衡移动原理的再实践。

1 已有的研究

研究者对"化学平衡"相关内容的研究主要集中在五类:其一是怎样进行教学设计能有效促进学生对化学平衡移动的学习,如"从'化学平衡移动'教学设计谈高中化学有效教学"(中教参 2012.9,邱荣),"'化学平衡状态的移动'教学探析"(化学教学 2013.4,田益民),"基于'问题化'理念下的'化学平衡移动'教学"(化学教学 2012.9,王希俭),主要阐述课堂教学顺序、教学内容安排和教学辅助媒体使用,体现学生主体作用发挥;其二是怎样改进实验。例:苏教版教材中证明有限度存在,用过$AgNO_3$与Cu反应,而后又用了$FeCl_3$与KI溶液的反应,相关文献[3]中更多老师提出了用Fe^{3+}与SCN^-的反应进行讨论,主要讨论实验选择与改进问题,有利于课堂观察;其三是在化学平衡移动复习课研究中运用,并拓展与其他知识关联,培养学生的科学探究思路和方法,如"化学反应原理的实验探究教学策略初探——以'化学平衡移动原理的应用'复习课为例"(化学教育 2013.4,宋兆爽、白建娥);其四是有关限度概念教学与探讨,如"以学定教1——必修模块'化学反应限度'的教学与思考"(中教参 2012.9,保志明)。其五是有关平衡移动判断解题类的方法研究,如"判断平衡移动时气体体积分数变化情况的几种方法"(中教参 2011.5,罗华荣、彭晓玲)。

基于这些文章的分析,真正涉及化学反应限度、化学平衡状态、化学平衡移动概念理解,分层教学,促进学生认知发展的教学理解尚没有系统阐述,对此内容的教学价值也未展示与解析,需要教师综合教学全部内容后,才

能提出自己的教学思想和教学设计。所以,文章对下面几个方面进行论述:

(1) 化学反应限度、化学平衡状态、化学平衡移动等概念的再理解;

(2) 深入分析不同阶段教学内容的教学目标,明确发展层级;

(3) 基于认知思维发展的教学设计及实施后的思考。

2 限度、平衡状态、平衡移动的理解

2.1 对"限度"与"存在限度"的理解

限度是指任何一个过程进行的程度,不能达到百分之百,是自然界存在的客观事实,正如同物理学中研究的"运动和静止"一样,静止只是一个相对状态的表述。化学反应也存在限度,告诉同学要建立一种限度观,任何一个化学反应都存在转化率问题,而且不可能达到平衡,例如在 5mL 0.1mol·L^{-1} KI 溶液中滴加 5~6 滴 0.1mol·L^{-1} $FeCl_3$ 溶液,用 KSCN 溶液检验仍然能检测出 Fe^{3+} 存在,虽然从反应物的用量来说,I^- 大大过量,但 Fe^{3+} 仍然未反应完,说明反应确实存在限度。其实在中和热测定实验中也考虑了这一问题,50mL 0.5mol·L^{-1} HCl 加入的 NaOH 溶液却是 50mL 0.55mol·L^{-1},也是为尽可能准确测定,保证 HCl 转化率更高的设计。还有对沉淀物的分类也一样,我们通常说难溶物,而非不溶物,也是这一道理,绝对不溶的物质是没有的,但为何在实验中要选择特定物质进行呢,主要是因为有些难溶物溶解量太少,产生的微粒常规方法检出困难,所以才会考虑选择如 AgSCN 沉淀来代替原苏教版教材中的 PbI_2 固体来实验[5]。帮助学生树立一种限度观非常有必要。

2.2 对"平衡"、"平衡状态存在"和"平衡状态判断"的理解

平衡是一个相对稳定的状态和结果,如同跷跷板一样,会有达到平衡的过程,也有平衡状态这一结果。夏天雪碧打开后,会产生很多气泡,但过一会儿不再产生气泡,这里就存在 CO_2 在雪碧中的溶解平衡状态,上述两现象中都存在平衡状态。化学反应和物理过程一样,也存在这样一种状态,如《必修1》中学到新制氯水,即氯气通过一定量的水中,溶解达到一定程度形成了新制氯水溶液,经观察与检验可知,溶液中存在 Cl_2、HClO 分子和 H^+、Cl^-,因为 $Cl_2+H_2O \rightleftharpoons H^++Cl^-+HClO$,所以存在上述微粒。其实自然

界中存在这样一种普遍的状态,才会有自然之美,如河里的石头也是相对溶解达到饱和才会有大量的留存,水中氧气溶解达到饱和,才能有这么多需氧生物的生存,CO_2 在空气中保存相对稳定的含量,才不会导致空气变暖,形成温室效应等等。

如何来判断平衡状态存在呢?这需要较为完整的知识和科学的方法,其本质是化学反应的正逆反应速率相等,但反应速率恰恰是很难表征和测定的量,所以此时让微观世界的相对平衡以宏观的变化来体现——化学反应中各组分的浓度不再发生变化,有的体系有直接的颜色等外观特征,而有的体系却没有明显特征,我们要间接寻找一些因平衡状态改变而变化的因变量来表示。

怎样帮助学生建立动态平衡观?首先要破坏学生把平衡与静止相联系的观念,让学生意识到平衡状态下正反应和逆反应并没有停止,反应还在进行,只是此时正反应消耗的反应物与逆反应产生的反应物相等,所以存在一个动态平衡,初中时曾经学过在饱和硫酸铜溶液中用一根细绳挂一块不规则硫酸铜晶体,过一天后,晶体质量不变,而形状改变来说明存在动态平衡一样。其次是提出新的预想,一旦外界条件发生了变化,有可能改变这一状态,所以平衡状态是动态的,会受到外界条件的改变而改变。

2.3　平衡状态表示与意义

化学平衡状态是一种动态的平衡,表示化学反应存在一定的限度。那么化学平衡状态又怎样表示?有什么共同的表示方法?怎样才能判断某一反应某一时刻是否达到平衡?抑或向什么方向进行?基于上述四个问题的解决,我们需要一种表示的方法:化学平衡常数,在研究各种数学运算后发现,对于同一个化学反应,其平衡时生成物浓度系数次幂的积与反应物浓度系数次幂的积的比值是一个常数,不受反应起始方向、浓度等影响,只在温度改变时而改变,这一表示方法即为化学平衡常数——K。K 值的大小表示化学反应进行的程度,其值越大,反应进行越完全,反之越少。对于不同的反应计量数其 K 值也会发生变化,当某一时刻的浓度商 Q 大于(或小于)K 时,未达到平衡状态,只有 $Q=K$ 时,才达到平衡状态。

化学平衡状态也可以用某种反应物的转化率或生成物的产率来表示,

转化率越高(产率越高)反应进行得也就越完全,原材料利用率也会越高,这在实际生产中运用非常广泛。所以表示一个化学反应限度,可以用其在某温度下的平衡常数来表示,也可以用某一反应物的转化率或生成物的产率表示。这是在教学中必须要思考和使用的将化学平衡状态表示出来的方法。

2.4 平衡状态破坏与建立

平衡是一种动态的,也是一个相对的稳定状态,此时正逆反应的速率相等,但一旦外界条件改变影响了正、逆反应的速率,使之不再相等,平衡状态即遭到破坏,此时,需要进行自主调节,以期建立一种新的化学平衡状态,怎样自主调节呢?可能是相对快的反应速率变慢,也可能是相对慢的反应速率变快,或者两者同时进行,都有可能使之重新相等即建立新的平衡状态。同一化学反应在两个甚至更多个平衡状态之间的改变就是化学平衡的移动。

什么原因会改变正、逆反应的速率呢?问题又回到了影响化学反应速率的因素,所以研究平衡状态的移动,其本质还是要研究化学反应速率,研究有效碰撞,当我们深入到这一步就不难理解平衡移动的原因与移动方向的判断了。但我们通常的研究主要集中在溶液中、恒温恒容容器中气体平衡或恒温恒压容器中气体平衡问题,很少有络合反应,结晶水合物失水过程中的平衡移动进行探究,《选修6(实验化学)》的研究就更深一层,是对化学平衡影响因素的综合运用。

3 限度、平衡状态、平衡移动教学问题确立

课堂教学中围绕核心概念的建立设置的教学问题是达成教学目标的关键,在化学反应限度的中学阶段的教学认识中,为达成教学目标需要确立怎样的教学问题呢?

3.1 可逆反应与限度概念怎样建立

可逆反应这个概念在初中的科学教学和高一新制氯水、SO_2性质、N_2性质等知识学习中多多少少出现过,也许有很多老师已经前置了概念的教学,但学生是否真的已经理解这一概念,而或是通过什么方式学习和理解这一概念呢?这与过量的计算有一定的关联,只有当两种反应物给定量不能恰

好反应时,当一种物质大大过量且反应时间足够长,不足量反应物仍然未消耗尽(可能是微量存在,但可以通过一定的方式检测出来)时,我们可以认定可逆反应的存在,所以不论是用过量的 KI 与少量 $FeCl_3$ 反应,还是其他特征反应进行实证,都可以让学生从感性认识中真正理解可逆反应的存在,基于可逆反应的存在,再提出限度这一概念,学生接受就很容易了,在这样定量的数据和较为明显的实验现象下,学生既有定性分析,更有定量计算过程,对限度的理解会深刻。所以要建立这一过程,我个人觉得需要有大量的实证,而非就教材中某一个实验来说明,可以多举例并证实,这是微粒之间反应观念建立过程,需要大量感性材料辅证。

3.2 怎样判断是否达到平衡状态

平衡状态描述只是口头或字面的,到底直接的标志正逆反应速率相等怎样理解呢?这就需要有间接的宏观特征定量进行表述,比如从化学反应方程式中某一物质的消耗与生成的物质的量,或者间接的化学键的断裂与生成数量,抑或是速率之间的比例关系,这都可以定量地表示出来,而且要举实例,让学生逐一回答,而不要只简单地说正反应速率等于逆反应速率,造成指向不明,具体的试题中无法解答,其本质原因是没有真正理解平衡状态的特点。判断平衡状态的另一个直接标志是体系中各组成成分的浓度不发生变化,如果反应体系中某一成分有明显的颜色特征,可以直接判断,而大多数的平衡体系中并没有明显的颜色变化,很难直接从外观来判断,则需要理解达到平衡时有什么特征,并尝试假设判断,若正向(或逆向)移动,某一物理量会怎样变化,如若不发生变化。这一物理量就不能用来判断是否达到平衡状态,这一过程也需要多举例,多让学生说,通过学生回答和自主说的过程理解某一具体反应是否达到平衡状态,例如对于恒温恒容的等体积反应,压强不变是否可以作为平衡判断的标志?固态物质的颜色是否可以作为平衡判断的标志等问题就清楚地理解了。

3.3 怎样从实质上判断平衡是否移动及移动方向

平衡是否移动我们可以从浓度商 Q 与 K 的相对大小来判断,究其本质是正逆反应速率随外界条件改变而改变,变化后的速率是否继续相等,若相等,则仍然处于平衡状态,若不相等,顺着相对较大的速率方向进行移动,最终再次建立平衡状态。而反应速率在中学阶段仅从浓度与温度两个角度说明存在正相关,具体怎样的定量关系$[v=Kc^{\alpha}(A)c^{\beta}(B), k=Ae^{\frac{E_a}{RT}}]$高中并不进行教学,这样就必须对影响化学反应速率的因素进行半定量了,仅从活化分子浓度正相关进行判断,而活化分子浓度与分子浓度和活化分子百分比两个因素正相关,所以研究平衡是否移动,关键要研究正逆反应速率在外界条件改变瞬间发生怎样的改变,改变后是否继续相等,从而进行判断。而不是记忆相关课堂实验中得出的一些结论,如增大反应物浓度或减少生成物浓度,平衡正向移动等之类的结论,而且在使用中会出现问题,如增大压强,平衡正向移动,但对于等体积反应,平衡并不发生移动等问题,归结到本质的理解就能够帮助学生建立平衡移动判断的模型(如图1):

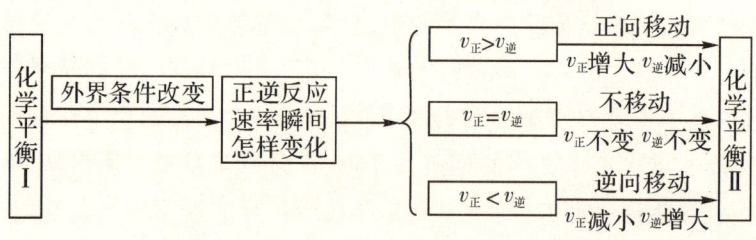

图1

4 限度、平衡状态、平衡移动及实践的教学设计

每一阶段学生对化学平衡观和限度观认识是不一样的,所以教学目标对学生的要求也是逐层提高,教学问题确立是基于教学目标的,围绕上述核心的问题进行的教学需要分层实施与推进,下面是笔者在不同阶段的教学设计。

4.1 化学反应限度的设计

苏教版《必修2》化学反应限度教学内容的要求:(1)以已知的Cl_2与H_2O发生的反应为例,通过观察、实验、分析、讨论认识可逆反应含义,并以H_2和O_2化合生成H_2O,H_2O高温分解生成H_2和O_2,NH_3与HCl反应为例,理解可逆反应概念中相同的条件的重要性。(2)在一定量$FeCl_3$不断滴加 KI 溶液直至过量,仍能检测出 I_2 和 Fe^{3+},让学生意识到 $2Fe^{3+} + 2I^- \rightleftharpoons 2Fe^{2+} + I_2$ 存在限度,感受可逆反应存在限度,反应中会达到一个相对稳定的状态即化学平衡。基于这样的教学目标,教学设计如下:

表 1　化学反应限度的教学设计

教学环节	教师活动	学生活动	设计意途
可逆反应过程(实证)	(1)教师展示一瓶新制氯水,请同学说出存在的微粒(包含分子和离子),提出证明存在这些微粒的方法。 (2)教师举例(H_2O 的形成与分解,NH_4Cl 的形成与分解,$CuSO_4 \cdot 5H_2O$ 失水与化合),让学生巩固可逆反应条件。	(1)学生回答存在什么微粒; (2)回忆曾经学习过的证明方法并用实验证明; (3)回答存在这些微粒的原因,理解可逆反应; (4)学生辨析并回答,理解可逆反应。	复习中再次巩固 Cl_2 与 H_2O 反应是可逆反应,并通过实例辨析理解可逆反应是指相同条件下。
反应限度的理解(探究)	实验探究:在试管中滴加 1mL 0.1mol·L^{-1} $FeCl_3$ 溶液,滴加 0.1mol·L^{-1} KI 溶液 1mL、2mL、3mL、4mL、10mL,并用 CCl_4 萃取,倒出上层清液,用 KSCN 溶液检验; 补充实验:Cu 片(过量)与 $AgNO_3$ 溶液反应后检验 Ag^+ 是否存在。	(1)学生分组进行实验; (2)学生观察 CCl_4 层溶液颜色; (3)上层清液加 KSCN 观察颜色; (4)学生做补充实验。	在这个实验中让学生意识到不论加多少 KI(过量),溶液中始终存在 Fe^{3+},说明 $2Fe^{3+} + 2I^- \rightleftharpoons 2Fe^{2+} + I_2$ 存在限度,帮助学生从定量角度过程比较中认识到限度,区别教材中一次实验。而且实验过程中强化学生的动手能力,参与过程中加深理解。
化学平衡建立(建立)	投影 N_2 与 H_2 反应合成氨数据 (1)此条件下进行到什么程度达到了这个反应限度? (2)此时反应是否停止? (3)此时为何三种物质的浓度保持不变?	(1)学生观察数据,思考回答。 (2)学生相互讨论,结合限度和速率进行考虑,到底是否停止。 (3)绘制速率与时间图像,并与教材图比较。	从数据中让学生感知反应限度存在,且到达限度时,反应并没有停止,只是正、逆反应速率相等了,各组分浓度不再发生变化。

说明:因为对象是高一学生,重点是让学生认识到过量计算与限度的不同之处,认识反应限度存在,化学平衡的存在。

4.2 化学平衡状态、平衡状态判断与表示的设计

苏教版《选修 4》化学反应原理适用的对象是文理分班后侧理的学生,而且一般在高二年级进行教学,因为有必修学习的基础,所以其教学目标设定如下:(1)以 $H_2(g)+I_2(g) \rightleftharpoons 2HI(g)$($\Delta H<0$)反应为例,在一注射器中通入等物质的量的 H_2 和 I_2 蒸汽,学生观察蒸汽颜色的变化与时间的关系,从外观感知平衡建立过程;(2)师生共同绘制 $c-t$ 和 $v-t$ 图像,学生从图像观察中得知平衡状态特征:逆、等、定、动;(3)以 $H_2(g)+I_2(g) \rightleftharpoons 2HI(g)$($\Delta H<0$)反应为例,和学生一起讨论平衡时"等"的具体判断和"定"的具体量,从而学会判断是否达到平衡状态;(4)学生完成教材第 48 页表 2-6 中,教师引导学生找共同特征,理解化学平衡状态表示方法:化学平衡常数;(5)以教材表 2-7、2-8、2-9 为素材,寻找化学平衡常数与化学反应式、温度和化学计量数关系,教师板演例题,学生仿照、练习巩固三段式计算。为达成上述五个教学目标,我在实践中将这一内容分为两课时进行教学。

表 2　化学平衡状态的教学设计

教学环节	教师活动	学生活动	设计意途
化学平衡状态建立	取两个 50mL 注射器,分别盛装 20mLH_2 和 I_2,出口用胶管连接,打开止水夹,让两种气体混合。在引导学生作 $v-t$ 图像的过程中让学生领会 c 与 v 的正相关。	(1)学生观察注射器中气体颜色变化和注射器体积变化;(2)学生分析 I_2 浓度变化,根据方程式推算 H_2 和 HI 浓度变化;(3)学生作 $c-t$(三种情况)、$v-t$ 图。	这个过程既有宏观实验现象实证,又有学生分析推理,同时有老师指导下的作图,促进学生对平衡建立过程的理解。
化学平衡状态特征	投影打出平衡状态的定义,请学生找关键词。教师指着 $v-t$ 图像,请同学说出有何特征,三个 $c-t$ 图像,有何特征。	(1)学生找平衡状态的关键词:一定条件、可逆反应、速率相等、浓度不变;(2)学生观察 $v-t$ 图像解释速率相等,观察三个 $c-t$ 图像解释浓度不再变化;(3)学生在教师引导下对化学平衡状态用特征字词表示。	从平衡状态定义中让学生学会找关键词,并在图像中理解速率相等且反应并没有停止,各组成成分浓度不再发生变化含义。以图像帮助学生理解化学平衡状态。

续 表

教学环节	教师活动	学生活动	设计意图
化学平衡状态判断	对于一个可逆反应，怎样判断是否到达平衡状态呢？从平衡状态的两个特征(等、定)进行判断。以 $H_2(g)+I_2(g) \rightleftharpoons 2HI(g) \Delta H<0$ 为例。 (1)物质消耗与生成、化学键断裂与生成、颜色、质量、物质的量分数、质量分数、分子数、物质的量、热量变化和转化率等进行讨论。 (2)若 I_2 是固态,体系中压强、密度、相对分子质量等不再变化能判断是否达到平衡吗？	(1)学生思考正逆反应速率怎样表示。 (2)浓度不变又可以怎样间接地表示？ (3)学生讨论恒容容器中压强不再发生变化,是否能判断达到平衡状态？ (4)学生观察 I_2 是气态与固态时反应前后气体物质的量是否发生变化,判断是否达到平衡状态的方法是否都适用？	以 $H_2(g)+I_2(g) \rightleftharpoons 2HI(g)(\Delta H<0)$ 和 $H_2(g)+I_2(s) \rightleftharpoons 2HI(g)(\Delta H<0)$ 为例,对比讨论等体积反应和非等体积反应是否可以用来判断平衡状态,在举例实践中理解、体会平衡状态判断的方法和角度。
化学平衡状态表示	(1)请同学计算教材[7]第48页表2-6中平衡浓度关系。它们有什么共同特征？ (2)请同学写出表2-9四个化学方程式的表达式,式子中什么物质可以不用写？比较第1和第2两个反应平衡常数的关系。 (3)从 K 的表达式可以看出, K 的大小与反应进行程度有什么关系？阅读表2-7,分析不同反应表达式。 (4)看表2-8,分析温度与平衡常数 K 的关系。	(1)学生计算,并找出共同特征。并得出化学平衡常数(K)定义和表达式。 (2)学生写表达式并与49页表达式进行比较,寻找未写得物质有特点。找出平衡常数与计算数与反应表达式的关系。 (3)学生讨论并回答 K 与反应进行程度关系,以此得出转化率定义和计算式。 (4)学生阅读并分析得出温度与平衡常数的关系。	有学生计算和实践中发现共同特征(类比气体摩尔体积得出过程),学会从表2-9分析可以得出平衡常数与表达式、计量数的关系,从表2-8得出平衡常数与温度关系,整个过程都有学生参与,并由学生发现共同的特征。

续 表

教学环节	教师活动	学生活动	设计意途
化学平衡状态计算	(1)教材第48页例1计算,教材板书,从平衡常数表达式观察,怎么来计算平衡时各物质的量浓度? (2)教材第49页例2计算,引导学生仍然用未知数表达三段式中变化量的设定。 (3)第50页问题解决,求解平衡常数,根据三段式求转化率。	(1)学生模仿过程,学会从教师板书中的三段式过程求化学平衡的平衡常数。 (2)学生根据已知平衡常数求解变化量,运用变化浓度之比等于反应的计算数之比。推广到知道变化量求平衡量等计算。 (3)学生根据所学方法进行实践。	三段式计算是化学平衡计算的基本过程,既可以防止学生代错数据,又可以学会在平衡常数、初始量、平衡量之间计算,其关联核心是变化量之比等于计量数之比。

说明:化学平衡状态、判断及表示这个过程有感性的观察,也有抽象的理解,教学过程中怎样描述,怎样分析,怎样书写都是获得解决平衡问题的方法。所以教学过程分两个课时,还需要安排必要的习题课。

4.3 化学平衡移动设计

化学平衡移动的本质是什么?要从化学平衡状态来理解,平衡时正逆反应速率相等,外界条件改变,导致化学反应速率发生变化,有可能使正逆反应速率出现相对大小,则就破坏了平衡状态,平衡必将沿着反应速率快的方向进行移动,再次达到新的平衡。基于这样的理解,化学平衡移动的影响因素则要从影响化学反应速率的因素进行探讨。因此,我将本节内容教学目标设定如下:(1)以 $Cr_2O_7^{2-} + H_2O \rightleftharpoons 2CrO_4^{2-} + 2H^+$ 实验为例,探究浓度对化学平衡移动的方向判断,以 $2NO_2(g) \rightleftharpoons N_2O_4(g)$ 为例,探究压强对平衡移动的影响,与学生一起讨论压强影响反应速率的本质是改变浓度,分析合成氨反应怎样从浓度改变、压强改变来提高反应的限度;(2)以 $Co(H_2O)_6^{2+} + 4Cl^- \rightleftharpoons CoCl_4^{2-} + 6H_2O(\Delta H > 0)$ 为例,用实验探究升温和降温时平衡的移动方向,分析 $N_2(g) + 3H_2(g) \rightleftharpoons 2NH_3(g)(\Delta H < 0)$ 中温度对提高限度的操作;(3)根据催化剂改变反应速率的影响程度,讨论催化剂是否改变速率与影响平衡;(4)以前面三点讨论出的结果,在反复举例和分析合成氨反应中感知平衡移动与外界条件改变的关系。将条件改变瞬间正逆反应速率的改变在图像上表示出来,科学感性的判断平衡移动方向及达到

新平衡后正逆反应速率与原平衡速率大小关系；(5)学生尝试从条件改变、平衡移动(结果)和反应特点(吸热或放热、缩体或扩体)三者之间的判断关系，在解题过程中体验化学平衡移动解题的方法和过程。因为教学内容较多而且是化学平衡移动观的核心理解，建议安排两个课时的教学并可再辅助一课时习题课。

表3　化学平衡移动的教学设计

教学环节	教师活动	学生活动	设计意途
提出问题	投影教材第52页图2-19，寻找NH_3体积分数与温度和压强关系，$N_2(g)+3H_2(g) \rightleftharpoons 2NH_3(g)$($\Delta H<0$)，怎样提高$H_2$的利用率？	(1)学生读图发现，压强与NH_3体积分数是正相关。而温度与NH_3体积分数是负相关。(2)同时发现NH_3的体积分数不高，说明有较多的反应物未转化。	引导学生读图，从图中感知物质的量分数含义，并会找出不同坐标意义。
探究活动1：压强对化学平衡的影响	演示$2NO_2(g) \rightleftharpoons N_2O_4(g)$压缩和扩张过程。(1)压缩时$NO_2$浓度怎样变化？速率怎样变化？(2)压缩时容器内压强怎样变化？(3)在合成氨工业中是加压还是降压有利于氨的合成呢？在加压过程中H_2浓度怎么变化，移动过程中又怎样变化呢？	(1)学生观察颜色变化，在教师引导下认识到颜色变化代表着NO_2浓度变化。(2)速率又怎样变化呢？平衡向正方向移动；原因是压强增大时正反应速率大于逆反应速率，为什么会增大呢？(3)学生讨论回答。	用外观的颜色变化让学生感知NO_2浓度的变化，从而分析其浓度变化与平衡的移动方向。在问题(3)的解决中让学生知道压强改变过程中有物质浓度的变化才导致了速率的改变，从而引出探究活动2。
探究活动2：浓度对化学平衡的影响	因为压强可以改变反应速率，浓度也能改变反应速率，现在投影$Cr_2O_7^{2-}$(橙红色)$+H_2O \rightleftharpoons 2CrO_4^{2-}$(黄色)$+2H^+$，(1)取橙红色$Na_2Cr_2O_7$溶液，怎么使溶液变黄色？(2)又有什么办法重新变成橙红色呢？(3)教师和学生一起分析了异常现象，学生意识到酸的选择中要注意的问题。(4)合成氨工业中H_2需电解水来生成，怎样提高H_2的转化率呢？	(1)学生讨论回答，有加$Na_2Cr_2O_7$固体、H_2O、NaOH等方法。(2)加酸和减少H_2O可以。(3)学生实践上述实验进行实证。(4)学生讨论回答问题(4)。	(1)教师和学生一起讨论回答可能的方法，引导学生怎样改变正逆反应速率，导致正反应速率大于逆反应速率，平衡就会正向移动。(2)学生在实证中有的同学用了HCl，有和用了HNO_3，结果都变成橙红色，证实了平衡移动的判断，用HCl的同学出现了其他现象，在HCl滴加时，在试管液面出现了"烟雾"。

续 表

教学环节	教师活动	学生活动	设计意图
探究活动3：温度、催化剂对化学平衡的影响	(1)投影 $Co(H_2O)_6^{2+}$（粉红色）$+4Cl^- \rightleftharpoons CoCl_4^{2-}$（蓝色）$+6H_2O$（$\Delta H>0$），取三支试管，取等量上述紫色溶液，一支放入 0℃ 冰水，一支放入 42℃ 热水，另一支对照（室温 22℃），1分钟左右时间，发现冰水中变红，热水中变蓝色。 (2)教师此时让学生回忆温度对反应速率影响和平衡移动时正、逆反应速率相对大小。 (3)$CoCl_4^{2-}$（蓝色）$+6H_2O \rightleftharpoons Co(H_2O)_6^{2+}$（粉红色）$+4Cl^-$（$\Delta H<0$），温度对哪个方向速率影响大呢？ (4)上述过程正反应和逆反应在热量变化上有什么特点？ (5)催化剂是怎样改变正逆反应速率的？改变的程度怎样呢？ (6)再次回到 $N_2(g)+3H_2(g) \rightleftharpoons 2NH_3(g)$（$\Delta H<0$），需要高温还是低温？	(1)学生观察三支试管中溶液颜色变化，发现，温度高的平衡正向移动，温度低的平衡逆向移动。 (2)学生在老师引导下发现，温度升高时，正反应速率增大得快；温度降低时，正反应速率降低快，由此得出温度对正反应速率影响更快。 (3)根据实验现象，发现温度对逆反应速率影响大。 此时学生马上就得出了结论，温度对吸热反应速率影响会更大。 (4)学生讨论与回答，降低反应的活化能加快反应速率，而且增大倍数相等。 (5)教师引导学生温度、催化剂导致平衡变化的图像。 (6)学生讨论回答合成氨工业中温度和催化剂选择。	(1)以正逆向的同一反应进行实验与分析，引导学生理解"影响大"的意义和温度对什么方向反应速率影响大。 (2)在学生讨论和作图中理解平衡移动的本质是外界条件改变后导致正、逆反应速率改变后是否相等。怎么才能再相等？

续 表

教学环节	教师活动	学生活动	设计意途
问题解决：得出平衡移动规律并解决合成氨工业实际	再次以 $N_2(g)+3H_2(g) \rightleftharpoons 2NH_3(g)(\Delta H<0)$ 为例，当我们进行下列操作时，改变其中一条件，平衡移动方向和带来的结果是什么？ (1)增加 N_2 浓度，平衡正向移动,可以使得 N_2 浓度增大量减少了。 (2)减少 NH_3 浓度呢？ (3)增加 NH_3 浓度呢？ (4)减少 N_2 浓度呢？ (5)增大压强呢？ (6)减小压强呢？ (7)升高温度呢？ (8)降低温度呢？ 在上述八种情况分析中，我们发现，平衡移动方向与外界条件改变有什么关系呢？怎样用一句话来表示？最后和学生一起来讨论合成氨工业运用中条件的选择。	学生观察合成氨的反应，在老师引导下判断平衡移动方向和带来的结果。 (1)平衡正向移动。 (2)平衡正向移动,在老师引导下得出 NH_3 浓度减小量减小了。 (3)平衡逆向移动，NH_3 浓度增加量减小。 (4)平衡逆向移动，N_2 浓度减少量减小。 (5)正向移动，气体物质的量减小，可以使容器内压强减小一点。 (6)逆向移动，气体物质的量增加，可以使容器内压强增大一点。 (7)逆向移动，可以使容器温度降低一些。 (8)正向移动，可以使容器内温度升高一些。 学生的回答有对抗、相反、减弱。	在这个平衡移动原理得出的过程中始终以合成氨工业生产为例，有对影响平衡移动因素的复习，也有平衡移动的运用，在大量学生参与的分析中，让学生感觉了对抗与减弱的关系，从而引出平衡移动原理。

这两个课时的教学中让学生在实验中体验平衡移动的方向与判断方法，又理解平衡移动的本质是反应速率受到外界条件的影响而发生的改变，最后将平衡移动原理运用于实践之中。

4.4 化学平衡移动实践与实验方案的设计

在学习了平衡移动原理后，其原理在化学研究和化工生产中有什么样的运用？通过实验观察证实。《选修6（实验化学）》关于化学条件对化学平衡影响的教学目标设定如下：(1)通过氯化钴溶液稀释与加浓盐酸、氯化钙固体溶液颜色变化加深对可逆反应认识,理解浓度对化学平衡移动的影响;(2)用实验方法对照来研究温度、浓度、压强等因素对化学平衡的影响;(3)学会用其他物质来显示、比较化学反应过程及特征。基于这样的目标,将教学设计如下:

表4　化学平衡移动实践与实验方案设计

教学环节	教师活动	学生活动	设计意途
$CoCl_2$溶液为什么颜色不一样?	(1)试管取 0.1mol·L^{-1} $CoCl_2$溶液,0.5mol·L^{-1} $CoCl_2$溶液各1mL,请同学们比较颜色差异。 (2)投影 $Co(H_2O)_6^{2+}$(粉红色)$+4Cl^- \rightleftharpoons CoCl_4^{2-}$(蓝色)$+6H_2O$,怎样才能让蓝色的溶液变成粉红色呢?教师要引导,加入物质颜色可能会干扰实验,所以实验设计时要注意外界干扰。什么物质又能使溶液再变成蓝色呢? (3)蒸发时要加热,正反应是吸热反应。 (4)教师引导与学生讨论。	(1)同学们都知道不同浓度的有色溶液颜色会不一样。 (2)学生回答了加水。在老师引导下还想到降低Cl^-浓度的方法,加$AgNO_3$固体或溶液,在老师追问下有同学答出了强氧化剂如$Na_2Cr_2O_7$。 (3)学生回答了加浓盐酸、氯化钠、氯化钙等含氯离子的物质,还有同学答出蒸发水。 (4)有学生认为是吸热原因,平衡正向移动,发生争执。 (5)学生在认清认知冲突后,更理解了可逆反应的存在和化学平衡的移动条件。	学生对不同浓度同一溶质溶液颜色不同都会认为是浓度引起的,但蓝色溶液不管怎么稀释只能变成浅蓝色。溶液由蓝变红说明存在更多新物质合成,证明存在化学平衡且加深对平衡移动条件的选择。

续 表

教学环节	教师活动	学生活动	设计意图
乙酸乙酯的最佳合成条件是什么？	(1)请同学们写出乙酸乙酯水解的化学方程式。教师纠正。 (2)水解过程要用到酸或碱作催化剂，哪一种更好？ (3)为什么酸和碱都可以做催化剂，结果不一样呢？再持续加热更长（约15分钟左右），加碱的试管中酯早已没有，而另两支试管中仍然有一定量的酯剩余，而且好像不再减少。 (4)为什么要加甲基橙？ (5)如果实验室要制取乙酸，乙酯同学们选择什么样的条件？引导学生讨论实验方案。	(1)学生书写方程式。 (2)学生按教材第56页的过程进行实验。发现相同的时间，剩余的乙酸乙酯不同，加碱的试管中剩余最少。碱的催化效果好。 (3)是不是酯不会完全水解，但碱性条件下却水解完全了。说明酯水解是可逆反应。 (4)在研究反应过程中体现溶液酸碱性变化。 (5)学生进行了讨论、分析，一致认为不能加碱，还要降温。因为水解吸热，酯化过程会放热，还要把酯蒸出来，减少生成物浓度，但又要加热。还有多加点乙酸或乙醇等方案。	这是化学平衡移动原理在化学研究与工业生产的运用，对学生综合运用知识能力要求较高，一要求学生会设计方案，二要求学生学会将隐性的现象展示出来，都是研究和学习中要掌握的方法。

本节课的教学中学生自主设计实验方案，实验中观察、记录实验现象，并发表自己的观点，以此学会保存物质、合成物质条件选择和实验方案设计中隐性现象显示的设计。

5 教学思考

浙江省课程改革实施已经七年，每一年的教学研究活动中都对教材编写提出了修改意见，省学科指导意见已经修订了三次，苏教版教材也进行了多次的修订。同一教学内容在三个不同模块中的出现，体现出了不同的教学要求，教师只有很好地解析文本，理解教材意途，分层实施，才能有效促进学生对化学平衡教学内容的理解。

5.1 学生在学习中的认知衔接点在哪里

(1)可逆反应的认知起点，教学中借助新制氯水中存在微粒的检验进行,约有半数的同学能说出新制氯水中存在微粒,其他同学在同学的帮助下能较完整分析存在微粒,而课堂教学中更多的举例只为学生加深可逆反应中相同条件的认识。借助这一基础写出一个同学已知道的反应 $2Fe^{3+}+2I^- \rightleftharpoons 2Fe^{2+}+I_2$,大家一直把这个反应当成非可逆反应,但教学中,通过在一定量的 Fe^{3+} 溶液中滴加含 I^- 的溶液,直至过量很多,但一直能检测出 Fe^{3+} 存在,说明这个反应也是可逆的,不论 I^- 过量多少,都不能使 Fe^{3+} 完全沉淀。

(2)化学平衡的教学起点是正逆反应速率相等,而学生在《必修2》学习中并不知道正逆反应速率表示的含义,怎样去判断。《选修4》的教学则以 H_2 和 $I_2(g)$ 混合达到平衡时,和学生一起从平衡时颜色未发生变化,以此来认识达到平衡时碘的消耗速率与生成速率相等,类推各物质的消耗与生成量相等,也没有从速率经典公式来教学(高中不作要求)。而平衡状态判断的教学起点仍然是以 H_2 和 $I_2(g)$ 反应为例,从第一课时的直接标志再具体化讨论各物理量能否表示是否达到平衡。

(3)化学平衡移动教学起点是平衡时正逆反应速率相等和影响化学反应速率的因素,所以教学中从外界条件改变是否使得正、逆反应速率发生变化,变化后是否仍然相等进行分析讨论,并没有一条条地讲规律,而是不断地从外界条件对速率影响角度引导学生思考。

(4)化学平衡移动运用的教学起点是学生已经知道了平衡移动的原因和方向,所以教学中从解决问题的角度进行引导,如 $CoCl_2$ 溶液怎样使溶液颜色发生变化?乙酸乙酯合成中要注意什么问题?并不是简单让学生复习移动规律,再进行分析判断。

不同模块的教学都找到学生已有的起点,同时也没有把要求倾涌而出,而是达成模块教学目标,留有思考的空间,因为不同的模块都有其不同的教学目标。

5.2 实验现象的实证与判断

化学平衡的移动比较抽象,仅从化学理论进行课堂研究与学习,学生理解困难,借助一定的实验进行实证很有必要,而移动过程又怎能形象地体现呢?需要有明显的实验现象,所以我们选择的辅证实验最好有明显的外观颜色变化,变化不能太快或慢,易于操作,最好没有毒性,若有毒性则要密封不要泄漏。基于这样的考虑,选择比较典型的 H_2 和 $I_2(g)$ 反应在浓度和压强改变时平衡移动、NO_2 与 N_2O_4 在压强和温度不同时、$CoCl_2$ 溶液在浓度和温度不同时颜色变化来研究平衡的移动,以 Fe^{3+} 与 I^- 反应中 Fe^{3+} 检验来研究可逆反应存在的限度问题等。而乙酸乙酯的水解实验中不仅油状酯层量的变化能体现,还用了指示剂显示不同的颜色变化,所以都能有利于做出判断和实证。

5.3 图像的辅助理解作用

化学平衡问题仅从文字角度叙述学生会感觉识记困难,甚至不利于理解,如果仅从这几个典型实验记忆,更不是学习本源,而只是进行了特殊性的学习,若想本质上理解化学平衡问题则需要把文字性描述以较感性的图像中相对大小和图像变化趋势来表示出来,所以每一步教学过程都要用图像来表示,把文字用图像表示,两者结合。c-t 图(如图1)能很好地表示出平衡建立过程中反应物和生成物浓度之间的关系和变化关系,同时还能很好地帮助学生理解浓度不再改变。v-t 图(如图2)中建立平衡的过程中一定存在正反应速率等于逆反应速率的时刻,而且还能体现反应过程中某物质的浓度增加量和减小量,形象地体现化学平衡建立的过程。平衡状态的破坏如果有 v-t 图(如图3)中显示更加有利于理解化学平衡移动。如在某一时刻改变某物质浓度、改变压强、改变温度、使用催化剂等,此时正、逆反应速率是否发生变化？发生怎样的变化？变化后是否相等？若不相等,平衡怎样移动？移动过程正、逆反应速率又怎样变化？借助于图像后,理解起来就显得非常容易进行。

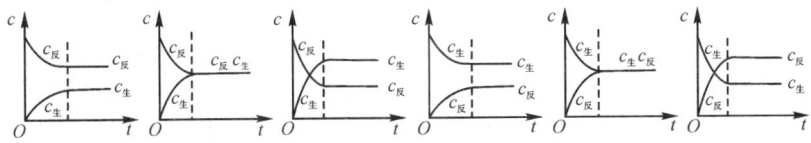

图 1

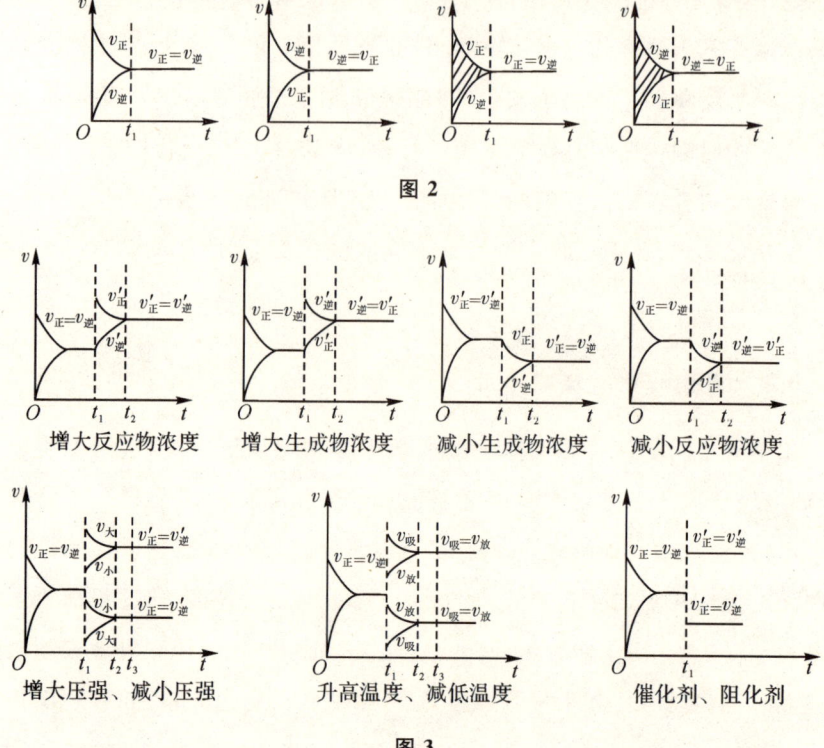

图2

图3

参考文献

[1]姜言霞,王磊,支瑶,张景富,蒋立鹤.基于模型建构促进学生"化学反应速率"认识发展的教学研究[J].化学教育,2013,3:20—26.

[2]胡久华,王磊,支瑶,董颖,郑文燕.促进学生认识发展的"电离和离子反应"专题的单元整体教学研究[J].化学教育,2013,4:44—49.

[3]田益民."化学平衡状态的移动"教学探析[J].化学教学,2013,4:44—46.

[4]王祖浩.化学课堂教学行为研究及案例[M].南昌:江西教育出版社,2009,5.

[5]李发顺.探究AgSCN沉淀溶解平衡的设计[J].化学教学,2013,2:43—44.

[6]施良方.课程理论——课程的基础、原理与问题[M].北京:教育科学出版社,1996,8.

[7] 王祖浩.化学反应原理(第4版)[M].南京:江苏教育出版社,2009,7.

[8] 保志明.以学定教Ⅰ——必修模块"化学反应限度"的教学与思考[J].中学化学教学参考,2012,9:26—27.

[9] 王希俭.基于"问题化"理念下的"化学平衡移动"的教学[J].化学教学,2012,9:42—44.

[10] 夏淑萍.基于理性思维的概念教学——以化学平衡概念教学为例[J].化学教学,2012,12:46—48.

课堂:学生动起来才会美丽

摘 要 在苏教版《化学1》从"铝土矿到铝合金"教学实践中,多年的教学都感知学生对这一单元内容理解有难度,尤其是铝、氧化铝的性质。笔者经过认真思考,精心设计,有目的设置陷阱,引导学生亲身参与实验并思考交流,让学生在课堂中动手、动脑,并留下问题思考空间,以促使学生在实践中认识铝及其化合物的性质。

关键词 实验动手 认知冲突 思考空间

1 实验是学生动手的载体

学生对化学实验兴趣浓厚,都希望能够亲历而为,笔者在和同学一起学习铝的化学性质内容时,学生根据活动性顺序,都积极肯定表示铝能与稀H_2SO_4会剧烈反应,迫不及待希望通过实验证实,一位同学将一块铝片投入$6mol \cdot L^{-1}$稀H_2SO_4溶液中,结果试管中的表现令同学很是失望,此时一同学说是因为铝表面有氧化膜的原因,否则会很快反应的。另一同学,马上用砂纸打磨几块铝片,此时我取了$2mL 18mol \cdot L^{-1}$浓H_2SO_4溶液于试管中,该同学快速(同学认为铝在空气中会很快氧化)放入一片打磨好的铝片于试管溶液中,结果仍然无明显现象。至此很多同学对铝刮目相看了。我再引导学生将打磨好的铝片放入装有$2mL 6mol \cdot L^{-1} NaOH$溶液,此时试管中产生了很多气泡,而且速度非常快,意料之外的现象出现,让学生对铝与强碱的反应有了真实的感受。此时,有同学发现刚才装稀硫酸的试管中出现了气泡,说明铝确实与稀 H_2SO_4 发生反应且产生了气泡,为何开始没有的原因也知道了,更知道了开始没有出现明显反应现象的原因。不仅进行这样的设计,同样把未打磨的铝片放入 $6mol·L^{-1}$ 稀 H_2SO_4 溶液中,让一位同学添加少许 NaCl 固体,发现很快产生气泡,学生纳闷了,NaCl 不会跟 H_2SO_4 反应,也不会跟 Al_2O_3 反应,为何会出现这样的现象?我们在生活中铝制品餐具表面有氧化膜,使用中要注意什么?对餐具使用有什么建议?

单纯的科学分析和说教与实验的感受带来的效果差异很大,如果能在实验中设计一些预设的"错误",又能在实验后进行科学解释,学生不仅是获得知识,还能体验过程,更能提升思辨能力。

学生还没有想明白为何浓硫酸不和铝反应,引导学生阅读苏教版教材《化学1》[1]第68页钝化内容。我在学生阅读后又问了学生一个问题,有什么方法能使钝化状态的铝发生反应?学生陷入了沉思。原因是没有将问题分解来问。几分钟后我进行了分解提问:铝钝化的原因是什么?什么物质能破坏表面的氧化铝?怎样才能将浓硫酸变稀?钝化定义中突出了常温下,如果加热,是否会反应?当学生在思考和回答问题,并通过实验证实了对钝化和去钝化的理解。

2 认知冲突是学生动脑的源泉

学生怎样理解 $Al(OH)_3$ 与强酸或强碱发生的反应呢?笔者在教学中,进行如下设计与思考。$AlCl_3$ 溶液中滴加氨水直至过量,在出现白色沉淀后,虽然氨水的量在增加,但沉淀始终没有溶解,说明产生的白色沉淀是 $Al(OH)_3$ 且不溶于氨水这样的弱碱,倒去上层清液,并将沉淀一分为二,在一支试管中滴加 $6mol·L^{-1}$ 盐酸,另一支试管滴加 $6mol·L^{-1}$ NaOH 溶液,结果两试管中的白色沉淀快速溶解,$Al(OH)_3$ 和 HCl 反应学生容易理解,而且也能写出反应方程式,但与强碱的反应,而且也是生成盐和水,学生就对反应不理解了,更别说怎样写化学反应过程了,怎么办?此时我的教学是这样进行的,板书 $NaAlO_2$,从名称尝试书写其对应的酸——偏铝酸($HAlO_2$)化学式,并与铝酸(H_3AlO_3)比较,差别是什么?告诉学生"偏"与

"正"的关系。再写出氢氧化铝[Al(OH)$_3$]化学式,与铝酸比较,是什么关系?学生很容易发现其实是同一物质,由此学生基本理解为什么 Al(OH)$_3$ 有两性的原因,既能与强酸反应又能与强碱反应。后面设计的问题帮助学生理解 Al(OH)$_3$ 作为酸时进行的电离关系,偏铝酸是几元酸,以此类推 H$_3$AlO$_3$ 是几元酸,含氧酸分子中氢原子个数不能确定几元酸,而要根据每个分子最多能电离出氢离子的个数来确定,由这样的过程,理解 Al(OH)$_3$ 与 H$_2$O 结合进行酸式电离时,最多只能电离出一个 H$^+$,尝试写其酸式电离方程式:Al(OH)$_3$ + H$_2$O $\rightleftharpoons$ H$^+$ + Al(OH)$_4^-$,其真正的本质就是 Al(OH)$_3$ 与 H$_2$O 电离出的一个 OH$^-$ 结合生成 Al(OH)$_4^-$,所以当可溶性铝盐与过量强碱反应时 Al^{3+} + 4OH$^-$ $\rightleftharpoons$ Al(OH)$_4^-$,此微粒在高中可写成 AlO$_2^-$ 和 H$_2$O 的形式,其实在溶液中并不存在 AlO$_2^-$ 离子。在这些问题的教学中,很多老师都认为挖掘太深了,高一学生听不懂,甚至高三学生搞懂也困难。在高中教学中,怎样搭建知识的脚手架引发学生认知冲突是教学成功的关键,我们不能一味地就捧着 2012 版《浙江省普通高中新课程指导意见》,更不能只盯着《考试说明》,教学过程其实要关注学生的兴趣、学生的知识结构、学生获取知识的阶梯,只要我们做好这些,很多看似有点深奥的问题高中生一样能轻松学会。

3 从学生认知出发是学生动脑的保证

"从铝土矿中提取铝"的教学我在实践中进行了多次,而且对苏教版教材的编排顺序笔者也写了《苏教版"元素化合物"教学与思考——以"从铝土矿到铝合金"为例》发表在《实验教学与仪器》2013 年 7—8 期上,虽经调整,但实践后,学生对提取过程的理解还是有很大的困难,毕竟涉及三种物质混合的分离提纯问题[2]。将问题简化,Al$_2$O$_3$ 和 Fe$_2$O$_3$ 混合物怎样分离?Al$_2$O$_3$ 与 SiO$_2$ 混合物怎样分离?在 Al^{3+} → Al(OH)$_3$,AlO$_2^-$ → Al(OH)$_3$ 过程中,为什么用 NH$_3$、CO$_2$ 而不用 NaOH、HCl 呢?待这些问题都解决了,再回到从铝土矿(主要成分 Al$_2$O$_3$,杂质以 Fe$_2$O$_3$、SiO$_2$ 为主)提纯氧化铝的方案设计与讨论时,班中绝大部分同学都能直接进行设计与回答了。有的第一步用强酸进行反应,有的第一步以强碱进行反应,但当两种方案出现后,再对照苏教版《化学1》教材第 64 页的工艺流程时,发现与我们共同讨论设计的方案不一致,更像是两种方案的综合,最想不通的是向铝土矿中加强碱溶液时,SiO_2与强碱反应没有产生SiO_3^{2-}溶液,产生的疑惑是SiO_2到哪里去了?这又是一次学生在分析问题中发现的新问题,同时也给学生留下了思考的内容。把学生的思维引到了兴趣点上,此时的教学即使教师不再分析,学生也会主动提出与钻研,成功渡过教学难点,可见分解问题,科学互动的情景对教学的帮助。

4 留下思考的空间是学习的诱惑剂

记得在Na、Mg的教学中,都分别做了与H_2O和盐溶液($CuSO_4$溶液)反应的实验,甚至在课中预测铝的化学性质时就有学生提出铝与H_2O反应,还提出要进行实验证实,铝是否也会与H_2O或盐溶液($CuSO_4$溶液)反应?分别有两位同学进行实验,结果发现,铝与H_2O(滴有酚酞)即使加热也没有明显现象,但在实验中确实出现了很淡的红色,与Mg与H_2O的反应相比,反应剧烈程度弱了很多,但在$CuSO_4$溶液中发生反应,不仅有气泡,而且铝片表面出现暗红色物质,还有黑色的物质出现,暗红色物质学生认为是Cu,但对黑色物质和气泡的出现表示不解。特别是另一位同学实验中铝即使加热也没有和H_2O发生反应,怎么会产生气泡?实验中出现的问题在教师又不能用水解原理解释(高一学生),告诉学生化学的奥秘之处,留待高二时深入研究。

参考文献

[1]王祖浩.化学1(第5版)[M].南京:江苏教育出版社,2009:68.
[2]李发顺.苏教版"元素化合物"教学与思考——以"从铝土矿到铝合金"为例[J].实验教学与仪器,2013,7—8:31—33.

第三部分
教学设计与实验创新

　　教学做是一件事,不是三件事。我们要在做上教,在做上学。在做上教的是先生;在做上学的是学生。从先生对学生的关系说:做便是教;从学生对先生的关系说:做便是学。先生拿做来教,乃是真教;学生拿做来学,方是实学。——陶行知"教学做合一"

　　◇实验对化学学科学习的作用是什么?
　　◇实验创新达到什么目的?
　　◇怎样的设计才是有意义的实验创新?
　　◇我们怎样才能引导学生参与到实验创新中实现对化学的理解?

实验对化学概念学习的促进作用
——以"胶体"教学为例 *

摘　要　以苏教版《化学1》"胶体"的教学为例,分析化学概念的教学中怎样创设实验情境,将微观世界的变化以宏观的现象展现出来,促进学生对化学概念的理解。

关键词　化学概念　胶体　分类思想　教学设计

化学概念学习需要学生建立在科学事实基础上,通过深刻理解并抽象形成自己的观念,因此,真实的实验情境和现象对化学概念教学具有促进作用。

1　教学目标

《普通高中化学课程标准(实验)》规定:知道胶体是一种常见分散系。《浙江省学科教学指导意见(2009年)》基本要求:了解分散系的含义,知道胶体区别于其他分散系的本质特征和鉴别方法;不宜拓展的要求:如果将探究的重点放在"胶体的制备方法和胶体的性质";由于学生缺乏盐类水解等必要的知识基础,无法探究,教师必然要补充,不但增加学生的负担,而且脱离了本课题原有的教学任务,是典型的为探究而探究。初中阶段已经学习过

---

* 发表于《化学教育》2013年10月。

溶液、浊液等具体实例,且物质分散系也涉及分子等微观粒子,基于此,将胶体教学目标设定为:(1)引导学生以化学的眼光,从微观的角度去认识丰富多彩的分散体系。(2)从现象到本质,帮助学生建立胶体分散系不同于溶液、浊液的本质是分散质微粒的大小差别,进一步巩固分类依据的选择。(3)在实践中知道丁达尔现象能鉴别溶液与胶体。(4)正确认识胶体在生产、生活中可以用来净水、除尘、治病等作用,并解释生活中的一些现象。

2 教学设计思想

传统的教学思路是:平铺进入(以溶液、浊液为载体学习分散系概念)→概念展开(然后分析溶液、浊液、胶体分散质直径)→性质学习(实验得出胶体有丁达尔现象并能净水)→性质应用(资料卡得出胶体的某些领域应用)。

笔者设计的教学思路:创设情境[现场制取 $CuSO_4$ 溶液和 $Fe(OH)_3$ 胶体→比较差异(除了颜色)→激光照射(丁达尔现象))→本质建构(半透膜渗析和滤纸过滤,分散质微粒大小认识)→实例运用(净水、除尘、血透)→课堂小结(分散系与分类思想)][1]。

第一种设计如果学生学习意志力比较好也乐于学习的同学学习效果也不错,但学生对胶体的认识只是知道了分散质直径在 1nm～100nm 之间,可以用丁达尔效应进行鉴别。第二种设计思路让学生在教学现场制取胶体过程中知道了 $Fe(OH)_3$ 胶体,同时用激光照射,让学生一下子参与到了教学之中,发现均一透明的液体在激光照射下也有区别,在这样的情景下通过半透膜渗析实验与滤纸过滤实验,学生发现胶体粒子直径与溶液、浊液粒子直径有区别,将微观世界的物质本质特征通过实验现象展示出来,在后面的实例运用和课堂小结中帮助学生巩固了分散系特点和分类思想。在第二种设计下进行的教学,即使是兴趣不浓的同学也能在实验现象展示和同学的交流中知道胶体与其他分散系的区别及分类思想的再认识。

3 教学环节与课堂实证

环节1:创设情境,现象引入

【实验1】两个烧杯,A杯装蒸馏水 150mL,再加入 10 克硫酸铜晶体,B

杯装150mL沸水,并进行加热,滴加一滴管(约2mL)饱和FeCl₃溶液,学生观察现象。然后再用激光束照射A、B烧杯,观察现象有什么不同。

【问题1】如图1所示,两个烧杯中的"溶液"呈现出什么状态?有没有分层?除了颜色、"溶质"外还有什么不同区别?

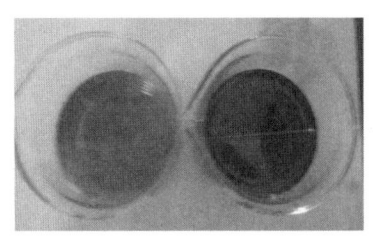

图1 Fe(OH)₃胶体与CuSO₄溶液比较

师:现在我用激光照射,请同学们从前面和上面观察,有不同现象。

生:红色的Fe(OH)₃"溶液"中有一条细细的光线,蓝色CuSO₄溶液中没有。

师:这是什么现象?

生:丁达尔现象(学生都预习过了)。

[信息提示]1869年,英国科学家丁达尔发现了丁达尔现象。光射到微粒上可以发生两种情况,一是当微粒直径大于入射光波长很多倍时,发生光的反射;二是微粒直径小于入射光的波长时,发生光的散射。散射光的强度,随着颗粒半径增加而变化。悬(乳)浊液分散质颗粒直径太大,对于入射光只有反射而不散射;溶液里溶质微粒太小,对于入射光散射很微弱,观察不到丁达尔现象;只有溶胶才有比较明显的光散射现象,这时微粒好像一个发光体,无数发光体就形成了光的通路。

[过渡]从上述现象和信息,可知这两杯"溶液"的"溶质"直径有较明显的差别,到底有什么差异呢?现取一种半透膜(市场上最普通的保鲜膜,孔径1nm)和滤纸(实验室用,孔径100nm),检验这两种"溶液"中"溶质"直径大小范围。

环节2:实验论证,本质建构

【实验2】如图2所示,用一张半透膜装约5mLFe(OH)₃"溶液",密封浸泡在约20mL蒸馏水中,等待约10分钟,观察烧杯中颜色并检验蒸馏水的酸碱性和是否含有氯离子。

图2　　　　　　　　图3　胶体的过滤

【实验3】如图3所示，组装过滤装置，将Fe(OH)₃"溶液"过滤，观察烧杯中"溶液"的颜色。

【问题2】从实验3中，烧杯中"溶液"是什么颜色？说明Fe(OH)₃"溶质"粒子半径处于什么范围。

生1：红色，通过滤纸了。

生2：说明这种"溶质"粒子半径比悬浊液颗粒小。

师：与滤纸孔径相比呢？

生2：也比滤纸孔径要小，即比100nm要小。

【问题3】因为 $FeCl_3+3H_2O \xrightarrow{\triangle} Fe(OH)_3$（胶体）$+3HCl$，图2中将半透膜悬挂后，对烧杯中的蒸馏水进行检验。

师：是否有 Cl^- 透过半透膜呢，怎样检验？

生1：取烧杯中的溶液滴加 $AgNO_3$ 溶液。（操作后如图4所示）

师：能否检验是否有 H^+ 呢？

生1：能，可以用紫色石蕊溶液。

师：现象更加明显的是蓝色石蕊试纸。

用洁净的玻璃棒蘸取图2中烧杯中的溶液滴在蓝色石蕊试纸的中央，出现红色。（操作后如图5所示）

 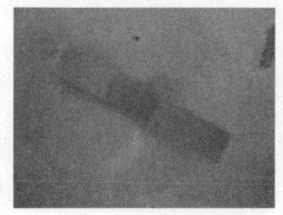

图4　氯离子检验　　　　图5　氢离子检验

师:从上述实验现象中同学们得出什么结论?

生(大家):烧杯中溶液呈酸性且含有氯离子。

师:说明溶质离子能够通过半透膜,其实溶质分子也一样可以通过,则溶质微粒半径比半透膜孔径要小。$Fe(OH)_3$"溶质"有没有透过?

生(齐声):没有。

师:说明了什么?

生(齐声):说明 $Fe(OH)_3$ 颗粒比半透膜孔径要大。

师:像 $Fe(OH)_3$ 这种颗粒直径大于 1nm 且小于 100nm,比溶质微粒直径要大,比浊液微粒直径要小,这一特殊的分散系叫做胶体[2]。

[过渡]同学们秋天的早晨到树林丛中观察斜射进来的阳光,会有什么现象?哪一位同学有这样的感受?(同学之间相互交流)如果没有,老师就用视频带上大家一起去领略一遍,好吗?

环节 3:实例运用,性质认识

【问题 4】同学们从课本和课外书中知道,生活中有哪些与胶体有关的实际应用呢?(学生看书讨论、相互交流约 3 分钟)

师:喝豆浆时加盐或酱油时,你们曾经看到什么现象?

生:有豆花出现,会慢慢沉下去的。

师:加糖时呢?

生:没有这种现象。

师:其实豆浆也是一种胶体,加盐后聚沉了。

师:患尿毒症的病人需要去医院做什么?

生(齐声):血液透析。

师:同学们知道其原理吗?

生1:好像是肾小管"过滤"能力不好的人会患这种病。

师:是的,是肾小球不能渗透出尿素尿酸的原因。医生就采用了医学仪器帮助病人将人体内的血液进行渗透而除去尿素尿酸了,这也是胶体与溶质的分离,人们正在研究和利用胶体的性质为人类服务[3]。

师:谁能解释为什么大河大江出海口往往会出现小岛或沙洲呢?静电除尘原理是什么呢?胶体净水原理是什么?有兴趣的同学课后可以去查阅。

[过渡]我们的学习认识了胶体与溶液、浊液的区别,其本质是分散质的直径不同,这是按分散质直径对分散系进行分类。分散系是分散质分散到分散剂中形成的混合物。

环节4:学习小结,思维延伸

【问题5】胶体还可以怎样进行分类?分散系分类的依据有哪些?物质的分类第一步是做什么呢?

师:胶体这种分散系有分散质和分散剂,有的分散质是如$Fe(OH)_3$、AgI等这样的带电粒子,有的分散质如同淀粉、鸡蛋白等这样的不带电微粒,可以怎样分类?

生(凌乱):带电胶体、不带电胶体……粒子胶体、分子胶体。

师:今天我们用的$Fe(OH)_3$分散到水中形成的胶体,其分散剂是什么状态?

生1:液态。

师:其实生活中还有如有色玻璃,就是均匀的在玻璃里添加有色化合物形成的胶体,其分散剂是什么状态?

生2:固态。

师:其实胶体按分散剂状态可以分为液溶胶、固溶胶、气溶胶。其他分散系也一样也可以按分散质或分散剂进行分类。从这一单元的第一课时到最后一课时都告诉我们物质分类的依据选择和实际分类。后面我们还会对化合物从其他角度进行分类。

4 教学思考

4.1 四个环节设计关注什么

从环节1到环节2,即创设情境,兴趣引课,到实验验证,建构胶体及其他分散系本质的区别,在实验中让学生真正感受到微观粒子的大小存在,深刻认识到丁达尔现象只是表观的特征而非本质原因。环节3的教学再一次将学生带回现实,发现胶体就在我们身边,而且也经常应用到我们生活当中,只是我们以前并不知道,化学学科已经渗透到我们生活方方面面,只要我们继续学习,一定会知道得更多,还会利用化学为我们服务。环节4的教学将学生从胶体分类引到分散系分类,认识混合物分类的方法,再一次回到了单元学习主题,分类思想在化学学习中的运用,既包括了纯净物分类也包括了混合物的分类。

4.2 科学本质建构要思考什么

化学研究既有宏观的现象,更有从微观世界的本质上进行的认识。化学课堂也一样,宏观的实验现象最能让学生接受,也最能引发学习兴趣,但微粒世界的学习却很难用宏观的变化来展现,往往凭着想象力进行学习,这样的学习易感到困惑,一是因个人思维差异,有时难以想象,二是容易引起思维疲劳,产生放弃念头[4]。在教学中如何将微粒世界的变化用宏观的手段或现象展现出来,最能感知无法用肉眼观察的微观世界,虽然媒体也是一种方法,但往往在课堂的真实感中仍缺少点什么,希望在我们的概念学习的课堂能设计出更多宏观的实验帮助建构化学概念,以认清科学的本质,布朗的花粉"运动"多么形象地反映了水分子的无规则运动啊!

参考文献

[1]相佃国.到底该怎样进行化学概念课教学——以"化学键"教学为例[J].化学教育,2011,11:13—15.

[2]魏锐,黄燕宁,王磊.例谈体现科学概念本质的教学设计[J].化学教育,2012,9:64—68.

[3]陆余平,赵拯.对萃取概念教学的探讨[J].化学教育,2011,4:38—39.

[4]谢兆贵.化学概念的多重表征及教学建构——基于"氧化还原反应"概念的调查研究[J].化学教育,2011,11:25—27.

重构学生主体课堂的思考

探究 AgSCN 沉淀溶解平衡的实验设计[*]

摘 要 针对中学化学教材中的实验仅从 PbI_2 悬浊液中检验出 I^-,难以证明难溶物 PbI_2 在水中存在沉淀溶解平衡的不足,对该实验进行了改进。选用适量 $AgNO_3$ 溶液与 KSCN 溶液反应生成 AgSCN 白色悬浊液体系。通过平行试验,分别在3个盛有适量 AgSCN 白色悬浊液的试管中加入几滴 $Fe(NO_3)_3$ 溶液、蒸馏水、$AgNO_3$ 溶液和 KI 溶液,振荡试管后比较溶液的颜色变化。由此,既可证明 AgSCN 悬浊液中沉淀溶解平衡的存在,也可证明当组成沉淀的离子浓度发生改变后,难溶物 AgSCN 沉淀溶解平衡发生了移动。

关键词 沉淀溶解平衡 存在 实验改进设计

新课程改革,苏教版《化学反应原理》在原有化学平衡、电离平衡和水解平衡基础上增加了难溶物的沉淀溶解平衡。痕量的变化通过肉眼直接观察很困难,甚至根本看不到到底是否溶解,教材选用 PbI_2 固体加水固液共存,在上层清液中滴加 $AgNO_3$ 检验有 I^- 电离,说明存在沉淀溶解平衡,笔者认为只能证明 PbI_2 能少量溶解在水中,而无法证明 PbI_2 在水中存在沉淀溶解平衡。在实践中怎样将痕量变化以较明显的颜色显示出来呢?试着从典型

[*] 发表于《化学教学》2013年2月。

的颜色变化去寻找,经过实践与思考,最后确定用中学实验常见的 $AgNO_3$ 和 KSCN 反应产生的白色沉淀,溶液中也一定存在极少量的 Ag^+ 和 SCN^-,通过增加或减少 Ag^+ 浓度实现平衡移动,以外显的红色变无色和红色加深来展示,便于观察,也感性地证明了沉淀溶液平衡的存在。

1 实验目的

通过分析现行新教材[1]发现,教材中的难溶物是选用 PbI_2。我们虽能证明 PbI_2 固体能部分溶于水,但由于溶解量的变化很小,较难观察到溶解平衡移动的明显现象。本文实验改进目的就是希望通过改进实验能证明难溶物存在沉淀溶解平衡。故笔者将原实验进行改进,选用 $AgNO_3$ 与 KSCN 反应生成的 AgSCN 白色沉淀为例,通过化学平衡移动来证明难溶物存在沉淀溶解平衡。

2 实验仪器及试剂

三支试管、胶头滴管、试管架、二支 5 mL 注射器。

$0.005 mol \cdot L^{-1} AgNO_3$ 和 $0.005 mol \cdot L^{-1} KSCN$ 溶液,$2 mol \cdot L^{-1} Fe(NO_3)_3$ 溶液、$3 mol \cdot L^{-1} AgNO_3$ 溶液、$3 mol \cdot L^{-1} KI$ 溶液、蒸馏水。

3 实验原理

$AgNO_3 + KSCN \rightleftharpoons AgSCN \downarrow + KNO_3$,$AgNO_3$ 与 KSCN 按物质的量之比 1∶1 反应时恰好完全反应,所以实验采用等浓度等体积的 $AgNO_3$ 和 KSCN 溶液混合,产生的 AgSCN 是一种白色沉淀。实验通过检验 AgSCN 白色固体在水中溶解产生 SCN^- 及其浓度变化证明存在 $AgSCN \rightleftharpoons Ag^+ + SCN^-$,利用 SCN^- 显色反应原理,在清液中滴加 $2 mol \cdot L^{-1} Fe(NO_3)_3$ 溶液,观察溶液颜色变化。

298.15K,$K_{sp}(AgSCN) = 1.1 \times 10^{-12}$[2],溶液中 $c(SCN^-) = c(Ag^+) = 1.05 \times 10^{-6} mol \cdot L^{-1}$,而 SCN^- 的检出限是 $4 \times 10^{-7} mol \cdot L^{-1}$,滴加 2 滴 $2 mol \cdot L^{-1} Fe(NO_3)_3$ 溶液时,溶液出现血红色,再滴加 $3 mol \cdot L^{-1} AgNO_3$ 溶液 5 滴,上层液颜色变浅,直至褪色,反应很灵敏,因为增加溶液中 Ag^+ 浓

度,AgSCN 的沉淀溶解平衡向沉淀方向进行,溶液中 SCN^- 浓度降低,使得 $Fe(SCN)_3$ 减小直至痕量;滴加 $3mol·L^{-1}$ KI 溶液 5 滴,红色加深,因为 I^- 与 Ag^+ 结合生成更加难溶的 AgI[$298.15K, Ksp(AgI)=8.5×10^{-17}$],使得 AgSCN 沉淀溶解平衡正向移动,溶液中 SCN^- 浓度增大,使 $Fe(SCN)_3$ 浓度增大,颜色加深。

4 实验步骤与现象

	步骤一	步骤二	步骤三	步骤四
操作	取三支试管,编号 1、2、3,各加入 $1mL0.005mol·L^{-1}$ $AgNO_3$ 溶液。	向三支试管中各加入 $1mL0.005mol·L^{-1}$ KSCN 溶液,静置 1 分钟。	向三支试管中各滴加 2 滴 $2mol·L^{-1}$ $Fe(NO_3)_3$ 溶液,观察现象。	向试管 1 中滴加 5 滴蒸馏水,试管 2 中滴加 5 滴 $3mol·L^{-1}$ $AgNO_3$ 溶液,试管 3 中滴加 5 滴 $3mol·L^{-1}$ KI 溶液,振荡静置 2 分钟,观察现象。
现象与照片	得到无色澄清溶液。	出现白色浑浊。	出现红色。	试管 2 分层,上层是无色澄清溶液,下层白色沉淀,试管 3 溶液变深红色。
结论	无色澄清溶液	出现白色浑浊	溶液显红色,生成 $Fe(SCN)_3$,AgSCN 能少量溶解。	增加 Ag^+ 浓度,AgSCN 沉淀溶解平衡逆向移动,降低 Ag^+ 浓度,AgSCN 沉淀溶解平衡正向移动,证明存在沉淀溶解平衡。

5 改进的意义

将教材原实验改用 $AgNO_3$ 和 KSCN 反应产生的白色沉淀,溶液中也一定存在极少量的 Ag^+ 和 SCN^-,通过增加或减少 Ag^+ 浓度实现平衡移动,以外显的红色变无色和红色加深来展示,其原因有三,首先,让学生从溶液中颜色变化能直观(感性)感受到平衡在移动,说明沉淀溶解平衡的存在易于观察与理解;其次,实验中选用的试剂对中学生来说也比较熟悉,实验现象(Fe^{3+} 与 SCN^- 络合显血红色)也是高中学生已知的知识;再次,选用的试剂也在中学化学实验室常见,取用时也比较方便。

参考文献

[1] 王祖浩. 化学反应原理(第 4 版)[M]. 南京:江苏教育出版社,2009,7:87.
[2] 大连理工大学生无机化学教研室. 无机化学(第 4 版)[M]. 北京:高等教育出版社,2001,6:657.

"溶液的配制与分析"教学与思考*

摘　要　文章以苏教版"溶液的配制与分析"教学内容展开，全面深层地认识溶液性质及其组成。以溶液的组成表示方法为起点展开研究，通过设计的层进问题分析与计算，一帮助学生理解物质的量浓度的概念，学会用溶质的物质的量浓度来表示溶液组成，二让学生理解不同表示方法之间的联系并学会相互进行转化，三是建构学习概念和原理的"化学观念"，而不是仅为物质的量浓度而教。实验过程更让学生感知真实的仪器并学会正确使用，同时学会了解决实际问题怎样合理运用研究方法，将理论知识运用于实践。

关键词　溶液组成　层进问题　教学实践　教学思考　化学观念

学生能否科学准确地在大脑中建立物质的量浓度含义，是理解溶液组成的不同表示方法及其相互关系的基础，更是高中学生理性思维发展的要求。在教学中设计有递进逻辑的三个中心问题，让学生从复习旧知——科学表示——发展新知——相互转化，将溶液组成的不同表示方法联系起来，学生不仅知道物质的量浓度的含义，而且还能对溶液这种混合物组成关系有新的认识。在配制一定物质的量浓度溶液感性实验中分析整理出解决实

----

*发表于《教学月刊·中学版(教学参考)》2013年8月。

际问题的科学思路,这正是学习科学、运用科学的意义和实践之所在。

运用于教学的三个中心问题是:溶液组成有几种表示方法?不同表示方法之间怎样转化?不同表示方法的溶液如何配制?三个中心问题紧紧相扣,层层递进,问题解决的过程就是学生求知的过程。笔者就根据上述三个中心问题进行展开教学,引导学生参与讨论,培养学生理性解决问题的思维方式。

1 溶液组成有几种表示方法?

问题1:53克Na_2CO_3溶于477克H_2O(4℃,密度为1g/mL)形成的溶液,溶质是什么?多少克?溶剂是什么?多少克?溶液多少克?溶质、溶剂、溶液质量之间有什么样的关系?

学生很有自信地回答了上述几个小问题,得出$m_{液}=m_{质}+m_{剂}$。

问题2:溶质质量与溶液质量的比是多少?

学生很快能计算出0.1或10%,得出单位质量溶液中溶质的质量表示溶液组成,$\omega=\dfrac{m_{质}}{m_{剂}}\times 100\%$。

通过初中的学习学生已经知道溶液是一种混合物,由溶质和溶剂组成,且会用溶质质量分数表示溶液的组成,质量分数越大,溶液越浓。笔者也从这里入手展开教学,起点低,每位学生都知道,不会让学生一开始就退避三舍。

问题3:如果用单位质量的溶液中溶质的物质的量来表示是多少?单位是什么?

学生计算后是0.00094,单位书写略有困难,老师帮助一下就能得出是mol/g,老师和同学都发现好像在这一题中这样表示有点不方便。

问题4:如果用单位体积(以"L"为单位)的溶液中溶质的物质的量来表示是多少?单位是什么?

学生在计算中出现溶液质量已经求出来,溶液体积是多少不知道,有的学生就用477g水当成溶液体积了,此时教师再问从溶液质量计算溶液体积需要知道什么量,学生会很轻松答出需要密度。教师告诉学生假设密度是1.06g/mL,再让学生计算。此时学生计算出现0.001mol/L和1mol/L两种情况,很快会有同学指出算成 0.001mol/L 同学错误的原因是体积的单位问题。

由此看来,溶液的组成还可以用单位体积溶液中溶质的物质的量来表示,引出的溶质物质的量浓度的含义,用符号表示为 $c_B = \dfrac{n_B}{V_{液}}$,单位:mol/L。

问题 5:上述 Na_2CO_3 溶液中钠离子浓度是多少?从中取出 50mL 溶液,则钠离子浓度多少?钠离子物质的量是多少?

从前四个问题的解答中,我们已经知道溶液的组成可以用溶质和溶剂质量、溶质的质量分数、物质的量浓度来表示,其实也可以用单位质量溶液中溶质的物质的量来表示,只是这种表示方法中学不常见,重点是物质的量浓度表示。特别要指出公式中体积是溶液的体积而非溶剂的体积。第五个问题很好地说明溶液的浓度与体积没有关系,而溶质的物质的量与溶液的体积有关,帮助学生理解物质的量浓度的含义,更进一步巩固溶液是一种均一的混合物这一知识。

2 不同表示方法之间怎样转化?

为了让学生很好地掌握溶液组成可以用不同的表示方法,而且相互之间是有联系的这一知识点,使学生思维中建立不同表示方法表示溶液组成之间的联系与转化,笔者在教学中设计了下面四个问题。

问题 6:用溶质的质量分数来表示溶液的组成时用的是溶液的质量,而用溶质的物质的量浓度来表示溶液的组成需要用到溶液的体积,从溶液质量计算溶液体积,需要知道什么物理量?

这一问题很顺利地让学生再一次意识到了表示溶液组成时密度很重要,而且会随着溶液组成改变而改变。

问题 7:已知某 H_2SO_4 溶液 200mL,密度 1.84g/mL,其物质的量浓度为 18.4mol/L,则溶质的物质的量是多少?质量是多少?溶液的质量是多少?溶质的质量分数是多少?

问题 8:已知某 NaCl 溶液质量分数是 10%,其密度是 1.17g/mL,计算其物质的量浓度是多少。

问题 9:若用 ω 表示质量分数,用 ρ 表示密度(单位是 g/mL),M 表示溶质的摩尔质量,则物质的量浓度 c_B 与质量分数 ω 之间有什么样的关系?

以此得出物质的量浓度与质量分数之间的关系 $c_B=\dfrac{1000\rho\omega}{M}$。

问题10：用 $CuSO_4·5H_2O$ 来配制出10%的硫酸铜溶液,若 $\rho=1.1g/mL$,则其物质的量浓度是多少?

学生在代入 $c_B=\dfrac{1000\rho\omega}{M}$ 进行计算时,发现摩尔质量到底用 $CuSO_4$ 还是 $CuSO_4·5H_2O$ 呢?学生在大脑中形成认知冲突,最后确定了结晶水合物溶于水后形成的溶液中溶质不带结晶水,而结晶水则成为溶液中的溶剂。

问题7表面上看是一道有关物质的量浓度、物质的量、质量、质量分数的计算,其实关键是引导学生学会一定物质的量浓度溶液怎样转化成溶质的质量分数,因为在第一部分引出物质的量浓度定义时其实隐含了一定质量分数的溶液转化为物质的量浓度表示的过程,在此基础上才出现问题8。此时溶液质量和体积均未知,只有溶质质量分数和溶液密度,而要计算溶质物质的量浓度,需要学生假设一定的体积或质量代入计算。再深入到问题9,质量分数和物质的量浓度用字母表示时引出转化公式,这一系列的问题设计层层递进,学生思维顺梯而上,没有刻意地拔高,而是学生在梯度问题解决中发展了理解、分析、推理能力。

3 不同表示方法的溶液如何配制?

溶液组成的三种表示方法的学习学生从理论上已经有了了解,如果能在实践时体会与感知,相信在概念理解和化学思想运用解决实际问题中更加有效,为此设计了下面五个问题。

问题11：实验室欲配制100克10%的 NaCl 溶液,有哪几个步骤?用到哪些仪器?这些仪器构造有什么特点?使用中要注意什么?

教师和学生一起复习并板书步骤和用到的仪器,同时复习和巩固托盘天平、量筒的规格与使用。其一不同规格的量筒,其最小刻度不一样,而且这两种都是粗量仪器,不需要估计读数,与高一物理正在学习的刻度尺和将来化学上用到的滴定管要区别开;其二平时我们所说的称量是称固体溶质质量和量取液体溶剂体积之意。

问题12:实验室欲配制100mL 1mol/L NaCl 溶液,和上面的配制方法相同吗？需要用到一种要确定100mL 容积的仪器？容量瓶有哪几种规格,各有哪些参数？

当学生开始计算后发现,水的体积没有办法计算,因为最后是100mL溶液,而不是100mL水,而且溶液密度也不知道。怎么办呢？教师就引导需要一种确定100mL溶液体积的容器,顺势出现容量瓶,教师展示中学实验中所有规格的容量瓶,请同学们观察比较,从而亲眼看到各种中学实验室用到的容量瓶和参数,比课本上来得更加容易印刻在脑海中。为了配制的溶液物质的量浓度准确,实验中要做到溶质不洒在外,溶液体积要准确,所以实验中要冷却、洗涤、定容等操作,这样实践下来对一定物质的量浓度溶液配制有了深刻和理解,真是应了那句话"纸上得来终觉浅,绝知此事要躬行"的道理。

问题13:根据$c_B=\frac{n_{质}}{V_{液}}$,在实验过程中,哪些不当操作可能导致配制溶液浓度偏低？哪些什么会偏高？

教师板书$c_B=\frac{n_{质}}{V_{液}}$,引导学生从公式中溶质物质的量或溶液体积变化或二者同时变化展开讨论,分析整理出导致所配制溶液物质的量浓度偏低或偏高的原因。特别是因仰视和俯视读数造成溶液体积的变化,以学生现场感知和理性作图进行分析理解。

问题14:已知,某浓H_2SO_4质量分数是98%,密度1.84g/mL,物质的量浓度为18.4mol/L,实验室若要配制100克10%H_2SO_4溶液,怎样进行？要用到什么仪器？与问题11中用到的仪器有什么不同？

问题15:已知,某浓H_2SO_4质量分数是98%,密度1.84g/mL,物质的量浓度为18.4mol/L,实验室若要配制100mL 1mol/LH_2SO_4溶液,怎样进行？要用到什么仪器？与问题12中用到的仪器有什么不同？

从问题14和15的讨论可知,当配制溶液中用到的溶质来自于液体物质时,溶质取用不是用托盘天平去称量,而是用量筒（或移液管、滴定管）去量取。上述四个问题,其中问题11和12以现场实验为载体,学习兴趣能提升,也能获知最真实直接的感知,而问题14、15和解决只是前两个问题的延伸和拓展。在学生思维中更加全面地建构溶液配制的方法。

上述围绕三个中心问题设计的15个小问题的设计在难度、逻辑上是逐步提升的,从溶液组成的表示、不同表示方法之间的转化、溶液的配制三个过程的学习中,帮助学生建构的是概念原理以实验研究相结合的一种理性思维方式。

溶液的组成我们不能只观察外观,而是要用科学的方法表示出来,对于同一溶液而言,不论用哪一种表示方法,其表示的结果是一样,意义也相近,只是数据和单位上的不同而已。对溶液的认识不能只停留在外观、溶质和溶剂的种类,而要知道其比例关系。因为很多溶液因其组成的比例不同,其性质会差之千里,如浓 H_2SO_4 和稀 H_2SO_4,这也是我们常说的量变会引起质变的哲学思想。化学的学习也一样,我们帮助学生学习不只是具体的某一概念,也不只是某一物质、某一性质、某一反应,而是要帮助学生建构科学的思维方式,只有这样,学习才是超越了知识的观念建构。如果在教学中关注了理性思维的培养与发展,就不会将"化学观念"当成新的"知识"教学,就不仅仅为学"物质的量浓度"而教,而会用科学的视角研究溶液。

参考文献

[1]保志明.理性思维帮助形成基本观念——"分散系及其分类"的教学与思考[J].中学化学教学参考,2012,4:10—12.

[2]江敏.从系统的角度对化学的知识进行建构 2——系统化知识对学科认知的改变[J].中学化学教学参考,2012,8:3—7.

"物质的分离与提纯"教学与思考*

摘　要　文章以苏教版化学1"物质的分离提纯"教学内容为载体,从生活中最典型混合物分离提纯引入课堂,不断对问题进行变式改进,让学生在课堂中交流互助,归纳整理,从而学会根据混合物组成与性质选择分离提纯的方法,建构基本实验操作的科学原理。

关键词　问题解决　问题变式　实验操作　科学原理

"物质的分离与提纯"是苏教版化学1专题一第二单元第一课时的教学内容。教材将这一内容安排在学生进入高中后学会了表示微观粒子集合体的物理量——物质的量这一工具之后,用意有二,一是复习初中化学实验的基本内容,二是从化学的视角对研究的物质进行分离提纯,以方便后续元素化合物知识的学习。笔者在教学中将教材问题和生活问题进行统摄,重新组合,变"教教材"为"用教材教",这也正体现教师对化学课程标准理解与教材的创造性使用。这一课时从生活中简单混合物分离展开,通过变式改进,丰富内容,并根据混合物的组成与性质特点进行归纳整理,让学生在问题解决中理解选择不同分离方法的科学原理。充分挖掘学习内容的生活价值和学科思想价值。

---

* 发表于《实验教学仪器》2013年5月;人大复印资料《中学化学教与学》2013年11月索引。

1 设计思想

根据组成将物质分为混合物和纯净物,自然界中大部分物质为纯净物,而性质研究对象往往是纯净物,在进入化学学科学习初始进行物质的分离提纯学习就显得非常重要。从科学知识体系和教学行为要求来看,对物质分离提纯的学习是分层推进的,初中以粗盐的提纯为例,学生知道怎样去除粗盐水中不溶性固体(泥沙),在实践操作中学会过滤的操作要领,知道过滤是一种混合物分离方法;高一《化学1》的要求(作为一名高中毕业生科学素养),会对固态混合物、液态混合物、气态混合物进行分离与提纯,并能解释分离提纯操作的原因;高三同学若对化学学科有兴趣深入研究,则要选学《实验化学》,一是运用物质分离提纯方法与原理设计从实际混合物中提出某一物质的方案,二是对提取出来的物质进行定性研究和定量研究,三是对混合物中未知成分进行科学探究。

这一课时设计的问题知识主线是:固液混合物分离→固态混合物分离→液态混合物分离,而过程主线则以简单的可直接分离→外加试剂选择分离→改变条件进行分离→混合物分离方案设计,从而达成能力目标,知道→理解→控制→分析→评价,学生从感性的生活实例到理性的化学问题解决,体验化学原理学习蕴含于实践的学习感受。

2 学习目标

基于学科课程标准和设计思想,这一课时的学习是物质分离提纯原理的建构过程,更重要的是让学生意识到实验在化学学习中的作用。具体目标如下:

1. 以生活中实例泥沙水为例引导学生进行分离,引入到实验中 KCl 和 MnO_2、SiO_2 和 $CaCO_3$、KNO_3 和 KCl 分离提纯的方法获取,延伸到这几种混合物特点与分离方法选择的原理。

2. 以生活中汽油与水混合物为例,引导学生思考互不相溶、少量溶解、互溶的液态混合物分离方法,理解分离的原理。

3. 在上述分离提纯操作、方法选择的讨论与分析过程中,体验化学实验规范操作,领悟问题解决过程中思考方向和角度的选择。

3 学习过程

[教学环节1]新课引入,提出问题

生活中我们接触的大多数物质都是混合物,下雨后河里的水就会变浑浊,不能直接用来清洗衣物,如果要去除河水中的泥沙怎么办?沉降,取上层清液。但这样需要较长的时间,而且略微振荡又会变浑浊,怎样快速彻底地去除泥沙呢?(过滤)

设计意图:因初中学过粗盐水提纯,而且雨后浑浊的河水非常接近生活,人人都有亲身感受,易吸引同学积极参与,能快速切入课堂教学的主题——混合物的分离与提纯。

[教学环节2]固态混合物分离方法和原理

展示:一杯含有较大颗粒的泥沙水。

问题1:根据你的生活经验,怎样去除泥沙颗粒呢?(学生讨论)

方案1:过滤去除泥沙。(过滤法)

方案2:沉降后慢慢倒去上层清液。(倾倒法或倾析法)

(1)方案1原理是什么?用到什么仪器?

(2)方案2原理是什么?用到什么仪器?

(3)上述哪一种方案更加简单?如果是很细的泥沙呢?(过滤法)

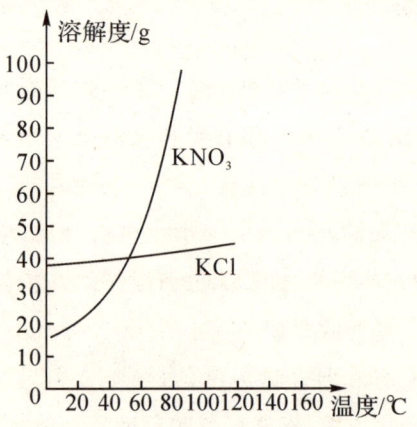

KCl 和 KNO₃ 的溶解度曲线图

变式 1：若是 KCl 与 MnO_2 固体的混合物，从物质溶解性差异想一想怎样分离？

变式 2：若是 SiO_2 中混有 $CaCO_3$ 杂质怎样去除？

变式 3：观察 KCl 和 KNO_3 的溶解度曲线，则 KCl 和 KNO_3 固体的混合物怎样分离？

设计意图：以泥沙水中泥沙颗粒的去除为实验研究对象，拓展到两种固体物质如何进行分离与提纯，变式 1 是易溶于水和难溶于水的固体混合物分离，变式 2 则是两种都难溶于水，但有一种能在酸中溶解（或反应）的物质，而变式 3 则是以两种都易溶于水的固体展开的研究，特点是一种固体在水中溶解度变化很小，而另一种固体在水中溶解度变化很大，这三个变式要基于问题 1 解决的基础上深入地探究，让学生理解固态混合物分离方法与试剂选择或者通过温度变化调节来进行设计与操作。

[教学环节 3]液态混合物分离方法和原理

问题 2：生活中经常听说某汽车因加到了含水汽油，发动机损坏，引发车主与加油站之间的纠纷，同学们，今天我们来研究汽油与水的混合物。

展示：一瓶汽油与水的混合物（有较明显的颜色显示出分层现象）

师：有什么现象？上层是什么？怎样分离？

生：倾倒。

师：但很难控制好分界面，有可能油没有完全倒出，也有可能倒过头，油中仍然含有水。能否做一个开关（活塞）控制刚好倒到分界面时关闭？（教师边讲边在黑板上画）

生：有了，就做一个活塞，随时旋转可以控制。

展示分液漏斗（球形和梨形）

师：就是我现在拿来的这个仪器，它叫分液漏斗，上面的这个操作就称为分液。

教师演示整个分液操作过程，并特别要指出三点，一是要检漏，二是放液前要打开瓶塞，三是上层和下层液体分流出口和先后顺序。

变式 1：汽油是难溶于水的，若是液溴（Br_2）或碘（I_2）能少量溶于水（展示溶液），则怎样将溶解在水中的溴或碘提取出来？

变式 2：若是 I_2 的 CCl_4 溶液怎样分离提取？（提醒 CCl_4 是无色难溶于

水、密度比水大的液体)

变式3:黑墨水是由哪些色素组成的呢?怎样分离?

设计意图:液态混合物分离从互不相溶的汽油与水进行展开,从生活中形象的倾倒需要添加一个控制装置引出分液操作的仪器和名称,进而深入研究少量溶解的液态混合物萃取分液,到互溶的液态混合物蒸馏或层析,虽然原理上有差异,但通过实例的研究后学生知道何时选择哪一种具体分离方法,这几种方法的学习过程也是结合实例的逐步提高过程。

[教学环节4]课堂归纳,混合物特点与分离方法结合

问题3:不同形式的混合物各有哪些分离提纯方法可以选择呢?

(1)固液混合物可以通过什么方法分离?

(2)难溶性固体与可溶性固体通过什么方法分离?

(3)两种可溶性固体混合物用什么方法分离?

(4)互不相溶的液态混合物用什么方法分离?

(5)少量溶解的液态混合物用什么方法分离?

(6)互溶液态混合物用什么方法分离?

设计意图:学生在回答上述问题的同时归纳整理混合物组成与性质特点选择分离方法,以使学生对混合物分离方法有了原理性的理解。虽然倾倒、过滤、结晶、分液、萃取、蒸馏、层析等分离方法有点零碎,但通过上述两种状态混合的分离提纯问题与变式设计,有机地连接起来,让学生顺着教师的设计层层推进,获取各种状态混合物分离的方法,建构分离方法的科学原理。

[教学环节5]学以致用,问题解决

问题4:NaCl溶解度36.0(20℃),难溶于有机溶剂,受热不易分解,沸点801℃,I_2溶解度0.02g(20℃),易溶于有机溶剂,沸点184.35(20℃),45℃开始升华。现有NaCl和I_2的固态混合物,请同学们选择不同的方法,设计不同的实验方案进行分离。

方案1:溶于水,过滤。

方案2:溶于水,加CCl_4萃取分液。

方案3:加热升华,再凝华。

变式:如果是NaCl中混有易分解的物质,如NH_4Cl,怎样分离?

设计意图:以 NaCl 和 I_2 这两种固体混合物的分离为问题载体,学生若能提出上述三个方案可以继续辨析是否科学,根据什么原理,如果不能,教师提出,让学生进行讨论和分析是否可行,在上述问题解决中巩固学习目标是否达成,若能辅之以实验加以检验,会有更好的体验过程,对混合物的分离提纯方法选择与理论分析有机的结合。

延伸思考:如果是气体混合物怎么分离提纯呢? 如 H_2 中混有 $H_2O(g)$,CO 中混有 CO_2,CO_2 中混有 CO 等等。欲知道具体的方法、操作和原理,请同学们课后查阅相关学习资料。

4 教学思考

4.1 围绕目标的问题设计是否能促成目标的达成

文章中的五个环节始终围绕的目标是混合物分离提纯的方法选择的原理。第一环节以雨后泥沙水为载体,引发学生认识混合物和了解初步的分类,联想初中学习过的内容;第二环节在泥沙水分离基础上自然过渡到了固态混合分离方法,溶解性(水或其他溶剂)和溶解度变化差异较大时宜选用的分离提纯方法;第三环节则以生活中油水液态混合物之间溶解性差异及沸点差异选择分离和提纯的方法;第四环节将上述不同混合物分离提纯的方法和原理进行归纳总结,建立完整的知识结构体系;第五环节的教学不仅是课堂教学的检测与巩固,更是某些特殊性质在物质分离提纯中的运用,让学生不会感觉只是前面内容的巩固与重复,而是有很多有益的内容需要再深入研究,化学的学习也是逐步提高过程,需要自己根据性质,结合原理,选择方法,设计方案。

4.2 实验操作与原理结合的选择

根据课程标准和教材编排体系,上述内容是一课时就能完成的学习内容,且在教室进行演示实验以达成学习目标。在实践中遇到两个问题,一是所有设计的方案都通过实验加以验证和分析,学生至少可以亲眼实践,可能会使学生重实践而忽视对原理的理解;二是选择性安排较典型的实验让学生自主操作,获取亲身体验,但有些实验会舍去,甚至无法观察;综合上述两点,将教材内容与补充内容进行整合与设计,选取每一环节操作简便、易于操作的实验进行实践,变式问题则以演示与理论分析相结合形式展开讨论。

4.3 问题变式的设计

课堂设计以问题入手,通过变式问题解决,建构科学原理。设计的变式,一要基于问题和学生已有能力基础,二是要有逐步层进,不能出现太大跨度,以免能力脱节,三是没有刻意去融合方法和能力,而是按设计的问题顺水推舟,拾级登峰。学以致用的问题也是前面的问题的变式,但解决的方案分析和评价,不仅是问题的解决,更是科学原理的综合运用与检测。

参考文献

[1]彭婧瑜.对"影响化学反应速率因素"课例的思考[J].中学化学教学参考.2011,4:27—29.

[2]缪徐."石灰石的利用"教学设计及点评[J].中学化学教学参考,2011,4:29—31.

[3]江敏.在体验中学习——"氧化还原反应"的教学设计与思考[J].中学化学教学参考,2012,6:16—19.

苏教版"元素化合物"教学与思考
——以"从铝土矿到铝合金"为例 *

摘 要 浙江省从2006年进入新课程改革以来,选用了苏教版教材,教材的模块编写思想明晰,在化学1中元素化合物知识学习,如Cl_2、Na、Mg、Al、Fe、Cu、Si 的编写思路相似。笔者在教学实践中发现,不同的内容在教材处理上宜采用不同的教学思路,也需要调整教学顺序,符合学生认知思维,促进学科知识的理解与建构。基于此,以"从铝土矿到铝合金"的教学为例,对教学编排也提出自己的思考,希望模块化的教材编写时能更符合普通学生实际,安排教学顺序,如若每一位教师都能很好地用教材教,这一问题就自然解决。

关键词 元素化合物　教学与思考　认知思维　编写思路

化学学习的目的之一就是为人类发展制备新物质,或者从自然界存在的物质中分离提取需要的化学物质,例如生活中我们要使用到 Fe、Cu、Al 等常见金属,这些物质怎样使用,则需要了解其性质。化学是一门研究物质性质的学科。以往的教学中通常采用的教学思路是:结构决定性质,性质决定用途、存在,存在决定提取方法。而苏教版化学1教材打破传统的编写思路,

---

* 发表于《实验教学与仪器》2013年7月。

在物质的提取制备中学习化合物的性质,再研究单质的性质,其出发点是从人的需求出发,因为需要这种物质,再设法制备,然后才了解其性质,符合人的思维逻辑,但学习实践中发现,如果单质的性质特点都不知道,更不了解其化合物性质,怎样提取?只有化学原理也解决不了实际问题。例如制取 Na,如果不知道其性质,制取后露置在空气中,也会变质而得不到金属钠。再如,不了解性质,也无从选择制取的方法。所以我将这一单元教学思路设计为:用途→原子结构→单质性质→相关化合物性质→自然界中存在→制备方案。这样的教学中学生的思维基石是逐步建立的,知识也是点滴汇聚,制取方案的设计与选择是知识的综合运用。而教材倒叙的编写,虽然能满足人的思维逻辑,但不能符合学生认知逻辑,不利用科学知识在大脑中建构。

1 原教材设计

这一单元安排三个课时,按先后顺序安排如下:从铝土矿中提取铝→铝的氧化物与氢氧化物→铝及铝合金。根据这样的教学思路,第一要解决的是铝土矿中怎样提取铝的问题,学生的第一反应是,铝土矿是否就是铝?用水洗去表面的残渣就可以分离出铝了吧?如果是氧化铝,也一样洗去残渣也能得到氧化铝,然后再由氧化铝来制取铝就可以了。老师告诉学生铝土矿中还有氧化铁、二氧化硅等杂质,又怎样分离呢?用水可以溶解吗?老师再慢慢与学生一起学习氧化铝、氧化铁能溶于酸,二氧化硅不溶于强酸,但能溶于碱,而教材中直接加了碱,滤液写着是 $NaAlO_2$,说明只有氧化铝溶于碱了,为什么会这样呢?$NaAlO_2$ 溶液能与 CO_2 反应生成 $Al(OH)_3$,$Al(OH)_3$ 灼烧生成 Al_2O_3,这么多未知的知识与化学反应都一起出现,学生能理解吗?这一提取思路是否强加于学生呢?在工业生产中,实际产生了赤泥(铝硅酸钠,不溶于水),将 SiO_2 转化为沉淀和氧化铁一同除去了。

一节课下来,学生感觉难度好大,无法理解,甚至一些反应也没有搞清楚,至于为什么要这样做,每一步又除去了什么杂质更是无从谈起。究其原因可知,是由于学生不知道 Al_2O_3、$Al(OH)_3$、$NaAlO_2$、Fe_2O_3、SiO_2 的性质造成。基于此,我在教学中将教学顺序调整为:铝的性质→铝的氧化物、氢氧化物性质→从铝土矿提取铝,这样学生学习了铝的性质后,知道了铝的化学性质非常活泼,制取时只能采用电解法,并认识了铝较特殊的化学性质——能与强碱反应,铝的氧化物与氢氧化物的学习过程中认识了 Al_2O_3 是一种两性氧化物,$Al(OH)_3$ 是一种两性氢氧化物,这一学习过程中以实验为基础,在对比分析中理解怎样从 Al^{3+} 或 AlO_2^- 溶液制得到氢氧化铝,选用什么试剂更加合适。

按这样的设计展开的教学,学生每一步都在原有基础上提高一点点,不知不觉已处半高之峰,再提出从铝土矿提取铝,已经站在山梯上,只需抬步攀登,拾级而上。下面是我对这一单元的教学设计与问题讨论的过程。

2 优化后的设计——用教材教

2.1 第一课时:突出从铝原子结构学习铝的化学性质、用途、存在,讨论三个问题:

(1)铝比铁到底活泼还是不活泼?

(2)铝与浓硝酸、浓硫酸在常温下有没有反应?

(3)铝与碱能反应生成 $NaAlO_2$,初期为什么慢,后来为什么会快?与酸反应也这样吗?

(4)铝还原某些金属氧化物——铝热反应。

2.2 第二课时:学习 Al_2O_3、$Al(OH)_3$ 的两性,研究 Al^{3+}、$Al(OH)_3$、AlO_2^- 之间的转化。

实验一:将 2~3mL $2mol·L^{-1}$ 氯化铝溶液分别注入两支洁净的试管中,逐滴加入 $6mol·L^{-1}$ 氨水,观察实验现象。然后将浑浊液均分为三份,向第一支试管中继续加入 $6mol·L^{-1}$ 氨水,第二支试管中加入 $2mol·L^{-1}$ NaOH 溶液,第三支试管中加入 $2mol·L^{-1}$ 盐酸,观察现象。写出相应的化学方程式,改写成离子方程式。

实验二:将第二支试管中溶液一分为二,向第一支试管滴加 $2mol·L^{-1}$ 盐酸至过量,另一支试管中持续通入过量的 CO_2,观察现象。写出相应的化学方程式,改写成离子方程式。

实验三:将 $AlCl_3$ 溶液与 $NaAlO_2$ 溶液混合后,观察现象,试写出反应的化学方程式。

2.3 第三课时:

预备知识:Fe_2O_3 是一种碱性氧化物,能溶解在什么物质中?SiO_2 是一种酸性氧化物,能溶解在什么物质中?Al_2O_3 是一种两性氧化物,可以在什么物质中溶解?

创设情境:自然界中存在铝土矿,其中 Al_2O_3 约占 45%~65%,Fe_2O_3 约占 25% 左右,SiO_2 约占 12% 左右。

问题设计:

1. 是否有一种试剂直接除去两种杂质?

2. 如若没有一次可以除去杂质的试剂,是否有一种试剂同时溶解两种(Al_2O_3 和一种杂质)?

学生从预备知识的准备中得出,既可以用酸溶解 Fe_2O_3 和 Al_2O_3,过滤除去 SiO_2,也可以用碱溶解 SiO_2 和 Al_2O_3,过滤除去 Fe_2O_3,然后根据上一课时学习的知识选择两种方案中得到的 Al^{3+} 或 AlO_2^- 离子制取 $Al(OH)_3$ 的试剂选择。

3. 实际生产中,并不是选择和上述完全相同的方法,投影展示教材中出现的工业流程:

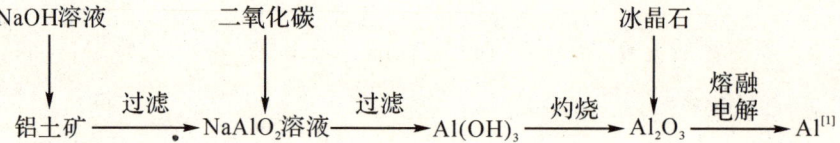

这一方案中 SiO_2 和 Fe_2O_3 一并除去了,学生在这里会遇到困惑,原因主要是 SiO_2 与碱反应会生成 Na_2SiO_3 与 $NaAlO_2$ 溶解在一起,此时投影上出现一种新物质——赤泥($Na_2O \cdot Al_2O_3 \cdot 1.7SiO_2 \cdot nH_2O$)是一种不溶于 H_2O 的杂质,过滤时 Fe_2O_3 与赤泥一并除去,这一方案比前面的碱溶法方便很多,但也有一定的缺陷,因为在形成赤泥时也损耗了部分 Al_2O_3。

4. 结合 $MgCl_2$ 制取 Mg 的过程,请同学会思考制取铝的方法。

学生 1:将提纯的 Al_2O_3 溶于盐酸,酸性条件下蒸发得到 $AlCl_3$ 后电解制取。

教师在学生回答后指出 $AlCl_3$ 的熔点是 190℃,而升华温度是 180℃,而且熔融态是不导电的,怎样解决。

学生 2：那就电解熔融的 Al_2O_3 制取。

老师告诉学生其熔点是 2054℃，也非常高，怎么办？

学生看了看教材，回答说可以加冰晶石。

老师与学生通常结合教材的对话解决了学生电解制取氧化铝制取铝的方法及条件的选择与优化。

3 教学思考

3.1 整合教材是优化课堂的关键[2]

教教材对于一位教师来说是件容易完成的教学工作，用教材教才是一位成熟教师使用教材、安排教学内容、达成教学目标的能力体现。要做到用教材，从内容安排上说，则包括要计划哪些知识内容，这些知识内容之间有什么逻辑联系，构成怎样的教学主线；从学生认知能力方面来看，要思考学生已有哪些知识，学生理解能力的差异，安排知识主线能发展什么能力，知识主线与能力主线是否能紧密联系；从课堂结构上说，要考虑将这一单元知识分为几个板块，难点怎样分散，每一课时解决什么核心知识，安排多少时间、什么练习巩固等等。苏教版化学1"从铝土矿到铝合金"的教学内容，就基于上述分析，整合教材内容展开教学。尤其是从铝土矿中提取铝的教学顺序的改变与教学问题的设计，充分体现了知识梯度提升和问题解决方案建构的思想。不会因为学生未知的知识太多而失去解决问题的信心，从而放弃思考和学习，反而是在一步步的向上走，不知不觉中已经到达目标峰顶。

3.2 怎样的设计能符合学生认知思维发展

教学设计与课堂问题是否能符合学生认知思维发展呢？这是学生学习是否轻松，学习兴趣是否提升，学习目标是否达成的关键。摘桃子原理是每一位做教育工作的人都知道的原理，这也许最符合学生兴趣的发展。循序渐进、逐层递进最能发展学生的认知思维，当然最优秀的学生我们可以设计一些梯度较大的问题，促使他们快速思考和跳跃式思考。而对于更多的普通学生我想需要的是逐步提高，所以教学中需要先单一、再局部、后综合。从"铝土矿中提取铝"的教学中，首先要让学生获知铝有什么化学性质，尤其是活泼性,常温下与氧气反应,而且还常用作还原剂制取其他金属,这里引导学生认识到铝的制取方法只能是电解熔融态下能导电的铝的化合物——氧化铝来制取。通过氧化铝、氧化铁、二氧化硅性质的基础铺垫,可溶性铝盐、偏铝酸盐及氢氧化铝沉淀三者之间转化关系的学习,再提出如果氧化铝中混合有氧化铁和二氧化硅杂质,怎样进行分离提纯得到纯净的氧化铝,学习过程如同在沿梯登峰,顺级而上。若是学生基础非常薄弱,则可以先让学生分离氧化铝和氧化铁、氧化铝与二氧化硅,再讨论从"铝土矿中提取铝"。

3.3 教学要因"材"施教

教学内容与教学对象是变化的,每一届学生,每一所学校的学生对知识的掌握是不相同的,学习知识的方法也不完全相同,教学中因材施教特别重要,例如,上述提到重点中学重点班的学生,也许按教材编排顺序展开教学,更能促进思维锻炼与发展,而且解决问题很快,甚至在课堂就会提出教材中工艺流程中从哪里除去二氧化硅杂质的疑问,而对于更多的普通学生则需要如同我在实践中的建议那样逐步展开教学。再比如,这一单元内容的教学顺序用于其他单元不一定都科学,对于非常活泼的金属或非金属往往先学习其性质,后研究制取,而活泼性一般,甚至不活泼的金属却往往是先制取,后学习其相应化合物性质,例如,铁铜的获取及应用就需要先从获取中来学习铁、铜有哪些化学性质,然后学习其化合物性质。

在教学中没有一成不变的知识,更没有最佳的方法模式,只有最能符合学生认知和发展的教学过程。需要的是我们在实践中思考、调整与改进。

参考文献

[1]王祖浩.化学1(第5版)[M].南京:江苏教育出版社.2009:64-68.
[2]王国峥."盐酸的性质"教学设计与观摩感悟[J].中学化学教学参考,2012,9:24-26.

搭建化学有效教学平台,实现有效学习与能力培养同步到位

摘　要　文章从搭建课堂教学有效设问平台、化学实验"创新点"的挖掘与设计平台、让学生获取有效学习平台等三个方面进行论述,对搭建化学有效教学平台进行了教学研究,以实现学生有效学习与能力培养的同步到位。

关键词　有效教学平台　能力培养　同步到位

新课程理念下强调发展、强调学习、强调开放是当前课堂教学改革三大基本特征。搭建化学有效教学平台,实现有效学习与创新能力培养同步到位,是大面积提高化学教学质量、培养学生创新能力的有效途径之一。

1　搭建课堂教学有效设问平台

课堂教学中,设问是教师的重要教学手段,它被运用于教学的各个环节,成为师生双边活动的纽带。有效的设问,不仅能激发学生强烈的求知欲,激发学生思维的积极性,而且还能促进知识内化,思考的方向引导和方法选择。有效的设问使得学生学习有效,创新能力得到培养。

1.1 从学生感兴趣的情景找切入点,由浅入深,紧密关联,引导学生层层深入,积极思考

过氧化物与酸性氧化物的反应产物的判断是教学中经常展开的探究活动之一,如 Na_2O_2 与 CO_2、SO_2、SO_3、Mn_2O_7 和 N_2O_5 反应的教学片段设计如下:

提出问题:Na_2O_2 能否与 CO_2 反应?

事实材料:①$Na_2O+H_2O =\!=\!= 2NaOH$;②$2Na_2O_2+2H_2O =\!=\!= 4NaOH+O_2\uparrow$;③$Na_2O+CO_2 =\!=\!= Na_2CO_3$;

类比并提出假设:Na_2O 和 Na_2O_2 与 H_2O 反应都有 $NaOH$ 生成,但后者还有 O_2 生成而前者没有,因此,可推测 Na_2O_2 和 CO_2 也能发生反应,不仅有相同的产物 Na_2CO_3 还会有 O_2 生成。

实验验证:Na_2O_2 和 CO_2 发生反应,产生的气体能使带火星的木条复燃。

结论:假设成立,Na_2O_2 与 CO_2 的反应 $2Na_2O_2+2CO_2 =\!=\!= 2Na_2CO_3+O_2$,其中 Na_2O_2 既是氧化剂又是还原剂。

深入提问:Na_2O_2 与 SO_2 反应产物是什么?

仿照 CO_2 与 Na_2O_2 反应让学生写方程式,很快学生写出 $2Na_2O_2+2SO_2 =\!=\!= 2Na_2SO_3+O_2$,此时教师引导 Na_2SO_3 和 O_2 接触会发生什么反应,学生答出 $2Na_2SO_3+O_2 =\!=\!= 2Na_2SO_4$

从而得出:$Na_2O_2+SO_2 =\!=\!= Na_2SO_4$

类比深入认识:$2Na_2O_2+2SO_3 =\!=\!= 2Na_2SO_4+O_2$

直至选出下列正确选项是(A、D)

A. $2Na_2O_2+2Mn_2O_7 =\!=\!= 4NaMnO_4+O_2\uparrow$

B. $Na_2O_2+2NO_2 =\!=\!= 2NaNO_2+O_2$

C. $2Na_2O_2+2N_2O_3 =\!=\!= 4NaNO_2+O_2$

D. $2Na_2O_2+2N_2O_5 =\!=\!= 4NaNO_3+O_2\uparrow$

这种阶梯式的设计思路,给学生设计台阶,有助于引导学生向正确方向思考。学会思考的方法,逐步跃上思维台阶,使之有"学有所用"的喜悦感,使学生有效学习的能力提高落实到位。

1.2 变换角度、变换情景,围绕知识点,寻找新颖切入点

在学习原电池以后,学生们思维往往停留在书本上的原电池中相对活泼金属做负极,相对不活泼的金属做正极,此时教师可通过变换角度、变换情景,提出问题:"能否设计出以较活泼金属做正极,相对不活泼的金属做负极的原电池?"引导学生围绕知识点,通过对原电池构造和反应原理的深入思考,寻找新颖的切入点:得出:"电极材料不变时,可以改变电解质的方法来改变电流方向"。

教学设计如下:现有金属单质镁片和铝片,用导线连接后插入稀硫酸形成原电池,哪一电极作正极?有什么现象?若要在镁片表面出现气泡怎么办?从断开电路、换 Al 电极为更加活泼电极或更换电解质溶液角度,从原电池构成进行引导学习。

学以致用:铁、铜做电极,用什么作电解质溶液也可以实现铁作负极呢?

上述两个问题根据学生分析和课堂教学情况适时给出或让学生练习写电极反应式。

这种有效教学拓宽和深化了学生的思维品质,培养了学生灵活应变的思维能力,对学生综合运用能力的提高很有帮助,还可以将课本知识迁移到解决生活中的问题,学生学习感兴趣,强烈地激发了学生的求知欲,更是体现了学习的主体性,促进了学生有效的学习。

2 搭建化学实验"创新点"挖掘与设计的平台

在化学课堂教学过程中,利用化学实验使化学知识变抽象为具体,变静态为动态,而且为学生提供了一个真实完整的问题情景,让他们亲身经历产生认知的需要。

2.1 拓展实验原理,倡导发散思维

把实验原理从"特例"上升到"一般",由点到面,引导学生多角度全方位地思考进行创新。如:可用启普发生器制取的气体能使化学反应随时发生和停止的原因是,利用产生气体压力使溶液和固体物质随时接触和分离。由此引导学生,不管用什么方法,只要能使溶液和固体物质随时接触和分离

都能使化学反应随时发生和停止。经过思考,就可得出很多的简易装置。以制 H_2 为例(如图1)。

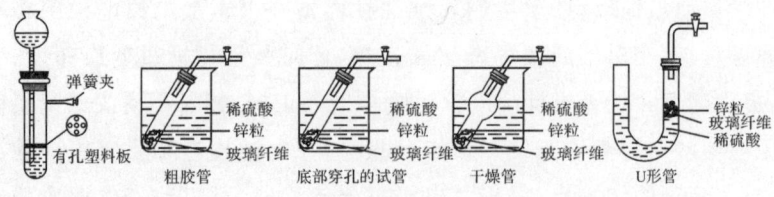

图 1

若在进行 Cu 与浓 H_2SO_4 反应中,课堂实验中因为铜和浓 H_2SO_4 用量很难控制好,往往实验结束了,但反应还在继续,产生 SO_2 污染大气。基于上述原理,将实验装置改进如下:

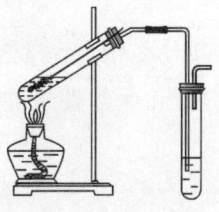

图 2

通过拉伸单孔塞上的铜丝来让铜与浓 H_2SO_4 能否接触来控制反应是否进行,不仅不会产生多余的 SO_2 污染空气,而且可以连续多个班级使用。这种思想的获取过程中培养了学生发散思维的能力。

2.2 优化实验设计,训练科学探究思维

把实验所蕴含的科学方法作为"创新点",通过优化实验设计,使学生掌握科学方法,从而培养学生的创新能力。例如:在"Cl_2 的氧化性"学习中设计一习题:海带中提取碘的实验中加新制氯水,能将溶液中 I^- 氧化生成碘单质,用淀粉溶液检验碘的生成,但实验中随着新制氯水滴加过量,蓝色会逐渐褪去,是什么原因?淀粉被氧化还是碘单质被氧化或者二者同时被氧化?更有同学在回答褪色理由时答成 Cl_2 和 H_2O 反应生成的 HClO 有漂白作用,能将生成的有色物质氧化成无色物质。针对这一情况,可引导学生设计如下实验验证推导反应的机理:

表 1　新制氯水与淀粉碘化钾溶液反应实验

实验步骤	实验现象	实验结论
1.将氯水逐滴加入到少量淀粉—KI溶液中直至褪色	先变蓝后褪色	（最后填）
2.取褪色的溶液 2mL 置于另一试管,再加入少许碘水	溶液变蓝	褪色后的溶液仍有淀粉
3.另取褪色的溶液 2mL 置于试管中,再加入少许淀粉溶液	溶液颜色不变	褪色后的溶液无单质碘

最后得出结论：溶液又褪色是因为单质碘被过量的新制氯水所氧化。至于到底是 HClO 氧化还是 Cl_2 分子氧化所致呢？根据 $Cl_2 + H_2O \rightleftharpoons HCl + HClO$ 可得出氧化性 Cl_2 强于 HClO,所以将 I_2 继续氧化的物质是新制氯水中的 Cl_2 而非 HClO。

类似的问题还有：在滴有酚酞的 NaOH 溶液中通入 Cl_2 后,溶液褪色,是 Cl_2 与碱反应还是生成的 HClO 的漂白性？用 KSCN 溶液检验 $FeCl_2$ 溶液时,滴加新制氯水,溶液显血红色,随着氯水的过量,红色褪去的原因是什么？在滴有酚酞的 NaOH 溶液中滴加 H_2O_2,溶液褪色,是 H_2O_2 的氧化性还是弱酸性？这些问题的设置都能很好地引导学生进行科学探究思维的训练,促进学生形成缜密的思维。

3　搭建能让学生获取有效学习的平台

3.1　有效教学关键是在教学过程中要突出学生思维过程和问题的研究过程。

如制 $Al(OH)_3$ 教学片段：给出试剂 $AlCl_3$ 溶液、NaOH 溶液、$NH_3 \cdot H_2O$、石灰石、盐酸等,讨论制备 $Al(OH)_3$ 的途径：

a. Al^{3+} $\xrightarrow{\text{滴加}OH^-\text{(适量)}}$ A现象 $\xrightarrow{\text{继续滴加}OH^-\text{(过量)}}$ B现象 $\xrightarrow{\text{通}CO_2\text{（过量）}}$ C现象

　　　　$\xrightarrow{\text{滴加}NH_3 \cdot H_2O\text{（适量）}}$ D现象 $\xrightarrow{\text{滴加}NH_3 \cdot H_2O\text{（适量）}}$ E现象

b. OH^- $\xrightarrow{\text{滴加适量}Al^{3+}}$ F现象 $\xrightarrow{\text{继续滴加}Al^{3+}\text{（过量）}}$ G现象

教师通过一系列引导、点拨,充分让学生实践、归纳、总结、梳理知识,落实目标。

制备 $Al(OH)_3$ 三条途径：

①铝盐和碱：$Al^{3+} + 3OH^- \rightleftharpoons Al(OH)_3\downarrow$；$Al^{3+} + 3NH_3\cdot H_2O \rightleftharpoons Al(OH)_3\downarrow + 3NH_4^+$

②偏铝酸盐与酸：$AlO_2^- + H^+ + H_2O \rightleftharpoons Al(OH)_3\downarrow$；$AlO_2^- + 2H_2O + CO_2 \rightleftharpoons Al(OH)_3\downarrow + HCO_3^-$

③铝盐与偏铝酸盐：$Al^{3+} + 3AlO_2^- + 6H_2O \rightleftharpoons 4Al(OH)_3\downarrow$

上述途径最佳的是：$Al^{3+} + 3NH_3\cdot H_2O \rightleftharpoons Al(OH)_3\downarrow + 3NH_4^+$

这一过程突出学生思维过程和问题研究过程。

由制备 $Al(OH)_3$ 途径还列出"铝三角"关系：

$Al(OH)_3$ 两性问题也得到了很好解释：

$H^+ + AlO_2^- + H_2O \rightleftharpoons Al(OH)_3 \rightleftharpoons Al^{3+} + 3OH^-$

这种注重从知识立意向能力立意的转变，在整个教学过程中以学生研究过程为主线，随着学生思维的发展而发展。以 $Al(OH)_3$ 制备为出发点，引发学生思维，展现学生思维，发展学生思维，而知识的获得是在展现和发展学生的思维过程中水到渠成的，这样的有效教学促进了学生的有效学习。

3.2 促进学生的课堂参与度与认知能力的提高

3.2.1 提高课堂参与度是促进教师有效教学和学生有效学习的先导

课堂参与度是学生积极参与课堂教与学的过程并保持较强学习迫切性的程度。教师在课堂引入上合理设置问题障碍，激励学生的探索精神，让学生自始至终保持着较强的学习迫切性并产生积极思维的心理气氛。教师做到：①在教学引入时以问题作为出发点，联系学生现实生活，运用学生感兴趣事例作为认识背景，激发学生求知欲，使学生感到化学就在他们身边，化学问题情景设置应设有挑战性，引发学生思考。②面对适度的困难，可以提高学生思考兴趣。③电教媒体的充分使用。计算机可以产生足够的模型，使抽象的化学原理具体化。如有机化学、结构化学、晶体结构等。这些传统的教学难点借助于计算机变得十分易于理解。例如："原电池"教学中，用盐桥连接的 $Zn/ZnSO_4$ 溶液和 $Cu/CuSO_4$ 溶液构成的原电池中，若用铜导线代替盐桥，是否会产生电流呢？这个问题若从原电池构成原理上来看好像内电路没有闭合，学生会认为没有电流，但实践过程中用灵敏电流计测定发现有电流产生,是什么原因?这个问题对每一位同学都有吸引力,而且有实验证实,易激发学生思考。

3.2.2 认知能力的提高是学生有效学习的保证

学生的心理和行为向预期目标的发展,都要依赖反馈调节,教师及时地、有针对性地调节教学,学生自我评价的参与,可以大大改善学习的进程。教学中经常有我们认为如何展开的课堂能促进学生的学习,而实际并非如此,我们怎么能及时跟进与改正呢?通过从下面四个方面切入:

(1)经常与学生交流成果。

(2)用多种评价方式全面评价学生学习成绩或让学生作自我评价。

(3)实施反馈的时间间隔问题:利用学生练习按时批改,及时反馈。

(4)学习结果的强化方式问题:尽量使学生经常领悟自己学习的程度,总结收获,以便获得经验和教训。

例如在金属钠的性质教学中,在与学生一起讨论和学习钠与水、盐酸及熔融 $TiCl_4$ 反应之后,通过与学生交流,知道学生困惑钠与盐酸反应到底是与水先反应还是与 HCl 先反应问题。获知钠与水反应提出如果把金属钠单质投入 $CuSO_4$ 溶液中,会发生什么反应。这时在课堂要大胆让学生说出来,并让大家讨论,其实这就是现实反馈,有这个过程存在,不怕学生理解不了反应实质。在这样的基础上,提出下述问题:若用钠置换 $CuSO_4$ 中的金属钠能实现吗?如果能,需要在什么条件下进行?[1]这两个层次的研究有学生对钠的性质理解的基础,也有实验可以佐证,更有根据科学原理的推想,让学生"食之有味",主动思考。

总之,搭建有效教学平台,鼓励学生主动参与,合作学习,还学生学习主动权,拓展学生发展空间,引导学生挖掘自身潜能,建立相互尊重,相互理解,相互接纳,民主平等协调的师生关系,"以教促效果,以学论教",创设一个良好的有利于师生共创共生的环境,注重学生有效学习与能力培养同步到位。促进预设教育目标的高效率完成或新的更高价值目标的生成。

参考文献

[1] 李发顺.化学课堂教学中问题设计[J],教育研究与评论.2012,8,73—77.

解析试题 透视思想
探寻实验复习策略
——从高考实验综合题谈高三化学实验复习

摘 要 文章以2011年浙江理综28题为例,解析试题答案、透视命题思想、研究命题方法、提出复习建议,希望在高三化学实验复习中以典型物质、常用仪器和经典试题为载体进行设问,削弱学生对实验综合题解答的恐惧感,增强解题信心与能力。

关键词 实验试题 命题思想 命题方法 复习策略

新课程考试说明特别将"化学实验与探究能力"作为化学学科考查的三大能力之一单独提出,而在考试中也重点体现,2010年第11题、第13题、第25(5)小题和第27题,2011年浙江高考理科综合中分别是第8题、第26(1)(4)小题、第28题,约占化学总分的30%,可见受到的重视。苏教版教材除了各单元教学中会涉及实验之外,还单独编写了《实验化学》教材,且浙江省将这一模块内容作为高考的必学内容。化学实验考查主要有:化学仪器与基本操作、物质制备与分离提纯、定性检验与定量测定及物质或性质的验证与探究,在试题中都会涉及实验方案设计与改进,如何通过变量控制达成实验目的。选择题主要考查一些实验基本操作或实验原理,2010和2011年都将实验方案设计放在了元素化合物推断题的最后一小题进行考查,而其他知识点的考查就落到综合大题。笔者根据自己的教学经验与对近三年(新课程改革以来,浙江省独立命题)浙江高考试题进行了研究,发现物质的制备与分离成为实验综合大题的载体,考查一些实验仪器、操作、原理和分析处理信息能力,特别关注学习过程中是否有真实的实践体验。下面以2011年浙江理综实验第28题为例分析命题思想并提出教学建议。

1 浙江理综实验综合题分析

例题:(2011浙江理综28题)二苯基乙二酮常用作医药中间体及紫外线固化剂,可由二苯基羟乙酮氧化制得,反应的化学方程式及装置图(部分装置省略)如下:

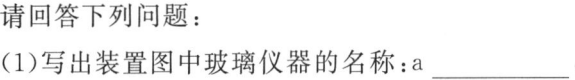

二苯基羟乙酮　　　　　　　　　　二苯基乙二酮

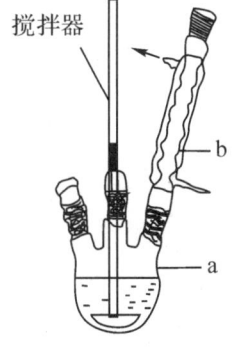

在反应装置中,加入原料及溶剂,搅拌下加热回流。反应结束后加水煮沸,冷却后即有二苯基乙二酮粗产品析出,用70%乙醇水溶液重结晶提纯。重结晶过程:加热溶解→活性炭脱色→趁热过滤→冷却结晶→抽滤→洗涤→干燥。

请回答下列问题:

(1)写出装置图中玻璃仪器的名称:a _____,b _____。

(2)趁热过滤后,滤液冷却结晶。一般情况下,下列哪些因素有利于得到较大的晶体:____。

　　A. 缓慢冷却溶液　　　　　　B. 溶液浓度较高
　　C. 溶质溶解度较小　　　　　　D. 缓慢蒸发溶剂

如果溶液中发生过饱和现象,可采用_____、_____等方法促进晶体析出。

(3)抽滤所用的滤纸应略_____(填"大于"或"小于")布氏漏斗内径,将全部小孔盖住。烧杯中的二苯基乙二酮晶体转入布氏漏斗时,杯壁上

287

往往还粘有少量晶体,需选用液体将杯壁上的晶体冲洗下来后转入布氏漏斗,下列液体最合适的是_____。

A. 无水乙醇　　　　　　　　B. 饱和氯化钠溶液

C. 70％乙醇水溶液　　　　　D. 滤液

(4)上述重结晶过程中的哪一步操作除去了不溶性杂质:_____。

(5)某同学采用薄层色谱(原理和操作与纸层析类同)跟踪反应进程,分别在反应开始、回流 15min、30min、45min 和 60min 时,用毛细管取样、点样、薄层色谱展开后的斑点如下图所示。该实验条件下比较合适的回流时间是_____。

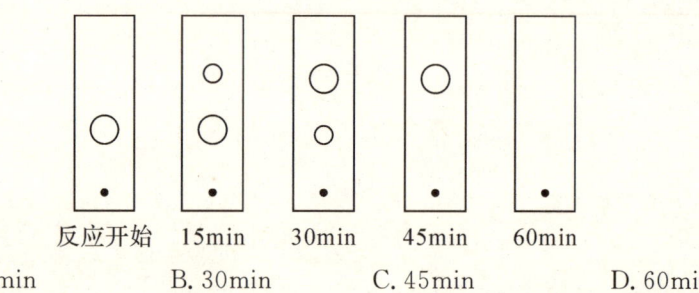

A. 15min　　　　B. 30min　　　　C. 45min　　　　D. 60min

1.1 解析与教学建议

这是一道以二苯基乙二酮制取和分离提纯为载体的实验题,没有提供生产过程的化工流程图,但考查了四个要点:分别是仪器名称、基本操作原理、除杂原理和方法、层析原理运用。

(1)熟悉识记中学化学实验中的仪器与使用,有过实际操作容易记住,如三颈烧瓶、电子天平、移液管等。有机化学实验仪器及一些较生疏或新增仪器需加以关注,三颈烧瓶在苏教版教材中只出现两次,分别是《有机化学基础》中苯与液溴反应实验和《实验化学》对氨基苯磺酸制取(高考未作要求),而中学化学中的典型实验仪器是常考点,如冷凝管、酸(碱)式滴定管、容量瓶、天平、抽滤装置等。

(2)溶液浓度越高,溶质溶解度越小,蒸发或冷却越快,晶体颗粒越小;反之晶体颗粒较大;过饱和处于相对稳定状态,主要是缺乏晶种,用玻璃棒摩擦、加入晶体或将容器进一步冷却都能破坏过饱和状态,析出晶体。结晶的教学内容在高中一直是重点内容,但苏教版《实验化学》教材对结晶的研究更加深入,而且还考查怎样操作才能得到较大的晶粒,怎样从过饱和溶液中析出晶体,怎样分离较大颗粒的悬浊液,这些内容一般学生不易理解,只有实践过才会有较深刻的理解,建议在教学中给学生亲身的实践。

(3)抽滤操作涉及的仪器安装,规范操作细则比较多,实际使用中理解装置的使用原理,就容易合理使用或找出装置图中的典型错误。用滤液(即饱和溶液)洗涤容器能减少产品的溶解损失。抽滤装置由布氏漏斗、吸滤瓶、安全瓶和抽气泵组成,布氏漏斗在使用中需要用到滤纸,滤纸大小以盖住布氏漏斗的过滤孔即可,比布氏漏斗内径要小,只有实践过的同学才有真正的感受。将混合液或容器内壁上的残留固体转移到漏斗中时,最合适的冲洗液是滤液。用无水乙醇和70%乙醇水溶液都能溶解粗产品,不能用来冲洗容器内壁上残留晶体,也不能进行洗涤产品,而饱和氯化钠溶液不仅使用时会引进新的杂质,也会溶解少量粗产品。平时经常考查的怎么进行洗涤的问题,给学生更多的洗涤液以作选择,如果设置一个选项是蒸馏水,就更有迷惑性。

(4)最后得到的是终产品二苯基乙二酮,则除去杂质 $FeCl_2$ 和 $FeCl_3$ 的过程只能在前面的趁热过滤。

(5)对照反应开始斑点,下面斑点为反应物,上面为生成物,45min 反应物基本无剩余。回流时间与展开时间是相同的,所以选择 45min。层析在中学化学中只要求层析可以分离混合物,但这题表面是层析原理,实质是考查实验程度控制与变量关系,以时间作为变量进行实验条件选择与控制。在苏教版《实验化学》中专题四专题研究科学探究中变量控制方法。

1.2 命题思想与方法

命题者考查目标是:借助物质的制备与分离来考查高中化学实验教学能力是否达成,如典型的仪器使用、实验基本操作和重要分离方法原理的理解。命题载体的选择一般有两种:一种是高起点低落点,选择较生疏的物质,问题答案非常熟悉也比较容易回答,如 2011 年浙江理综题选择的二苯基乙二酮的制备与分离;另一种是低起点高落点,选择较熟悉的或者是教材中的某一实验为材料,但问题设置与原来练习有较明显差异,考查学生对知识的理解,如 2010 年 $[Cu(NH_3)_4]SO_4 \cdot H_2O$ 的制备与分离。命题时,首先确立了考查的知识与技能目标,设置一个合理的过程来考查学习中方法的理解与运用,其次要选择命题材料(载体)及情境,再次分析整个实验或化工生产过程,然后将高中无法解答的问题删去或以信息提示形式告知,最后根据考查要求设置问题。

1.3 来源与说明

2011年这道实验综合题来源于大学化学的物质合成,有一位大学老师做过这种物质合成与分离的实验,但定量关系已经舍去,主要考查一些基本操作与定性分析。而第(5)小题则是对产物的检验,考查实验条件的控制,同时还考查学生从图像中获取信息、分析解决问题的能力。选择化学药物生产中间体的分离与提纯作为实验的载体,情境新颖,题设通过信息让学生对物质的性质有大致了解,考查的落点是物质的分离操作、重结晶原理、常用仪器的使用。层析在高中化学未作较高的要求,而题中主要以图形形式告知,考查的却是读图能力,理解反应程度与反应时间的关系。这类试题也就是我们通常所说的高起点、低落点的试题。而2010年一水硫酸四氨合铜(Ⅱ)的合成则正是另一种命题载体,设置也有异曲同工之妙。

2 高考实验综合试题复习策略

2.1 以高考试题为例进行实验方案设计与优化

有关科学探究实验方案设计在最近两年高考中更加重视,其实在以往高考中也有体现。这种类型的试题解答中要有下面完整的过程:科学假设→实验设计与操作→数据收集→得出结论。

如2005年第28(7):还可以用其他实验方法测定试样(纯碱中含有氯化钠)中纯碱的质量分数,请简述一种不同的实验方法。

①滴定法:用酸化的标准$AgNO_3$溶液滴定,根据$AgNO_3$溶液的用量计算NaCl质量。

②滴定法:用标准HCl溶液滴定,根据HCl用量计算Na_2CO_3质量。

③沉淀法:加足量的酸化的$AgNO_3$溶液,过滤、称量沉淀质量计算NaCl质量。

④沉淀法:加足量Ba^{2+}、Ca^{2+}的溶液,过滤、称量沉淀质量计算Na_2CO_3

质量。

⑤差减法:加入足量 HCl 溶液,蒸干后差减计算 Na_2CO_3 质量。

⑥差减法:通入过量的 CO_2,低温蒸干后差减 Na_2CO_3 质量。

⑦体积法:加足量酸后产生 CO_2 气体体积量测定,计算 Na_2CO_3 质量。

……

而 2010 年 25(5)设计一个实验方案,探究化合物丙(Na_2O)在空气接触后生成可溶性盐的成分(不考虑结晶水合物)。阅卷时必须要有三个完整的步骤:假设、设计、结论。在教学中以上述典型的科学探究试题为载体,让学生自主设计实验方案并陈述出来,同学之间相互点评,指出不足和改进之处,如探究化合物丙(Na_2O)与空气接触后生成可溶性盐的成分探究时学生却将 NaOH 也混入进行探究,则是审题不清;有的同学只回答如何检验 Na_2CO_3(或 $NaHCO_3$)存在,则是不会进行科学假设;还有的同学实验方案是加热能产生使澄清石灰水的气体,只是证明有 $NaHCO_3$,则是实验方案不完整。

2011 年 26(4)对含 Fe^{2+} 较多的食盐(假设不含 Fe^{3+}),可选用 KI 作为加碘剂。请设计实验方案,检验该加碘盐中的 Fe^{2+}。在教学中要关注 Fe^{2+} 的检验方法与实验方案设计。取样溶液→酸化→氧化→检验,课堂中一要让学生表述环节,二要让学生选择氧化剂,三要选择检验试剂。通过上述分析发展学生对实验设计优化、实验报告填充的分析理解。

2.2 以常用仪器为基材进行替换改进组合

高三化学实验复习中一般不会再做实验,也很少让同学实践或组装仪器,如何选择最典型的仪器进行替换、改进与组合进行实验复习,让学生学会根据实验原理进行仪器选择,通过问题设计达成教学目标。笔者曾经在自己的课堂进行如下实践。

问题1:这一装置有什么用途?气流按怎样的方向流动?

问题2:如果要改装成量气装置,还需要接上什么仪器?如果收集的气体能溶解怎么办?

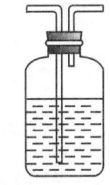

问题3:若将广口瓶中液体去掉收集气体,左进右出和右进左出分别收集什么性质的气体?该装置能吸收 NO 吗?

问题4：若作为尾气吸收装置(如吸收 Cl_2)，可用 NaOH 溶液，如果尾气极易溶解或吸收呢，怎样改进？

问题5：若将左边导管换成长颈漏斗(或分液漏斗)可用作哪一类气体的发生装置？如果加热呢？若将广口瓶换成圆底烧瓶呢？如果要用改进后的装置制取氨气，选用什么试剂？

问题6：如果作为安全瓶，哪一端与反应装置相连？

问题7：该装置还可用哪些仪器替代？

上述实验装置在 2009(28) 和 2010(27) 抽滤装置都有考查。以某一种典型仪器功能展开替换、组装与改进进行课堂复习能有效促进对实验仪器的认识与原理的理解。例如教材上出现的三颈烧瓶、锥形瓶等都是非常典型的实验仪器，用途也一样广泛，只要我们合理组装与使用，一定能超越对仪器本身的认识。当然高考复习中我们也可以以四种漏斗为基本仪器拓展进行，如过滤漏斗组装过滤装置，改用保温漏斗有什么作用，替换为长颈漏斗又成为什么装置，改用分液漏斗后有什么优点，分液漏斗还可以用在哪里，布氏漏斗可用在什么地方，怎样使用。抽滤是实验化学教材引入的一种过滤方法，复习中要关注抽滤装置怎样连接与断开，仪器名称，工作原理，适用固液混合物特点及与过滤有什么区别等，达成对仪器识别与正确使用目标。

2.3 以典型物质为载体从不同角度设问

化学实验试题选择的物质载体在高考复习过程中学生不可能都熟悉，但只要能选择一种典型物质从不同角度进行分析研究，相信高考时不论遇到什么物质都能很快将该物质进行解离，寻找结构特点，找到回答问题的突破口。下面将我在实验复习教学中以硫酸亚铁铵晶体制备为例进行的问题角度与问题设计。

问题1：硫酸亚铁铵晶体易溶于水，饱和硫酸亚铁溶液与饱和硫酸铵溶液混合后，怎样获得晶体？

问题2：硫酸亚铁铵晶体制备时加热到什么程度？氯化钠结晶析出要加热到什么程度？有什么差异？

问题3：为什么在分离硫酸亚铁铵晶体时要用抽滤而不用过滤？抽滤有什么优点？抽滤装置中安全瓶怎样连接？抽滤完成或中途停止时，要先断开哪里？抽滤时晶体颗粒为什么不能太小？怎样才能得到较大的晶体颗粒？怎样才能破坏过饱和状态，使晶体析出？

问题4：如果要将蒸发皿中残留物一并冲入布氏漏斗，最好选用什么液体冲洗？

问题5：为什么要用少量酒精洗涤晶体表面而不用水？洗去什么？有什么优点？是淋洗还是浸润？洗去不同晶体表面杂质时怎样选择洗涤液？

问题6：为什么硫酸亚铁饱和溶液没有采用实验室配制好的溶液？制取中要注意什么？

问题7：硫酸亚铁铵晶体日常用途与硫酸亚铁晶体相近，制备硫酸亚铁晶体更加方便，为什么还要制备硫酸亚铁铵晶体？怎样保存硫酸亚铁铵晶体？

问题8：如果制得的晶体纯度不高，怎样提纯？选择哪一种结晶方法？依据是什么？如何操作？怎样检验是否混有Fe^{3+}？

问题9：如何鉴定制得的晶体是硫酸亚铁铵晶体？请进行实验方案设计。

问题10：如果要制备硫酸铜晶体呢？你有什么样的方案？设计方案时要从哪些角度去思考？物质的制备一般要考虑哪些问题？

硫酸亚铁铵晶体结构解离后发现，有下述特点：一是结晶水合物，二是含有易被氧化的离子，三含有产生碱性气体的离子，四是硫酸盐。物质的制备与分离时我们要从上述四个特点进行设计与选择反应物。高考试题不一定都有四个特点，但只要我们能合理解离，合成制备、分离提纯、定性定量测定都能以几种典型的物质为载体展开复习，促进对实验原理、试剂选择与一些基本操作的理解。

高三化学实验综合试题复习能以典型物质、高考试题为载体，巧妙设计探究性问题，学生在科学探究过程中学会运用不同仪器进行替换、改进与组合，相信学生不仅能获得知识与技能，而且还会在研究过程中学会思考问题的方法，更能体验科学研究的意义和乐趣，高三的实验课堂会更加丰富多彩！

参考文献

[1]周燕平.新课标下高考新热点：实验报告题[J].中学化学教学参考,2011,12：50—52.
[2]王祖浩.实验化学[M].南京：江苏教育出版社,2006.

让实验拓展活跃思维
——"二氧化硫的性质与作用"说课稿

摘要 SO_2 的性质与作用一课的教学是典型的公开课和优质课评比载体,多次多地选用,但笔者在听到的课中,普遍关心的是 SO_2 的所有性质罗列教学,把握不好教学的度,而且教学效果也不理想,笔者结合自己教学实践,分别从 SO_2 溶液酸性、还原性、漂白性进行研究,并以 SO_2 与 $BaCl_2$ 溶液混合是否产生沉淀,怎样产生沉淀,通过实验进行实证。学生知识理解过程是实践杜威的"做中学"教学原理。

关键词 教学阶梯 具象与抽象 知识外延

1 教材分析与目标确定

"二氧化硫的性质与作用"一课是苏教版《化学1》专题4第一单元的教学内容,以大气中 SO_2 产生与带来的危害为情景,为预防和治理其带来的环境问题为主线,探究 SO_2 性质。并为含硫化合物之间转化原理作一定的铺垫,如同价态的 SO_2、H_2SO_3、SO_3^{2-} 之间转化,不同价态 S^{2-}(H_2S)、S、SO_2(SO_3^{2-})、SO_3(H_2SO_4、SO_4^{2-})之间的转化。

有对 CO_2 性质认识的基础,SO_2 的性质既有类似于 CO_2 的性质部分,又有"类似"于 Cl_2 的漂白性,更拥有氧化还原反应原理的知识;氮的氧化物更加复杂,需要有一个学习的阶梯,SO_2 的学习,又为其铺垫。

由于至此还没有学习过氧化还原反应配平,建议教学中提到 SO_2 能与一些典型的强氧化剂(如氯水、溴水、酸性 $KMnO_4$、$FeCl_3$ 溶液等)反应,但不要过多地去写相应的化学方程式或离子方程式,因为对于初学者来说有一定的难度,而要让学生巩固 SO_2 在催化剂作用下被空气中的 O_2 氧化。

《普通高中化学新课程标准》和《浙江省学科指导意见(2012 版)》要求学生通过新课学习,知道 SO_2 带来的环境问题和酸雨的成因,并了解预防和治理方法。SO_2 的物理性质和典型化学性质(水溶解呈酸性、还原性和漂白性)。基于这样的理解,设定的三维目标为:1. 以酸雨的成分与成因探究 SO_2 的还原性和水溶液的酸性。2. 以酸雨的危害总结预防和治理酸雨的方法。帮助同学建立人在利用自然时又怎样与自然和谐相处。3. 以 $BaCl_2$ 溶液滴入 Na_2SO_3 溶液、H_2SO_3 溶液对比理解 $BaSO_3$ 难溶于水,能溶于强酸,通过在 $BaCl_2$ 和 H_2SO_3 混合溶液中滴加 H_2O_2 或 $NaOH$ 溶液,在实践中体验、感受和理解 $BaSO_4$ 和 $BaSO_3$ 的沉淀条件。4. 以 H_2SO_3 溶液中滴加品红溶液、Cl_2 水中滴加品红为例,区别 SO_2 和 $HClO$ 的漂白性。从三维目标确定教学的重点:SO_2 的化学性质(还原性、漂白性和水溶液的酸性)。教学难点:SO_2 还原性与漂白性区别;SO_2 与 $BaCl_2$ 溶液反应的条件。

2 教学主线与教法学法融合

SO_2 是大气污染物之一,且最主要的污染是酸雨,所以这一课时以酸雨危害、成因和防治为情景主线,以实验为知识载体,以 SO_2 水溶液具有的酸性、还原性和漂白性为知识主线,突出在实验中感知与理解其性质,在实践中求得真知。具体如表1:

表1 教学主线与教法、学法运用

情景主线	知识与能力	情感主线	教法	学法
展示两幅图片(酸雨及危害)实验 1:80mL 针筒吸收 10mL 水,观察、测 pH	酸雨成分与成因(SO_2 水溶性、酸性和还原性)	自然界的危害、忧患,实践中感知	图片对照	对比、阅读

续 表

情景主线	知识与能力	情感主线	教法	学法
实验2：H_2SO_3溶液中滴加紫色石蕊、品红溶液 实验3：新制氯水和H_2SO_3溶液中滴加品红，褪色，加热	SO_2水溶液呈酸性和漂白性，比较HClO与SO_2漂白性差异	在对比实验中体验漂白原理	实验探究；问题引导	预测、讨论与实证法
实验4：溴水中滴加H_2SO_3，观察现象	区别SO_2的还原性与漂白性		拓展研究，补充介绍氯水、碘水	对比思维
实验5：Na_2SO_3溶液滴加$BaCl_2$溶液，H_2SO_3溶液滴加$BaCl_2$溶液。 实验6：两支试管H_2SO_3溶液中滴加$BaCl_2$，分别滴加H_2O_2和NaOH溶液，观察现象	$BaSO_3$溶解性与溶液酸碱性关系	在实验中认识到溶解性、沉淀与否与溶液酸碱性关系。	实验研究，对比研究，变量控制	实践研究，对比研究
教材第90页图4-3与文字	如何预防与治理，SO_2的消除及H_2SO_3处理	从图片和文字叙述中理解预防与治理的方法和角度	指导阅读	阅读、讨论、归纳。

3 教学流程与实施

【引课设计】以景物为情景，引发思考

展示自由女神像酸雨腐蚀前和腐蚀后的对照图，请同学们说一说这些雕像的材质，含有的成分。是什么原因在最近的一两百年产生了这么大的危害？还有哪些危害呢？

从这里切入了话题酸雨，并让同学来说说酸雨的成分和成因，学生在这里通过预习（即使不预习）从教材中也能大致知道酸雨的成分和成因，教师不必过于把学生思维往后拉。而是顺着学生已知的知识，引导研究SO_2溶解性怎样，是否容易被氧化成SO_3，SO_2和H_2SO_3哪一种更加容易被氧化，

以此顺利过渡到 SO_2 的性质研究。

【主题一:SO_2 溶液的酸性和还原性】

[活动1]用充有 80mL SO_2 的针筒吸入 10mL 蒸馏水,振荡,观察现象。再测"H_2O"的 pH。

实验中由学生操作,感知针筒活塞的移动,练习 pH 试纸使用和 pH 读数,学生在实践中知道 SO_2 水溶性好,且不仅是溶解,而且会反应生成酸。

[活动2]对比 $2SO_2+O_2 \rightleftharpoons 2SO_3$、$2H_2SO_3+O_2=2H_2SO_4$ 这两个反应,反应条件和反应进行程度一样吗?反应中 S 元素化合价怎样变化?SO_2、H_2SO_3 体现了什么性质?

在这两个反应对比中让学生感知两点:一是 SO_2、H_2SO_3 有很强的还原性,二是反应条件不同,有 H_2O 时反应程度高且易进行,无 H_2O 时需要催化剂且是可逆反应。

设计意图:这一主题的教学过程实现了学生对酸雨成分和真正成因的理解,而不只是看到教材中所给出的反应方程式,不知具体的过程。这样设计可以帮助学生厘清真正教学主题,但又不面面俱到。

【主题二:SO_2 的漂白性】

SO_2 水溶液呈酸性,除了用 pH 试纸检验之外,还可以用什么检验?以此来引入课题。

[活动1]在 SO_2 水溶液中滴加紫色石蕊试液,观察溶液颜色。如滴加品红溶液呢?观察现象。

[活动2]在两支试管中各加 2mL 品红,分别滴加 H_2SO_3 溶液的新制氯水,观察溶液颜色变化。再对褪色溶液加热,观察试管中溶液颜色变化。

设计这两个活动,一是体现 SO_2 有漂白性,能漂白品红溶液,同时也让学生在实验中知道 SO_2 无法漂白紫色石蕊试液;二是 SO_2 的漂白原理与 HClO 的漂白原理不相同。以上既是对 SO_2 漂白性的学习,又是对其可漂白物质的了解,更是对不同物质漂白原理的理解。

【主题三:SO_2 溶液与 $BaCl_2$ 反应研究】[1]

[活动1]在 Na_2SO_3 溶液中滴加 $BaCl_2$ 溶液,观察现象;在 SO_2 水溶液中滴加 $BaCl_2$ 溶液,观察现象,进行比较。

[活动2]取两支试管,加入等量的 SO_2 水溶液,在溶液中滴加 $BaCl_2$ 溶

液,分别滴加 H_2O_2 和 NaOH 溶液,观察现象。

设计意图:活动 1 的设计是为帮助学生认识到 $BaSO_3$ 在中性溶液中可以沉淀,但在强酸性溶液中无法沉淀。活动 2 的设计让学生在实践中知道强氧化剂和碱性溶液也可以使 SO_2 水溶液与 $BaCl_2$ 溶液混合可以产生沉淀。通过对产物分析,认识到白色沉淀分别是什么物质,怎样产生这种物质的,以此来得出 SO_2 与 $BaCl_2$ 溶液混合发生反应的条件及变量控制与改变。学会用变量控制的方法进行研究。

【课堂小结设计】

[活动 1]SO_2 溶于水形成 H_2SO_3,溶液呈酸性,而且会产生污染,工业燃煤怎样减少 SO_2 排放?造成酸雨污染又怎样消除对环境的影响?实验室产生少量 SO_2,又怎样处理?

[活动 2]在溴水中滴加 SO_2 的水溶液,观察溶液颜色变化。体现了 SO_2 什么性质?怎样验证?

[活动 3]CO_2 中通入 $CaCl_2$ 溶液会变浑浊吗?怎样能产生浑浊?

设计意图:活动 1 设计目的之一是巩固 SO_2 是一种酸性氧化物且能用碱液吸收,目的之二是怎样预防和治理 SO_2 带来的酸雨污染;活动 2 设计目的是对 SO_2 使溶液褪色原理的再认识,将有色物质还原也能起到褪色作用,区别于其漂白性,并学会用实验证实化合漂白原理;活动 3 设计目的是巩固 SO_2 与 $BaCl_2$ 反应原理的学习,尝试用变量控制的方法来实现沉淀及溶解。

【作业设计】略

4 设计与反思

4.1 教学要做到阶梯上升

这一课时的教学重点是 SO_2 的还原性、水溶液酸性和漂白性,所以教学中要有重点的突出,在设计时我并没有去研究 SO_2 所具有的氧化性,这一内容留在第三课时含硫化合物之间的转化去学习。H_2SO_3 和 H_2SO_4 的性质学习与比较也没有重点教学,H_2SO_4 的性质、制取方法及浓 H_2SO_4 的性质则是第二课时的教学主要内容,也未去涉及。这与以往进行 SO_2 性质与作用教学完全不同。

4.2 抽象的思维通过实验现象来感知[2]

SO_2 的漂白性与 $HClO$ 漂白性的差异通过实验对比与感知后,学生会有最真实的理解。SO_2 与 $BaCl_2$ 溶液是否能发生反应,也同 CO_2 与 $CaCl_2$ 溶液能否发生反应一样,后者一直困扰学生,如果仅从反应原理分析,学生易接受,但难理解,我通过活动设计,有真实的实验感知,学生在实验中感知了变量控制对实验结果的影响。若是将 $BaSO_3$ 再用 HCl 溶液溶解,或许效果会更好。

4.3 结课的设计是主题教学的运用与延伸

传统的教学设计中课堂小结往往只是课堂知识的再现,甚至是课堂板书的重复,小结后面设置几道练习题,借以巩固基础知识。这并没有什么不好,但缺少知识的再升华和有价值的思考。如 CO_2 通入 $CaCl_2$ 溶液是否产生沉淀,怎样产生沉淀,这一思考其实就是 SO_2 与 $BaCl_2$ 溶液反应条件的再运用。SO_2 的还原性和漂白性是这一课时的重点,但课堂中始终没有涉及与溴水(氯水、碘水)作用原因是什么,这一问题正好是课堂知识的延伸运用。而工业燃煤除硫、减 SO_2 排放、SO_2 的吸收正是 SO_2 作为酸性氧化物性质,更是回到引课的课题,回答了导课的问题。

参考文献

[1]李发顺.问题:让课堂留有余香[J].中学化学教与学,2013,5:28—31.
[2]李发顺.实验对化学概念理念的促进作用[J].化学教育,2013,10:28—30.
[3]刘旭.新课程理念下的课堂教学:听课 说课 上课[M].成都:四川教育出版社,2005,7.

生活情境是问题的起点
——以"氮肥的生产和使用"为例

摘　要　文章以苏教版《化学1》"氮肥的生产和使用"的教学为例,从学生已懂的知识为起点、创造真实的化学情景,以问题解决为载体,通过情景主线建构知识内容,寓含情感体验,获取思维能力的训练。促进问题解决框架的形成。

关键词　生活情境　问题起点　化学观念　教学设计

1　设计思想

课堂教学的核心是在教学问题引导下,激发学生独立思考、交流讨论、合作学习,以完成知识构建,更重要的是在这一过程中获得解决问题的思考着力点和方法。这样的教学不只是知识的传授,填补知识空缺,而是关注学生已经会了什么[1],怎样会的,是否会用原来解决问题的方法以求得新思维,这才是教学意义之所在。

苏教版《化学1》"氮肥的生产和使用"内容是专题4第二单元生产生活中含氮化合物的第二课时的教学内容,含氮化合物中最为典型的是氨气和铵盐、氮的氧化物、硝酸与硝酸盐。而这一课时的中心问题是NH_3的合成、性质和制取方法。怎样设计一组始终围绕主题的问题,又同时将课堂按层进的逻辑有序地组织起来,是这一课堂设计的难点。笔者思前想后,决定将整个教学内容分解成四个部分,分别是感受身边的化学——植物缺氮的症状;理解化学原理——植物怎样吸收大气中的氮;运用化学——检验除去化合态的氮(铵盐)的方法;科学整理——自然界中的氮在不同状态下怎样守恒。

设计怎样的问题能有效将上述四个部分内容不露痕迹地连接起来,而且能基于学生已有的知识——铵盐的检验、氮氧化物及硝酸生成、气体制取原理,引导学生顺梯登峰,拾级而上,而不会因无梯望峰而退,这是教师最需要思考的问题。

2　目标设计

课程标准对这一课时的要求是:通过实验了解氮及其重要化合物的主要性质,认识其在生产中的应用和对生态环境的影响。基于这一标准编写的苏教版教材中重点突出了 N_2、NO、NO_2、NH_3、NH_4^+ 及 HNO_3 的性质,对生态环境的影响重点突出在氮的氧化物这一内容,浙江省根据全省统一使用苏教版教材特点,依据课程标准要求制定了较为粗略的省学科指导意见,描述如下:了解氨、铵盐的性质和用途,通过对含氮化合物性质实验的探究,让学生体验实验探究的过程和乐趣,了解氨的合成对氮肥生产的促进作用,知道氮肥的性质,认识科学使用氮肥的意义[2]。在这两个规范要求下,结合我校学生发展实际,特制定如下学习目标:1. 以氨气溶于水的实验为载体,了解氨气水溶性及氨水溶液的性质;学会用指示剂检测溶液酸碱性,观察加热时溶液颜色变化,从而判断 $NH_3·H_2O$ 在水中是部分电离。2. 以农作物对化合态氮的吸收为目标,研讨将游离态氮转化为化合态氮的方法,体验化学为人类社会发展所起的作用,激发学习化学的兴趣。3. 以怎样检验与除去钾肥(KCl)中氮肥(NH_4Cl)为基础,帮助学生建构铵盐的性质、铵盐的检验方法,并让学生在研究过程中学会怎样设计实验方案、选择试剂最有利于目标达成,初步形成科学思考的严密逻辑。

这一课时的教学重点是 NH_3 的性质及铵盐的性质,怎样研讨是化学学习方法的实践运用。而教学的难点有两个,一是实验的成功为学生带来真实体验,二是不同组成的铵盐受热时分解规律不一致,在学生演绎时易出现错误。教学的关键之处就是实验的成功与真实性。

3 教学过程

3.1 激趣引课,感受身边的化学:植物能从土壤溶液中吸收什么形式(微粒)的氮元素?

科普:农作物缺氮元素营养生长不正常,表现为叶片无光泽,叶色由绿变黄,分蘖少,不发棵,到最后是穗小粒瘪。展示两盆健康与缺氮的植株(可以是实物,也可以是图片),请同学比较。

问题组一:

1. 为什么植株叶片会发黄?

2. 空气中 N_2 含量最多,为什么植物还会缺氮呢?

3. 庄稼人怎样为农作物补氮呢?

4. 绿色植物怎样从自然界中吸收氮元素?

5. 今天我们要研究的问题是怎样将大气中存在的大量氮气转化为化合态的氮肥,有利于农作物吸收。

6. N_2 的化学性质非常稳定,能参加的化学反应很少,主要有三个,已经学过两个,分别是 Mg 在 N_2 中燃烧,N_2 和 O_2 在放电时的反应,还有一个就是今天我们要研究的反应,你觉得可能是哪一个反应?

板书这一反应 $N_2 + 3H_2 \underset{\text{高温高压}}{\overset{\text{催化剂}}{\rightleftharpoons}} 2NH_3$

7. 你觉得这个反应容易进行吗?

信息叙述德国化学家哈伯、波施的研究,为植物的茁壮成长,提高农作物产量,解决了人类生存的粮食问题,为地球承载人口的增长提供可能,当然还有一位我国的著名生物学家袁隆平的研究更是为人类发展做出了卓越贡献。这样的教学为学生在大脑内形成化学的作用、意义及研究化学的兴趣进行铺垫,以消除学生经常看到化学与灾难的报道,形成化学造福于人类的观念。

8. 绿色植物通常从土壤溶液中吸收氮肥,但 NH_3 是气态化合物,怎样转化为液态氮肥呢?

问题组一中的前七个问题虽然并不难回答且五分钟就完成了,但这五分钟不仅让学生感受了身边的化学,受益化学对人类的贡献,还帮助学生认识到了将 N_2 转化 NH_4^+,溶于水形成氮肥被农作物吸收。而第 8 个问题引出了本节课的重点核心知识,怎样实现 NH_3 与 NH_4^+ 形成与转化。

3.2 设计目标,理解化学原理:含氮的可溶性微粒是怎样形成的?

氨的合成解决了将游离态的氮转化为化合态的氮,但气态物质易于在空气中扩散,植物对化合态氮的吸收则主要从土壤溶液中通过根吸收,而且气态物质保存和运输都不太方便,如氯气要加压液化装入钢瓶中,而主要以漂白粉的形式保存,则含氮的可溶性微粒怎样形成?

问题组二:

1. NH_3 易液化,同时也会汽化形成氨气,会造成外界温度怎样变化?有什么用途?

2. 演示喷泉实验,形成喷泉说明滴加水后圆底烧瓶中的气压与外界大气压相等吗?哪里更大一些?为什么会出现这么大的压强差?形成喷泉的条件是什么?说明氨气水溶性怎样?

3. 形成的溶液呈酸性、中性还是碱性?怎样检验?

4. 取两支试管,各取 2mL 溶液,滴加 2 滴酚酞,发现溶液变红,说明溶液呈碱性,据此说明什么?对一支试管加热,观察溶液颜色变化,向另一支试管中加入 NH_4Cl 固体少许,观察溶液颜色变化。

描述:NH_3 不仅极易溶于水,大部分与水反应形成了 $NH_3 \cdot H_2O$,且部分 $NH_3 \cdot H_2O$ 电离产生了 OH^-。请同学写出反应的方程式并由教师进行批阅修正。

5. 气态物质保存和运输都不够方便,转化成什么态的物质呢?与什么物质反应?为什么可以和酸性物质反应?请写出 NH_3 与 HCl、H_2SO_4 反应生成铵盐的方程式。

因为固态铵盐无法电离,溶于水能发生电离,所以使用时要保持土壤潮湿。经过这一系列系统问题的讨论,在学生大脑中建立了 NH_3 极易溶于水,且与水反应形成的 $NH_3 \cdot H_2O$ 能部分电离出 OH^-,使溶液呈碱性,并用实验证实 NH_3 溶于水及 $NH_3 \cdot H_2O$ 的电离都是可逆的过程。因为其为碱性气体,在保存和运输中都将其与酸反应生成固态铵盐,使用中铵盐在潮湿的土壤中电离产生铵根离子易被农作物吸收,至此解决了由游离态氮(空气中氮气)转化为能被农作物吸收的铵态氮肥,更重要的是学生获取知识的过程不是老师强加于学生,而是通过观察实验现象、运用已经知道的知识,借助于教材,自己分析与讨论得出,这是一种研究物质性质的科学方法。

3.3 解决问题,运用化学知识:检验并除去化合态的氮(铵盐)。

小麦和水稻如果氮肥过量,它们的长势就会过旺,叶片多而且大,无效分蘖也会增多,株形相对增高,造成早期下部荫蔽。这种不正常的过旺生长,会给作物生长环境带来两大危害:一是由于叶片增多,下部湿度和温度相对提高,通风不好,将给病虫害提供条件;二是群体增加,无效分枝增多而导致茎秆柔软,到后期承受不起本身的重量,遇大风或浇灌就会倒伏,造成严重减产。农技人员诊断发现,某片农作物缺钾(用视频或图片),需要施钾肥,但不能再施氮肥,现仓库有混合存放的钾肥(KCl 混有少量 NH_4Cl)。

问题组三:

1. 取一瓶混有 NH_4Cl 的 KCl 固体,怎样检验是钾肥中是否混有氮肥?

2. 如果确有 NH_4Cl 混在其中,怎样除去? NH_4HCO_3 受热会分解,NH_4Cl 是否也会分解吗?

在学生争议后再请同学演示一个实验,加热装有 NH_4Cl 固体的试管,观察现象。

3. 白色固体怎么跑到试管中上部了?说明 NH_4Cl 在加热时曾经变成了气态,是 NH_4Cl 蒸气吗?

信息提示:NH_4Cl 沸点 520℃,加热至 100℃时开始显著挥发(不同于碘的升华,该变化是化学变化),337.8℃时离解为氨气和氯化氢气体,遇冷后又重新化合生成颗粒极小的氯化铵而呈现为白色浓烟,不易下沉,也极不易再溶解于水。

4. 加热 NH_4Cl 固体时,产生了 NH_3 和 HCl 气体,都是极易溶于水的气体,用什么物质吸收 HCl 气体而收集到干燥纯净的 NH_3 呢?NH_3 还可以用什么物质检验呢?

5. 常见的碱性固体有 $Ca(OH)_2$、CaO,都能吸收 HCl 气体,试写出反应方程式,应该将加热 NH_4Cl 固体的装置怎样设计既可制取纯净干燥的

NH_3?产生的 NH_3 又用什么方法收集呢?

这一组问题起点是专题 1 已经学习过的 NH_4^+ 检验,终点是铵盐制取 NH_3,问题始终围绕铵盐能与强碱加热产生 NH_3 展开,并讨论了用什么试剂、什么装置除去铵盐分解产生的其他气体(非氨气),在解决问题的过程中学到了气体制取原理、装置、原料选择和实验方案设计的思路。

3.4 科学归纳——系统化学知识与方法

为了更好地将这一课时的核心知识系统化,并将 N_2、NO_3^-、NH_3、NH_4^+ 的知识系统整合,我的课堂小结是这样展开的。

问题组四:

1. 有哪些途径可以产生 NH_3?NH_3 怎样才能被农作物的根吸收?

2. 大气中的 N_2,有哪些途径能转化为植物体内的有机氮,从而实现循环的第一步呢?

3. 岩石和矿物中的氮被风化后去了哪里?土壤中的氮呢?海洋中的氮又去了哪里?生物体的氮最终又怎样返回大自然呢?

从这三个问题的回答,一是拓展解决了物质的制取方法随着原料不同,可以有多种不同的原理、装置和实验方案,同时也研讨了同一物质也可能有多种途径发生转化,更重要的是自然界中的化学转换实现了人与自然的和谐相处,研究了自然界中的奥秘之一——物质循环。

4 教学思考

四个问题组之间的物质转化主线是 $N_2 \rightarrow NH_3 \rightarrow NH_3 \cdot H_2O \rightarrow NH_4^+$(铵盐),知识主线是游离态氮转化为化合态氮,气态氨到氨溶液,铵盐到氨气,最终实现氮的循环,而情感能力主线则是感受身边的化学物质→理解存在化学原理→运用原理解决生活中的问题→系统化化学知识。上述的设计为将三条主线有机融合,实现了教学目标,而且没有去拓展 NH_3 的还原性,造成知识教学面面俱到,为教而教,其实在 Cl、S 的教学中已经引导学生从化合价推断物质的还原性或氧化性,可能与什么类型的氧化剂(或还原剂)发生反应,在课堂不宜拓展,可以在习题课或单元复习中的略作分析讨论。

4.1 找到学生已会知识作为教学的起点

教学中学生已会的知识是教学的起点,我们关注的不是学生不会什么,就去教什么,而是学生会了什么,在此基础上丰富他们的知识,发展能力。例如:NH_3 是一种碱性气体,在专题 1 中 NH_4^+ 检验学习已经知道了,所以让学生判断并检验氨水的酸碱性不难,深入一步加热和加固体 NH_4Cl 的实验就在这个基础上进行,目的是让学生通过实验感知 NH_3 与 H_2O 反应、$NH_3 \cdot H_2O$ 的电离是可逆的,再辅之以信息提示,说明了 NH_3 溶于水形成的是弱碱溶液,巩固了这一教学内容的第一个重点核心知识。用铵盐制取氨气的设计也一样,从学生已会的 NH_4^+ 检验及 NH_4HCO_3 分解展开,深入讨论未知领域的学科知识和初步学会研究未知领域知识的方法。

4.2 化学情景的真实是引发思考的前提

真实的化学情境教学能拉近现实与化学的距离,引发积极思考[3]。例如 NH_3 极易溶于水的实验、滴有酚酞的氨水中溶质的部分电离及存在 NH_3 与 H_2O 化合与分解的可逆性,都有真实的化学实验佐证,课堂有真实观察点比空谈说教有效得多。NH_4Cl 的分解与 NH_3 与 HCl 的重新化合也是实验证实,这一内容记得在专题 1 学习时研讨过,但考查中出错率仍然在 50% 以上,原因是当时没有用实验证实。当然更重要的是这个实验引发了怎样从分解产生气体中得到纯净干燥的氨气,引导了对铵盐与碱性固体的反应的理解,并能在试管实验前提下改进制取纯净干燥 NH_3 的实验装置,这才是学生获得解决问题的方法。

4.3 问题的层进逻辑是学生乐于思考的阶梯

四个问题组之间设计,分别从缺氮补氮、游离氮到化合氮、气态化合氮到液态化合氮、最后到以固态氮肥的了解而结束,始终围绕氮元素转化进行。而每一个问题组内的问题又有一定的层进逻辑,前一问题为后一问题搭脚手架,思维层次由低到高;且越到后来,问题综合性越强,解决问题的能力要求也越高,但只要顺着阶梯逐步登峰,又不会很困难,到脚手架搭好之时,学生知识结构也已经建构完成,这个过程就是获取知识的方法实践[4]。

问题组三中就从已会的铵根检验与碳酸氢铵分解开始的,再引入到NH_4Cl分解,KCl与NH_4Cl分离,继而由NH_4Cl制取纯净干燥的NH_3。每一步都不会太难,学生不会听"问"无路,无从回答。

参考文献

[1] 保志明. 从尊重与丰富学生认知的角度设计教学——必修模块"化学能与热能"的教学与思考[J]. 中学化学教学参考,2012,8,14-15.

[2] 浙江省基础教育课程改革专业指导委员会. 浙江省普通高中学科教学指导意见[M]. 杭州:浙江教育出版社. 2012,8:14.

[3] 包春华. "实境"化学课堂的内涵及特质[J]. 中学化学教学参考. 2012,7,24-26.

[4] 李发顺. 促进高认知思维发展的问题设计——以《苯的结构与性质》为例[J]. 教学月刊中学版(教学参考),2012,7,3-5.

探究铜—锌原电池灯泡发光实验设计

摘　要　高中化学教师在进行铜—锌原电池使小灯泡发光实验中,一直难以解决如何使灯泡发光的问题,很多时候采用发光二极管代替或者用灵敏电流计测电流,通过电流来判断是否形成原电池,以至于现行苏教版教材也采用灵敏电流计测电流来代替小灯泡发光实验。而笔者在教学和实践中发现,若将铜片加热后再进行实验,小灯泡能发光,遂进行了如下实验研究,以探索实验的科学原理和实验条件的选择。

关键词　实验条件选择　实验设计与原理

1　问题的提出

苏教版《化学 2》[1]第 40 页活动与探究【实验 4】是在原来铜—锌原电池很难使小灯泡发光的情况下进行改进后的实验,改过灵敏电流计测微电流来表达原电池。能否仍然用小灯泡进行实验,让小灯泡发光,更加直观地让学生感知原电池形成并有电流通过呢?我们针对这一问题进行了探究与改进。

2　实验用品及装置图

2.1　试剂与仪器

铜片(截面积 $3.4\times4.5cm^2$),锌片(截面积 $3.4\times4.5cm^2$),硫酸溶液

($3mol·L^{-1}$、$6mol·L^{-1}$、$9mol·L^{-1}$),酒精灯,镊子,电池槽,导线,小灯泡(1.5V,0.3A),灵敏电流计(浙江台州电表厂),秒表。

2.2 实验装置图(教材 40 页图 2-6,接上小灯泡)

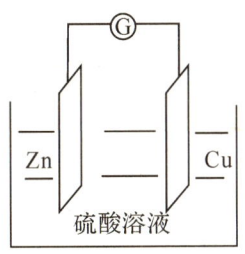
图1 教材装置图

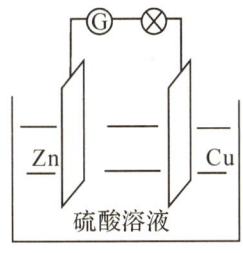
图2 实验用装置图

3 实验操作、现象及记录

3.1 不同浓度 H_2SO_4 溶液、浸没表面积和极板间距条件下电流大小与灯泡发光情况

按图 2 组装实验装置图,通过移动铜极板改变两极板间的位置,增加 H_2SO_4 溶液的体积改变浸没表面积,实验数据记录如下:

表1 浓度、表面积和极板间距对灯泡发光及电流大小的影响

H_2SO_4 浓度	表面积(cm^2)	间距(cm)	灯泡亮暗	电流(A)
$3mol·L^{-1}$(16℃)	3.4cm×2cm	3cm	不发光	0.14
		4.5cm	不发光	0.13
		6cm	不发光	0.12
	3.4cm×3cm	3cm	不发光	0.142
		4.5cm	不发光	0.14
		6cm	不发光	0.13
	3.4cm×4cm	3cm	不发光	0.153
		4.5cm	不发光	0.15
		6cm	不发光	0.142

续　表

H_2SO_4 浓度	表面积(cm^2)	间距(cm)	灯泡亮暗	电流(A)
6mol·L^{-1}(9℃)	3.4cm×2cm	3cm	不发光	0.16
		4.5cm	不发光	0.15
		6cm	不发光	0.14
	3.4cm×3cm	3cm	不发光	0.14
		4.5cm	不发光	0.13
		6cm	不发光	0.12
	3.4cm×4cm	3cm	不发光	0.12
		4.5cm	不发光	0.10
		6cm	不发光	0.09
9mol·L^{-1}(9℃)	3.4cm×2cm	3cm	不发光	0.12
		4.5cm	不发光	0.11
		6cm	不发光	0.10
	3.4cm×3cm	3cm	不发光	0.14
		4.5cm	不发光	0.13
		6cm	不发光	0.12
	3.4cm×4cm	3cm	不发光	0.142
		4.5cm	不发光	0.137
		6cm	不发光	0.13

极板浸入酸溶液中表面积越大,产生的电流越大且持续供电时间越长,极板间距越小,电流越大,但供电时间会缩短,硫酸的浓度越大,产生电流也相对大一些。根据实验验证和探索,发现温度对电流大小也有影响,但小灯泡始终没有发光,而只能通过电流值来判断产生电流,如何能让灯泡发光?简单地增加电流、扩大极板浸入表面积和极板间距已经无法实现。

3.2　铜片加热对实验现象的影响

按图装置接入小灯泡和灵敏电流计,对铜片加热和不加热接入电路进行实验,记录小灯泡发光情况,读出灵敏电流计读数,记录表2。

表2 铜片加热对实验现象的影响

H_2SO_4浓度	极板表面积	电流(A)	小灯泡发光	发光时间(s)
3mol·L^{-1}	3.4cm×2cm	0.18	发光但很暗	24
	3.4cm×3cm	0.18	发光但很暗	32
6mol·L^{-1}	3.4cm×2cm	0.20	发光较亮	34
	3.4cm×3cm	0.20	发光较亮	62
	3.4cm×4cm	0.20	发光较亮	72
9mol·L^{-1}	3.4cm×2cm	0.20	发光较亮	82
	3.4cm×3cm	0.20	发光较亮	166

实验中发现，铜片加热后灯泡能发光，且在6mol·L^{-1}和9mol·L^{-1} H_2SO_4溶液中发光强度没有太大区别，课堂演示实验不需要太长的时间，建议实验用6mol·L^{-1} H_2SO_4。

加热时间长短（CuO厚度）对实验会有什么样的影响呢？笔者设计了如下研究

3.3 铜片加热时间对实验现象的影响

按原图接入小灯泡和灵敏电流计，将铜片放在酒精灯上分别加热30s、60s、90s、15s，记录小灯泡发光情况，读出灵敏电流计读数，记录表3。

表3 铜片加热时间对实验现象的影响

加热时间(s)	小灯泡亮度	发光时间(s)	灵敏电流计数(A)
加热30s	发光较亮	46	0.20
加热60s	发光较暗	26	0.18
加热90s	不发光	0	0

实验进行到此，笔者觉得加热时间较短能取得较理想的发光效果和较稳定的电流，是否加热铜片时间越短，效果会更好呢？笔者又对刚才实验的铜片加热15s进行实验，结果灯泡不发光，灵敏电流计读数为0.12A，可见，加热时间太短也不是最佳实验条件。

基于这样的思考，笔者建议在演示铜—锌原电池实验中，选择的实验试剂和装置为:6mol·L^{-1} H$_2$SO$_4$、极板浸入表面积为10cm^2、极板间距5cm位置,对铜片表面加热30s左右进行。

4 问题与思考

以 Zn、Cu 为电极,6mol·L^{-1} H$_2$SO$_4$ 溶液中,负极电位 φ(Zn/Zn^{2+})=0.763V[2],正极 φ(H$^+$/H$_2$)=0.00V[3],φ(Cu^{2+}/Cu)=0.337V,小灯泡电阻 $R=\dfrac{U}{I}$,此时 $W=I^2R=0.2^2\times 5=0.2$W,小灯泡能发光。将铜片在酒精灯上加热后,表面部分形成氧化膜,为什么加热后电流会明显增大能使小灯泡发光?为什么加热时间太长,氧化膜变多(变厚)又不能发光,甚至不再导电?

参考文献

[1]王祖浩.普通高中课程标准实验教科书·化学2(第4版)[M].南京:江苏教育出版社,2007:40.

[2][3]大连理工大学无机化学教研室编.无机化学(第3版)[M].北京:高等教育出版社,1991:428.

重构学生主体课堂的实践
——以"硫和含硫化合物的相互转化"教学为例[*]

摘　要　文章以"硫和含硫化合物的相互转化"教学为例，分析重构学生主体课堂是课程改革需要，教学设计要能促进学生认知思维发展，从理论层面和实践层面进行了研究，并提出重构学生主体课堂须对教学内容从知识和认知思维角度进行分类，基于这样的分类确定教学主线和设计课堂问题，让学生在课堂中围绕问题，发挥主体作用，从被提问向主动提问转变，实现学生主体课堂。

关键词　重构　学生主体　教学起点　教学分析　教学过程　教学反思

从学生认知出发，以问题为教学载体，形成教学设计范式，在实践中促进思维提升，这是重构学生主体课堂的实践。新课程理念不只要求教给学生科学事实和理论，更关注这些内容的获取过程，尤其关注获取过程中学生发现了什么、思考了什么、是怎样去解决问题的。

促进学习者的学习与发展是教学设计者和学科教师的共同追求[1]，如何让一线的学科教师在教学实践进行的教学设计，能够让学习者接受知识体系，发展认知思维？如何实现课堂教学中教师主体向学生主体角色的转变？

---

[*] 宁波市北仑区重点规划课题"基于学生认知思维发展的教学设计的探索与实践"课题报告。

在实践中形成教学设计的范式,从理论层面的思考到实践层面的操作,重构学生主体课堂,是促学科教师专业发展的可行之路。

1 问题的提出

1.1 研究的背景和意义

教学设计一直以来都是课堂教学有效实施的保证,所有的课堂教学都需要进行设计,不可能随堂发挥,当然课堂的临场发挥也是教学设计的内容,那是生成性的知识。但一直以来我们使用的教学设计还基本依赖凯洛夫的五步教学法和教学参考书,而且相关的教学资料也基本相同,不可否认的是这一做法仍然适用,只是在新课程改革浪潮中有时不能很好体现学习主体,学生主动性发挥不够,教师有时不再思考或者成为"复印机",如果能将学生主体与五步教学法结合,或许能取得更好的效果,笔者参阅了裴新宁著《面向学习者的教学设计》、王祖浩主编《高中化学新教材教学情境设计(化学 1)》、《高中化学新教材教学情境设计(化学 2)》、顾泠沅、王洁著《教师在教育行动中成长》、王洁著《透过课堂观察的教师专业学习》,既描述设计中怎样促进学生发展,更有教师与学生共同进步的实证与方法。

1.2 本研究的核心问题

本课题涉及的教学设计不同于一般的教学设计,更不是所有优质课教学设计的整合,而要基于一个前提:发展学生认知思维。

(1)本课题研究的教学设计基于下面三点:其一,面对普通高中学生;其二,初中学习使用科学教材,化学知识与物理、生物、自然地理融合在一起学习;其三,全省都使用同一版本教材(苏教版)。

(2)基于课堂教学,所有教学实际都由设计思想、问题设计、教学实践和教学反思构成,而非无实践设计,是真实的教学情景与实践。

(3)基于学生的认知思维,从知识分类(事实性知识、概念性知识、程序性知识和反省认知知识)将学生待学习的内容分解,并从认知维度(记忆、理解、运用、分析、评价和创造)对认知要求进行解析,再根据学生实际,重新整合,在此基础上进行教学设计。

(4)基于教学的反思过程,教学设计在实践中,作为实施者的教师要进行自我反思,思考在实践过程中是否达成目标。

因此,本课题研究是一种理论与实践相结合的教学行动研究过程,需要每一位参与者思考和实践,更是教师反思课堂的教学活动。从这个意义上说,不仅学生能重组吸收知识与发展认知思维,研究者还能深刻研究课程标准、研究教材、进行教学设计,更能反思自己的教学行为,在反思中获得专业素养的提升。

2 知识分类对学生认知维度的关系分析

怎样把课程标准具体化为每一教学内容的三维目标,并通过课堂实践过程发展学生认知思维。离不开施教者对教学文本的认识和学生已有认知的分析。对于教学文本的认识,笔者根据布鲁姆目标分类学方法对教学文本内容从知识和认知思维两个角度进行分类。

例如苏教版《化学1》"硫和含硫化合物的相互转化"教材文本仅四百余字,但阐述的内容范围非常大,既有硫在自然界的存在形式,还有不同价态含硫化合物认识及相互之间的转化,更是整个单元知识的归纳与小结。而其教学的三维目标是:(1)通过实验、分析、类推,让学生在观察推理过程中理解含硫物质之间的相互转化及反应条件选择。(2)从学生易错问题入手,把学生的思维带入思辨状态,激发学习的热情。(3)在实验装置设计、试剂浓度选择、反应条件选择中巩固物质的化学性质,同时培养学生实验中环保意识。(4)从 CO_2 性质与制取类比 SO_2、H_2S 的制取与性质,学会迁移,获取解决问题的程序性知识。(5)学会以化合价、物质类别为分类依据,归纳不同类型反应中含硫化合物的转化规律[2]。

文本一:自然界中的硫元素主要以硫单质、硫化物和硫酸盐等形式存在。在火山喷口附近或地壳的岩层里,常常存在着游离态硫。许多金属矿石是硫的化合物,重晶石、石膏、芒硝等是含硫酸盐的常见矿物。人类对硫元素的利用,从本质上看,就是实现含硫物质的相互转化[3]。

一共四句话的文本,描述了四层意思。第一层意思是指硫元素在自然界中存在形态,并指明主要形态及存在自然界位置;第二层意思告诉我们为什么主要会以硫化物或硫酸盐形式存在,说明硫有一定的氧化性和还原性,在自然界中遇到活泼金属会被还原生成硫化物,被氧化生成二氧化硫、亚硫酸和亚硫酸盐,亚硫酸盐能够继续被氧化,最终生成硫酸盐;第三层意思是指出这一单元研究的重点是硫元素在自然界中发生转化的条件。第四层意思是我们要用研究活泼非金属氯的方法来研究硫及其化合物转化的方法和条件,更深一层次认识到硫没有氯活泼,为后面学习元素非金属性强弱与最外层电子数多少有关作伏笔。

文本二:含硫物质多种多样,它们在一定条件下可以相互转化。通过氧化还原反应可以实现含有不同价态硫元素的物质之间的转化,通过非氧化还原反应可以实现含有相同价态硫元素的不同物质之间的转化[4]。

这里的两句话,是对上面化学方程式书写的归纳,同时也告诉我们三层意思:第一层意思是字面的,硫与含硫化合物之间可以转化,既有氧化还原反应,又有非氧化还原反应;第二层意思是硫单质参加的转化都是氧化还原反应,需要借助氧化剂或还原剂进行,硫化合物只要价态不是最高,都易被氧化;第三层意思是硫元素化合价不发生变化的转化往往在酸性或碱性条件下进行,如亚硫酸盐与强酸反应产生 SO_2,SO_2 与碱能反应生成亚硫酸盐;第四层意思是如果还原性较强的含硫物质遇到氧化性较强的物质时,可能发生的反应及产物是什么,留给同学思考。

3 教学问题确立与分析

3.1 硫和含硫化合物知识及认知思维的分类

基于单元教材文本和教学目标,将这一课时的知识和认知思维分类见表1:

表1 "硫和含硫化合物相互转化"知识与认知思维分类

分类认知 思维分类 \ 结合点 \ 知识	事实性知识	概念性知识	程序性知识	反省认知知识
记忆	硫在自然界中存在不同的形态;SO_2 不会与 $BaCl_2$ 溶液反应产生沉淀	硫的化合价与相应的化合物化学式	化合物之间转化条件	不同形态存在原因是因为S较活泼,与 O_2、Fe、Hg 等能反应

续 表

分类认知思维分类＼结合点知识	事实性知识	概念性知识	程序性知识	反省认知知识
理解	S的化学性质较活泼；SO_2不与$BaCl_2$反应原因	化合价与化学式的关系	从低价态到高价态，需加入氧化剂，且氧化性要增强；同价态含硫化合物之间转化条件	反应能否发生与反应物质本身性质相关
运用		从化学式判断化合价	以硫典型化合价为例写化学式	S与Hg反应的生活中运用
分析	发生复分解反应的条件	分析含硫化合物中硫元素化合价	FeS_2和Na_2SO_3制取SO_2原理；同价态之间转化和不同价态之间转化条件	S无法直接反应生成SO_3原因
评价	复分解反应发生的条件运用	氧化还原反应中归中反应理解；同一元素之间发生氧化还原反应条件	SO_2与H_2S之间有中间价态，可以发生归中反应；无中间价态，不能发生归中反应	
创造	改变条件使SO_2与$BaCl_2$溶液反应；SO_2与Na_2O_2反应生成Na_2SO_4	SO_2是既是一种酸性氧化物，又是一种强还原剂，与Na_2O_2反应原理探究	酸性氧化物与Na_2O_2可能发生的反应探究过程	SO_2是酸性氧化物类似于CO_2，有还原性，又能被氧化，所以产物会继续反应

3.2 怎样找到学生知识和认知思维的起点

课堂引入与教学中问题的设计起点判断是否正确，直接影响课堂氛围，影响学生参与意识，所以找准学生教学起点显得尤为重要。

例如本课的引入，从CO_2通入$BaCl_2$溶液是否有沉淀产生开始，这是中学课堂中极易出现的错误,引导学生利用复分解反应原理写出反应方程式,发现产物 $BaCO_3$ 和 HCl 同时大量存在,违背学生已有知识,$BaCO_3$(类似 $CaCO_3$)与盐酸反应可以生成 CO_2,引导 SO_2 也不会与 $BaCl_2$ 反应生成沉淀,而逆向反应可以完成,借此引出用亚硫酸盐与强酸反应可以产生 SO_2[5]。比如说,SO_2 与 H_2S 反应生成 S,拓展到亚硫酸盐与硫化物反应在酸性条件下反应生成硫单质,这里 SO_2 和亚硫酸盐中硫元素同价态,而 H_2S 和硫化物中硫元素同价态,可以类比分析。再进行逆向思维,S 与碱发生歧化反应的推断与证实,进一步巩固了歧化与归中及含硫化合物之间转化可能性与条件分析。再比如说,SO_2 既是一种酸性氧化物,又是一种强还原剂,通过 Na_2O_2 固体,可能产生什么固体?这是基于 SO_2 还原性和酸性氧化物特点进行的设计。

3.3 教学主线怎样确立

教材文本解读是对教材文本及以往学过知识的再认识与关联,知道什么是已学,什么是今天要学,什么是将来要学,或者说是在此基础进行学习的。根据课程标准和省学科指导意见,结合前面每一课时的学习及掌握情况,确立这一单元及这一课时教学目标,并要注意这样设计会对后面的教学有什么铺垫和帮助。在上述两点基础上,对这一课时要教学的内容进行了知识与认知思维的分类后,并找到每一个知识点对应的知识分类和认知要求,并以此找到落脚点。这些都确立了,教学主线就明朗化了。

例如: 表2 硫和含硫化合物相互转化教学主线

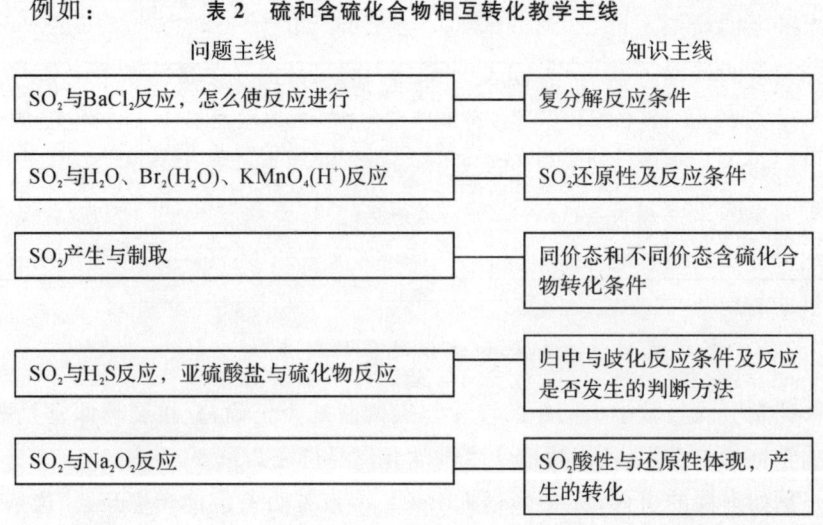

3.4 怎样进行设计才能让学生主动提问

教师提问不难,进行必要的设计也不难,难的是预设的问题是否会引发学生思考,非预设的问题引起学生思考与争辩,更难的是怎样进行教学设计能引发学生的主动提问,同时引起其他同学参与进来进行讨论和解答,教师也仅仅是参与的一员,学生在讨论、思考和争辩的过程中,对知识的理解会更加深刻,而获得知识的过程和方法才是每一位主体所真正需要的。该怎样设计,才能让学生主动提问,实现学生主体课堂呢——面向学习者的教学设计。实现过程就是要解决下述几个问题:

●希望学习者真正学到什么?
●如何激发学习者的兴趣和动机?
●如何使学习者认识到教学的价值及其与生活的关联性?
●如何让学习者运用自己的知识去解决真实场景中的问题?
●学习环境中是否提供了足够的信息、指导和支撑?

简单地说:就是设计促进学习者学习与发展的学习环境,这种学习环境中包含了所有支持学习的资源和过程。即"学习即感知与环境给养之间的互惠"、"教学即创设学习环境"。如果我们做到了这两点,学生主动提问自然发生,课堂主体就能有效地发挥。

例如:学习 SO_2 能否与 $BaCl_2$ 溶液反应,什么条件下能实现这一反应。学习环境创设如下:CO_2 通入 $CaCl_2$ 溶液会发生什么变化?如果是 $BaCl_2$ 呢?就有同学说,$CaCl_2$ 和 $BaCl_2$ 相似吗?SO_2 和 CO_2 有相似性吗?教师顺着学生思路写出"$BaCl_2 + SO_2 + H_2O = BaSO_3 \downarrow + 2HCl$"学生会发现 $BaSO_3$ 与 HCl 会反应,所以不能进行,如果不写,学生就很难发现反应不能发生的原因。再如 SO_2 与 Na_2O_2 发生反应的推测及理由,对于学生来说,教材中没有现成的答案,必须自己思考做出判断,在思考和书写过程中就会产生不同的判断,自然就会主动提问。

4 重构学生主体课堂的教学设计与实施

重构学生主体课堂的教学设计是本研究强调的重点,而非只是强调教学设计如何进行,如何完美。希望这一研究能够促动我们从教师主导的课堂向学生主体的课堂转变,将有关教育新理念的信息充分理解和消化,从而使其真正成为富有意义的教学设计知识。

4.1 教学设计思路

目前西方就有大量"设计者——用户"联合设计团体,以期将教师、教材和学生组合起来,特别是教师在进行教学设计前要充分了解学生的认知基础和需求及学生在阅读教材文本中能理解什么,不能理解什么,怎么设计才能引发学生思考和提问,在师生、生生的问题解决中获得促进学生的发展认知思维发展,获得解决问题的方法,为学习者策划学习资源和学习活动的过程,这才是真正意义的为学生主体课堂进行的教学设计。

表3 重构学生主体课堂的教学设计[6]

教学环节	教学思路	设计意图
课题导入	问题1:CO_2 通入 $BaCl_2$ 溶液,有什么现象?若是 SO_2 呢? 问题2:写出 $BaSO_3$ 与盐酸反应化学方程式,Na_2SO_3 可以与盐酸反应吗?用 H_2SO_4 可以吗?怎样才能让 SO_2 逸出来?	从学生熟悉的 CO_2 与 $CaCl_2$($BaCl_2$)溶液是否能反应展开讨论,让学生自主讨论总结出复分解反应条件。
含硫化合物的转化（一）	问题1:试解释出现这些现象的原因。能用化学方程式表示的用化学方程式表示。颜色变化体现了 SO_2 什么性质? 问题2:实验中选用了浓硫酸,能否用稀硫酸呢?为什么不可以?是否可以用浓盐酸呢?为什么? 问题3:为什么还要接一只气球呢?还可以用其他什么装置?盛装什么试剂?	从现象中分析原因和本质,在问题引导下,学生主体作用发挥,甚至有些问题在实践中不一定是老师提出,学生会自己提出。

续 表

教学环节	教学思路	设计意图
含硫化合物的转化（二）	稀H_2SO_4　气球　注射器2　注射器1　Na_2S　Na_2SO_3 问题1:为什么开始气球能鼓起,后来又瘪下去,且在广口瓶中出现黄色固体?发现了什么反应?体现了 SO_2 什么性质? 问题2:稀硫酸没有强氧化性,与硫化钠反应会产生什么气体?试写出反应方程式。实验中为什么不用浓硫酸呢? 实验:在大试管中加入一药匙亚硫酸钠固体,再加入两药匙硫化钠固体。(1)混合均匀,观察现象;(2)加水溶解,再观察现象;(3)加 6mol/L 盐酸 2mL,观察现象;(4)加 6mol/LNaOH2mL,振荡观察现象;(5)加热,观察现象。	这里两个问题和一个实验都说明一个问题,即含硫物质转化需要一定的条件,在实践中学生会归纳和整理,体现学生主体。若这些转化仅从老师这里得到,学生很难理解地熟记。
思维延伸	SO_2 是既是一种酸性氧化物,又是一种强还原剂,通过 Na_2O_2 固体,可能产生什么固体?请设计实验方案进行验证。	探究性的问题,而且没有所谓的标准答案,只有自主合作与探究,学生获得思维的方法和过程。

4.2 教学效果分析

为了验证"学生主体课堂"在"硫和含硫化合物转化"教学的效果,笔者对下述两个练习进行过测试与总结。

练习1:SO_2 通入 $BaCl_2$ 溶液中,再加入下述试剂,不会出现的沉淀的是（　　）

A. NH_3　　　B. CO_2　　　C. H_2O_2　　　D. H_2S

课堂讲评中追问学生,通入 NH_3 产生的沉淀是什么?产生沉淀的原因是什么?顺着这样的思路,学生不仅能得出可能产生的沉淀,也知道了原因。为什么学生能清楚分析各试剂加入产生什么沉淀和沉淀的原因呢?显然也与课堂中学生之间的合作起到了重要作用。

练习 2：SO_2 与 CaO_2 会发生怎样的反应？请设计方案检难可能的产物。

这题有一个难点是 CaO_2 不认识，当学生从化合价研究物质时，才知道是过氧化物，可以联系课堂探究过和 SO_2 与 Na_2O_2 反应的研究。学生还是比较容易说出了三种可能的假设，并能在相互回答中得出完整的检验方案。

其实这两个问题解决中隐含了很多课堂中学生自主提问和思考的内容，如果这些内容都只是教师主导，没有学生自己的困惑在其中，或许获得的就是知识，缺少思考的过程，再来解决这两个问题就很难了。

5 研究的结论与启示

经过教学实践与教学效果分析，本研究得出如下结论：

(1)教学的主体是学生，所以重构课堂的学习主体是学生，教学设计与实践都要从学生出发，学生已有的知识经验和思维能力是设计的起点。

(2)教学文本是教学的依据，不同的学生对文本的理解不一致，理解深度也有明显的差异，所以重构学生主体的课堂，教师首先要解读文本，认识文本，并确立教学主线和思路。

(3)教学问题设计既要有粗线条，让学生在一个大的主问题覆盖下，解决各支路问题，又要在解决问题基础上提出新问题，在解决问题和提出问题的过程中引来同学的思辨，还要有精细的问题，帮助学生形成严密的思维。

(4)重构学生主体课堂最为关键的是教师观念和角色的转变，对教师进行培训，让教师意识到学习主体是学生，无论我们怎样设计，如果不能引发学生的主动参与和思考，设计和课堂和问题再精美、再连贯也只是无花空折枝，教师空满意。

重构学生主体的课堂最为核心的是学生中心课程，主张应该以学生的兴趣和爱好、动机和需要、能力和态度等为基础来编制课程。要做到一是适应学生的发展；二要随着教学过程中学生的变化而变化[7]，而不只是完全预设的电影。

参考文献

[1]裴新宁.面向学习者的教学设计[M].北京:教育科学出版社,2005,3.

[2][5]李发顺.问题:让课堂留有余香——"硫和含硫化合物相互转化"教学

思考[J].教育研究与评论,2013,2:72—77.

[3][4]王祖浩.化学1(第5版)[M].南京:江苏教育出版社,2009,6.

[6]姜言霞,王磊,支瑶等.基于模型建构促进学生"化学反应速率"认识发展的教学研究[J].化学教育,2013,3:20—26.

[7]施良方.课程理论——课程的基础、原理与问题[M].北京:教育科学出版社,1996,8.

参阅书目

[1] 施良方.课程的基础、原理与问题[M].北京:教育科学出版社,1996,8.

[2] 施良方,崔允漷.教学理论:课堂教学的原理、策略与研究[M].上海:华东师范大学出版社,1999,8.

[3] 裴新宁.面向学习者的教学设计[M].北京:教育科学出版社,2005,3.

[4] 王祖浩.化学课堂教学行为研究及案例[M].南昌:江西教育出版社,2009,5.

[5] 赵祥麟,王承绪.杜威教育名篇[M].北京:教育科学出版社,2006,7.

[6] L. W. 安德森等.学习、教学和评估的分类学[M].上海:华东师范大学出版社,2008,1.

[7] 郑胤飞.文化有根 课堂有魂:郑胤飞化学教学设计集[M].上海:上海教育出版社,2013,5.

[8] 王洁,顾泠沅.行动教育:教师在职学习的范式革新[M].上海:华东师范大学出版社,2007,3.

[9] 张肇丰.从实践到文本:中小学教师科研写作方法导论[M].上海:华东师范大学出版社,2011,4.

[10] 赵国忠,林安凡.课堂教学的亮点在哪里[M].南京:南京大学出版社,2012,3.

[11] 郑金洲.教师如何做研究(第二版)[M].上海:华东师范大学出版社,2012,8.

[12] 裴新宁.化学课程与教学论[M].杭州:浙江教育出版社,2003,9.

[13] 崔允漷.有效教学[M].上海:华东师范大学出版社,2009,6.

[14] 安德烈·焦尔当.变构模型:学习研究的新路径[M].北京:教育科学出版社,2010,11.

[15] 王磊.创新人才培养:化学探究活动开发与指导[M].南京:江苏教育出版社,2013,3.

[16] 方明.陶行知名篇精选[M].北京:教育科学出版社,2006,5.

[17] 莫兰,马洛特.实证教育方法[M].北京:中国轻工业出版社,2006,9.

[18] 干国祥.理想课堂的三重境界[M].北京:文化艺术出版社,2011,1.

后记：我在故我思

2006年秋浙江省所有普通高中正式进入新课程改革，课改应追溯到2001年新课程标准的编制，印象是笔者在2003学年就拿到了绿皮书《普通高中化学新课程标准（试用）》，当时尚不知这玩意有什么不同，是否就是原来的考试大纲，也没有细读，直到2004学年开始学习了新课程标准才有了了解，记得当时还写了篇文章"走进高中化学新课程标准"，获得了湖州市二等奖。我的真正进入则是2006学年为新课程实施而进行的省市县三级培训。

有幸的是2006年浙江省进入新课程改革前，湖州市推荐我参加了浙江省的首期培训，聆听了国家级骨干班成员、省新课程专家组成员的课程改革报告、苏教版教材学习与使用培训、已实施省份的做法与经验，一种全新的模式进入大脑中。下面是我参加省级培训和实践中的感悟与体会。

第一，教材多版化，首次出现三个版本的教材推向教学一线，打破以往单一的人教社教材准入——体现了一标多本。第二，内容模块化，从以前三本书突然变成了八本教材，将学科内容分为不同的模块重新整合，打破多年来教学顺序——突破。第三，模块学分化，每一本教材都学36学时，记2学分——均衡。第四，实验专业化，化学是一门以实验为基础的学科，所以专门设置一本教材，意在强调实验的重要性，而且还出现了一些专业仪器和实验。第五，知识生活化，知识编排不再单纯以化学学科体系来编排，而以生活片断及生活之需展开，突出生活化的情境，希望培养学生科学素养。

后记：我在故我思

浙江省在新课程实施中的要求是："先培训后上岗"，"不培训不上岗"。随着开学的临近，市、县两级培训任务全面分解，不仅要更新理念，更要全面认识课程标准，还要对即将开展教学的《化学1》教学内容分专题按省学科指导意见解读，甚至要求将每一单元、每一课时的三维目标、教学设计都写出来，害怕教学实施中走老路。市里培训是三整天，我讲的是《化学1》专题1的内容，县里培训两天，我讲了关于《化学1》四个专题教学解读和教学设计。印象深刻的是县里培训最后半天，教研员老师让新高一老师写教学设计"分散系"，最后一起评定时，还有近三分之一的老师不会写三维目标，不知道掌握到什么程度，还在讲电泳、布朗运动之类的知识，无法真正帮助学生建立胶体到底是怎样一种分散系，缺少微粒观的建构。

课堂是教学的核心，高效的课堂帮助学生建立科学的知识与方法，几十年后，学生可能早就忘记课堂学到的化学知识，但他们不会忘记怎样获得知识的过程和方法。近六年来我也在课堂上做了较多的思考，特别是参加华东师大有关有效教学培训和上海教科院怎样做课例以来，发现以往教学中虽然非常注重课堂教学，但好像更多的是流于表面与形式，不能体现出这样设计的目的是什么，更说不出设计的理由。近三年来，我发现课堂提问中，有些我认为很简单的问题，学生却不会回答，究其原因，发现是问题设计与学生认知思维不相匹配所致。后来将课堂教学研究的核心定为：促进学生认知思维发展的问题设计。为了达成这一内容，将研究内容分解为：一是教学三维目标怎样制订，三维目标是否能独立存在。二是怎样优化教学设计，按课程标准整合内容。三是知识分类与认知思维的层次，不同类型知识与认知思维关系。四是问题怎样设计才能促进认知思维发展。基于这样的研究与思考，2010年12月在浙江省温州中学举行的省首届化学教师综合比武（解题、命题、评课、教学设计、实验设计）中荣获一等奖，2012年7月在河北省宣化区举行的全国第11届化学创新实验比赛中荣获一等奖。2013年4月在广西柳州举办的中国化学会优质课评比中荣获全国一等奖，并被评为全国基础教育新课程实施优秀个人，事迹在《中学化学教学参考》（2013.11封二）介绍。

12年的高中化学教学和见证的课程改革中，笔者一直思索的问题是教学有效性缘于教学设计。基于这样的认识，我一共主持过四个课题，执笔三个课题,分别是湖州市课题"新教材使用中高中化学备课组建设与备课模式的探索",安吉县规划课题"基于最近发展区理论的高三化学有效复习策略的研究"、"发展学生高认知思维的问题设计的实践与研究",宁波市北仑区重点规划课题"基于学生认知思维发展的教学设计的探索与实践",执笔全国教育科学规划2010年教育部规划课题《西南联大教育模式与创新型人才培养研究》(课题批准号:BIA100062)子课题"高中学生创新能力培养的校本课程建设实验研究",执笔湖州市规划课题"以课例为载体,促进教师专业发展的研究",执笔安吉县科协有关人才培养课题。

  课程改革以来,特别是近三年来,先后有"实验对化学概念的促进作用"发表于《化学教育》,"基于问题的教学设计与课堂实证"、"沉淀溶解平衡教学与思考"、"强电解质与弱电解质教学反思"和"探究 AgSCN 的沉淀溶解平衡"发表于《化学教学》,"尊重认识:让课堂灵动自主"发表于《中学化学教学参考》,共有二十余篇文章在国内专业期刊发表,并有三篇文章被人大复印资料《中学化学教与学》全文转载,两篇被《中学化学教与学》索引,尚有多篇文章被相关刊物录用,待刊登。随着时间的推移,随着课程理念的更新,随着深度课改的展开,我相信"我在故我思!"

  本著作收编的文章大多来自于本人的教学实践与反思,部分文章由李发顺老师和袁明月老师、方庆云老师、李春燕老师合作完成,在此一并收集,也感谢他们多年来对本人的支持与帮助。文章的书写得到王洁、陈进前、舒福生等专家的精心指导与修改,使得本人获得较大提高。在过去的教学实践与评比中,任雪明老师、韩颖老师、陈进前老师、袁明月老师、李明老师、胡海珍老师等各界前辈和同仁给予我巨大的支持,各级教研员在本人成长过程给予了极大的关心和支持,在此表示衷心的感谢。成书与出版得到了宁波市化学会周千红会长的大力支持,并在百忙之中为之作序,感动之至!感谢多年来一直支持教学思想实施的学生,感谢多年来一直关心我、并给予我帮助的同仁和领导!由于本人才疏学浅,定有很多不足之处,敬请读者批评指正。

李发顺

2014 年 4 月